VERGNÜGEN

MÜNSTERLAND

21 1/2 TAGESTOUREN
FEIERABEND-RIDES
WOCHENEND-BIKEAWAYS

EINFACH RAUS!

NIKOLAI WYSTRYCHOWSKI

Von Rhein und Ruhr zog es Nikolai 2008 ins schöne Münster, wo er zum M.Sc. Psychologe wurde … und zum Leezenliebhaber. Beides vereint er heute als radelnder Seminarleiter und streift mit RAD & SINN durchs Münsterland. Lieblingsort: Die Rieselfelder. Lieblingsproviant: CO2-freie Schokolade von der Schokofahrt.

ULRICH GERBING

Seit 1975 in Münster. Früher Grundschullehrer; schon da mit großer Affinität zum Fahrrad: Klassenfahrten und Lehrerausflüge wurden auch schon mal gerne, für alle zur Freude, per Fahrrad gemacht. Nach Eintritt in den hauptberuflichen Ruhestand: Gründung des Start-ups Münster-RadGuide (professioneller Anbieter von geführten Radtouren). Gern zitiertes Motto: Gegenwind formt den Charakter.

JÖRN BERDING

Geograf aus Münster mit Leidenschaft fürs Reisen, Radeln und Fotografieren. Münsterlandbewohner und Fan des typisch Westfälischen und der landschaftlichen Vielfalt, die es hier auf unzähligen tollen Strecken zu entdecken gibt!

CHRISTOPH DREPPER

Beruflich tief in der Technik, geht es privat für Christoph stets in die Natur. Seien es (Mehr-) Tagestouren mit dem Lastenrad oder Erkundungen des Teutoburger Walds mit dem Mountainbike. Bei ihm dreht sich alles ums Rad.

ROBERT GERLINGS

Die Zutaten: Geografiestudium, Entdeckergeist, eine journalistische Ausbildung und die Leidenschaft fürs Fahrradfahren. Die Liebe brachte den Ruhrgebietsmenschen nach Münster und hat ihm den Zugang zu dieser herrlichen Radregion verschafft.

LIEBE LESERIN, LIEBER LESER,

Münsterland = Fahrradland. So ist immer wieder zu lesen und zu hören. Und um es gleich zu sagen: Es stimmt. Wer sich hier aufs Fahrrad schwingt, kann das auf einfache und Freude machende Weise selbst „erfahren". Wo manche Bürgermeisterin und mancher Bürgermeister, auch schon mal ein Bischof oder Polizeipräsident wie selbstverständlich mit dem Fahrrad zum Dienst kommen, wo Städte und Gemeinden den Titel „fahrradfreundliche Kommune" in Serie abräumen, wo man das Fahrrad mit dabei hat wie die Handtasche oder den Hausschlüssel – da ist zweifelsohne Fahrradland.

Und die Fahrradinfrastruktur im Münsterland? 4.500 Kilometer ausgeschilderte Radwege, über 200 ausgeschilderte Thementouren und Rundwege, flächendeckend E-Bike-Ladestationen, Fahrradläden fast so häufig wie Bäckereien.

Wir haben 21 Radtouren (und eine kleine Wanderung) für euch ausgewählt. Ob ein kurzer Feierabend-Ride, eine Tagestour oder ein zweitägiger Wochend-Bikeaway – immer seid ihr auf einer Tour mit viel Sehenswertem unterwegs und fahrt dabei auf landschaftlich interessanten und gut zu bewältigenden Wegen. Durch die malerische Parklandschaft geht es zu Wasserschlössern und Herrenhäusern, zu wilden Pferden und Flamingos und auf Pättkes entlang der Flüsse – ohne das leibliche Wohl zwischendurch zu vergessen. Also: aufsatteln und losfahren!

INHALT

DEINE ORIENTIERUNG APP & GPX-DOWNLOAD

Alle 21 ½ Touren in der KOMPASS App: Dort findest du Livetracking, GPS-Ortung, Offline-Karten und -Touren, Navigation zum Start und viele weitere nützliche Features. Einfach QR-Code scannen und Tour starten. Oder den Menüpunkt *Produkte* in der App wählen. Los geht's!

GPX-Tracks zum Download: www.kompass.de/gpx
Für das Navigationsgerät deiner Wahl haben wir alle Touren auch als GPX-Track auf unserer Homepage.

TAGESTOUREN

FEIERABEND RIDES

WOCHENEND BIKEAWAYS

AUFGESATTELT!

Einlesen, aufsteigen, losfahren // Seite 225–240

Nützliches und unnützes Wissen für deine nächste Fahrradtour

FEIERABEND-RIDES

RAUF AUFS RAD ZUM RUNTERKOMMEN

Perspektiven-wechsel

Diese perfekte Feierabend- oder Frühstücksrunde drehe ich gerne auch mal anders herum. Beide Richtungen bieten tolle Ausblicke.

➤ **1 /** Am Zwinger an Münsters Promenade geht's los

➤ **2 /** An der Schleuse am Dortmund-Ems-Kanal Schiffen aus ganz Europa winken

➤ **3 /** Erfrischung und Abwechslung auf dem malerischen Pättken an der Werse

➤ **4 /** Münsters ältester Siedlung auf der Spur in den Hügeln der Haskenau

➤ **5 /** Rasten, nisten, lauschen – die Rieselfelder begeistern Vögel und Menschen

➤ **6 /** Sundowner unterm Storchennest im Café und Restaurant Heidekrug

➤ **7 /** Buntes Landleben auf dem Bauern- und Künstlerhof Haus Coerde

➤ **8 /** Im Wienburgpark mitten in der Stadt durch sattes Grün radeln

➤ **9 /** Die renaturierte Münstersche Aa hat wieder viel Freiraum

FEIERABENDBERIESELUNG

Spritztour durch Münsters Nordosten

Grüne Pfade und gut ausgeschilderte Fahrradstraßen führen uns fix aus Münster City ins Grün-Blaue. Gerade morgens und abends verwandeln sich Werse und Rieselfelder durch Tau, Nebel oder Sonnenuntergang in ein Freiluftlichtspiel. Unter der Woche haben wir diese schmucken Orte fast für uns allein.

26 Kilometer
60 Höhenmeter
1:45 Stunden
Rundtour

Raus aus der Stadt

Im Schatten des 1 / Zwingers an der Promenade startet unsere Rundtour. Allerdings kehren wir Münsters bekanntem Radring um die Innenstadt direkt den Rücken und fahren, für rund 3 km den roten Fahrradwegweisern Richtung Handorf folgend, nach Nordosten. Nach dem Niedersachsenring biegen wir links auf die Dyckstraße ab, queren die Bahngleise und folgen weiter den roten Pfeilen. Künftig soll dies die Veloroute (Radschnellverbindung) nach Telgte werden, zwischen Bahnlinie und Wohngebiet kommen wir daher ungestört voran. Gleich hinter der Unterquerung des Schifffahrter Damms zieht die 2 / Schleuse am Dortmund-Ems-Kanal fast immer Schaulustige an. Weiter geht es auf der Fahrradstraße Dingstiege und schon lassen wir die Stadt merkbar hinter uns. Dass Münster bei

Sportlich ●●○○○
Abkühlung ●●●●○
Schlemmen ●●○○○
Panorama ●●●●●

◂ links / Café und Restaurant Heidekrug mit Storchennest in den Rieselfeldern

fast 320.000 Einwohnerinnen und Einwohnern Kleinstadtflair besitzt, liegt auch daran, dass eine Flucht ins Grüne selten länger als 10 Minuten dauert. Kurz nach Überquerung der Dyckburgstraße verlassen wir den rot beschilderten Asphaltweg und folgen einem Pfad zwischen den hohen Bäumen hindurch, der uns mit munterem Auf und Ab rasch ein Mitten-im-Wald-Gefühl verschafft. Zur Rechten taucht bald eine Mauer auf, hinter der sich das Gymnasium St. Mauritz verbirgt. Vor dem Eingangstor zur Boniburg folgen wir dem ausgeschilderten Werse-Radweg (blaues geschwungenes „W") Richtung Gelmer und umfahren auf einem schmalen Pfad den Stadtteil Sudmühle bis zur namensgebenden modernen Mühlenanlage. Das nahegelegene Freibad liegt idyllisch in eine Schleife der Werse eingebettet und erfreut sich größter Beliebtheit bei den Münsteranerinnen und Münsteranern.

GEMÄCHLICHKEIT TRIFFT RIESENKRAFT

Eine Art meditativer Bann entfaltet die 2 / Schleuse, wenn Millionen Liter Wasser stattliche Flussschiffe um 6 Meter anheben oder absenken.

Die Werse entlang

Es folgt ein wunderschöner Abschnitt des Werseradwegs, zunächst zum Gelände des Hofgutes Havichhorst, dann vorbei an Ställen und Koppeln der Westfälischen Fahr- und Reitschule, die idyllisch in der Parklandschaft liegt. Bald queren wir das Flüsschen an einer Staustufe mit angeschlossener „Fischtreppe" und Wasserrastplatz (auch für Radelnde sehr einladend). Dann schlängelt sich unser Weg als schmuckes 3 / Pättken an der Werse entlang zum Hotel Landhaus Eggert, dessen Fachwerkhof wir durchqueren. Pättkes sind die wunderbar zu radelnden, schmalen Sträßchen und Wege des ländlichen Münsterlands. Weiter auf dem rot beschilderten Weg kommen wir zur 4 / Haskenau. Dass sich hier, an Münsters äußerstem Nordzipfel, bereits vor 1200 Jahren eine Burganlage befand, erschließt sich erst durch die Infotafeln. Aber auch so ist dies ein besonderer Ort: der plötzlich weite Blick nach Westen, die mächtigen Buchen und der

---

➤ rechts oben / Schleuse am Dortmund-Ems-Kanal ➤ rechts Mitte / Wersebrücke bei Sudmühle

KM 5

Im Wäldchen zwischen Haus Dyckburg und den Grundmauern der vom Volksmund so getauften „Boniburg" finden wir einige verträumte Orte und hübsche Wege. Eine gute Gelegenheit, mal vom Rad zu steigen und dir eine Pause oder einen kleinen Waldspaziergang zu gönnen.

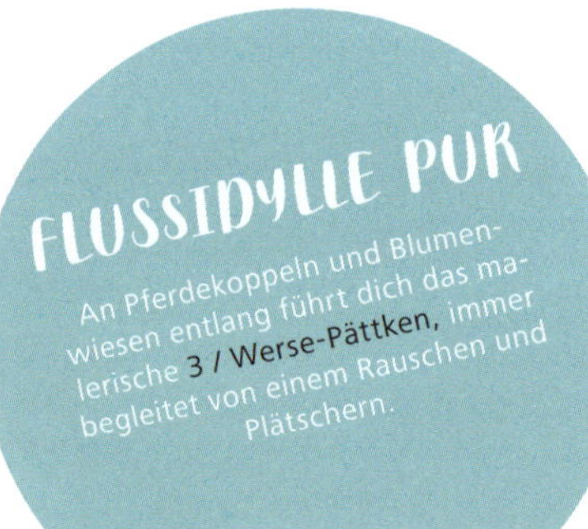

zerklüftete, blanke Boden, der zum Fluss hin steil abfällt. Eine lange Holzbrücke bringt uns ans andere Ufer – mit Glück erspähen wir hier einen Eisvogel. Und da unweit die Werse in die Ems mündet, endet nun auch der Werse-Radweg.

VOGELSCHUTZ- UND NAH-ERHOLUNGS-GEBIET

In die Rieselfelder

Unser nächster Orientierungspunkt heißt: Rieselfelder. Wir unterqueren den Schifffahrter Damm, umfahren am Südrand den Ortsteil Gelmer, vorbei am Heidestadion und finden uns wieder auf einer Brücke über den Dortmund-Ems-Kanal. (Unweit von hier folgt Tour 21 dem Kanalverlauf weit nach Norden.) Direkt links abgebogen und sogleich erstrecken sich vor und neben uns große Wiesen, Wasser- und Schilfflächen. Zu nahezu jeder Jahreszeit begrüßen uns Heckrinder und zahlreiche Vögel: Willkommen in den 5 / Rieselfeldern. Südlich ragt der „Monte Scherbelino" auf, eine seltene Landmarke im flachen Ost-Münsterland. Diese frühere Mülldeponie weist darauf hin, was es mit dem heutigen Vogelparadies einst auf sich hatte: Bis 1976 wurden die städtischen Abwässer hierher gepumpt und großflächig

verrieselt. Heute übernehmen Kläranlagen die Wasseraufbereitung, geblieben ist ein (abwasserfreies) Feuchtgebiet. Hier kehren Jahr für Jahr unzählige Zugvögel ein, um auf ihrem Weg in die Sommer- oder Winterresidenz zu rasten. Oder sie bleiben gleich hier, wie die Störche, die sich an etlichen Nistplätzen wie auf dem Gasthof Heidekrug eingerichtet haben. Dorthin führt auch unser Weg, zunächst durchfahren wir aber in zwei Schleifen die Rieselfelder mit vielen wunderbaren Ausblicken. Besonders lohnend sind die 12 Meter Aufstieg zur Spitze des Turms, der rundum freie Sicht bietet. Von der Hauptachse namens Coermühle, die mittlerweile vom Kfz-Durchgangsverkehr befreit wurde, biegen wir vor der ökologischen Station links auf den Mulchweg ab, fahren an alten Kopfweiden vorbei und wenden uns wieder links, ins Röhricht. Das Rauschen des Schilfs sowie das Singen und Schnattern der Vögel begleiten uns auf diesem Weg. Ansonsten herrscht himmlische Ruhe. Nun stehen wir vor der Wahl: Nehmen wir uns bloß auf dem Weg ein Glas Rieselfeld-Honig (auch mit PayPal zahlbar) oder etwas saisonales Obst mit – oder gönnen wir uns gleich ein Stück Schwarzbiertorte auf der Terrasse des 6 / Cafés und Restaurants Heidekrug (Coermühle 100, 48157 Münster, www.heidekrugmuenster.de)? Unseren Wissensdurst in puncto Naturschutz & Co, können wir hier ebenfalls stillen: Hinter dem Hof gibt's einen schönen Lehr-

130

So viele verschiedene Vogelarten lassen sich im Laufe eines Jahres in den 5 / Rieselfeldern entdecken. Am besten haben wir hier also immer ein Fernglas und ein Vogelbestimmungsbuch bzw. eine -App im Gepäck.

< links / Aussichtsturm in den Rieselfeldern ^ oben / Start und Ziel unserer Tour: Promenade mit Zwinger

„Monte Scherbelino"

Die frühere Deponie ist heute begrünt, wird mit Heidschnucken beweidet und liefert Solarstrom. Für Schulklassen gibt es einen Lehrpfad und Führungen.

pfad, Kräuterbeete und eine Streuobstwiese, drinnen eine liebevoll gemachte Ausstellung, die auch Kinder anspricht.

Gestärkt auf den Rückweg

Stadteinwärts geht es hinter der Bahnstrecke rechts, um dem Hof 7 / Haus Coerde einen Besuch abzustatten (Coermühle 50, 48157 Münster, www.haus-coerde.de). Hier finden wir buntes Landleben: Die Bio-Gärtnerei Ra.Baba verkauft freitags 15–17 Uhr ihr frisches Gemüse ab Hof (tgl. über ein Verkaufsschränkchen), die Landgenusswerkstatt bietet Kochkurse an und gelegentlich Speisen und Getränke auf der Hofterrasse, diverse Ateliers und eine Töpferwerkstatt öffnen von Zeit zu Zeit ihre Türen. Nach Überquerung der Aa biegen wir links ab, gelangen über einen kurzen Schotterweg und eine Eichenallee auf die Kanalstraße, die uns nach links schnurgerade in die Stadt führt. Einen Schlenker gönnen wir uns noch: Rechterhand bietet sich nach rund 2 km ein Durchgang zum 8 / Wienburgpark. Mit seinen Wasserflächen, gemulchten Fußwegen und der offenen, leicht hügeligen Landschaft hat der Park etwas vom Englischen Garten in München, nur viel kleiner und westfälisch-bodenständig. Einen klassizistischen Tempel sucht man vergebens, dafür finden wir schlichte Pavillons nebst Grillplätzen sowie Spiel- und Sportplätze. Zurück an der Kanalstraße empfängt uns die 9 / renaturierte Münstersche Aa, die hier wieder Raum bekommen hat, um künftig Überschwemmungen wie 2014 zu verhindern. Die neu geschaffene Flusslandschaft erfreut offensichtlich auch Tiere, Pflanzen und Menschen. Nur noch über den Ring, einen weiteren Kilometer auf der Kanalstraße und wir sind zurück am 1 / Zwinger.

Mogelei

ist das Brutgeschäft des Kuckucks: Sein Ei legt er ins Nest von Rohrsängern. Doch die brühten aufgrund des Klimawandels nun früher und der Kuckuck reist zu spät an – ein echtes Problem. Mehr Details über das Vogelleben erfahren wir in den NABU-Stationen.

Tourennfo / Durchweg verkehrsarme, befestigte Wege, abschnittsweise schmal, keine Steigungen. Viele tolle Picknickplätze.

➤ **1** / Alter Zwinger ➤ **2** / Schleuse am Dortmund-Ems-Kanal ➤ **3** / Pättken an der Werse ➤ **4** / Haskenau ➤ **5** / Rieselfelder ➤ **6** / Café und Restaurant Heidekrug ➤ **7** / Haus Coerde ➤ **8** / Wienburgpark ➤ **9** / renaturierte Münstersche Aa

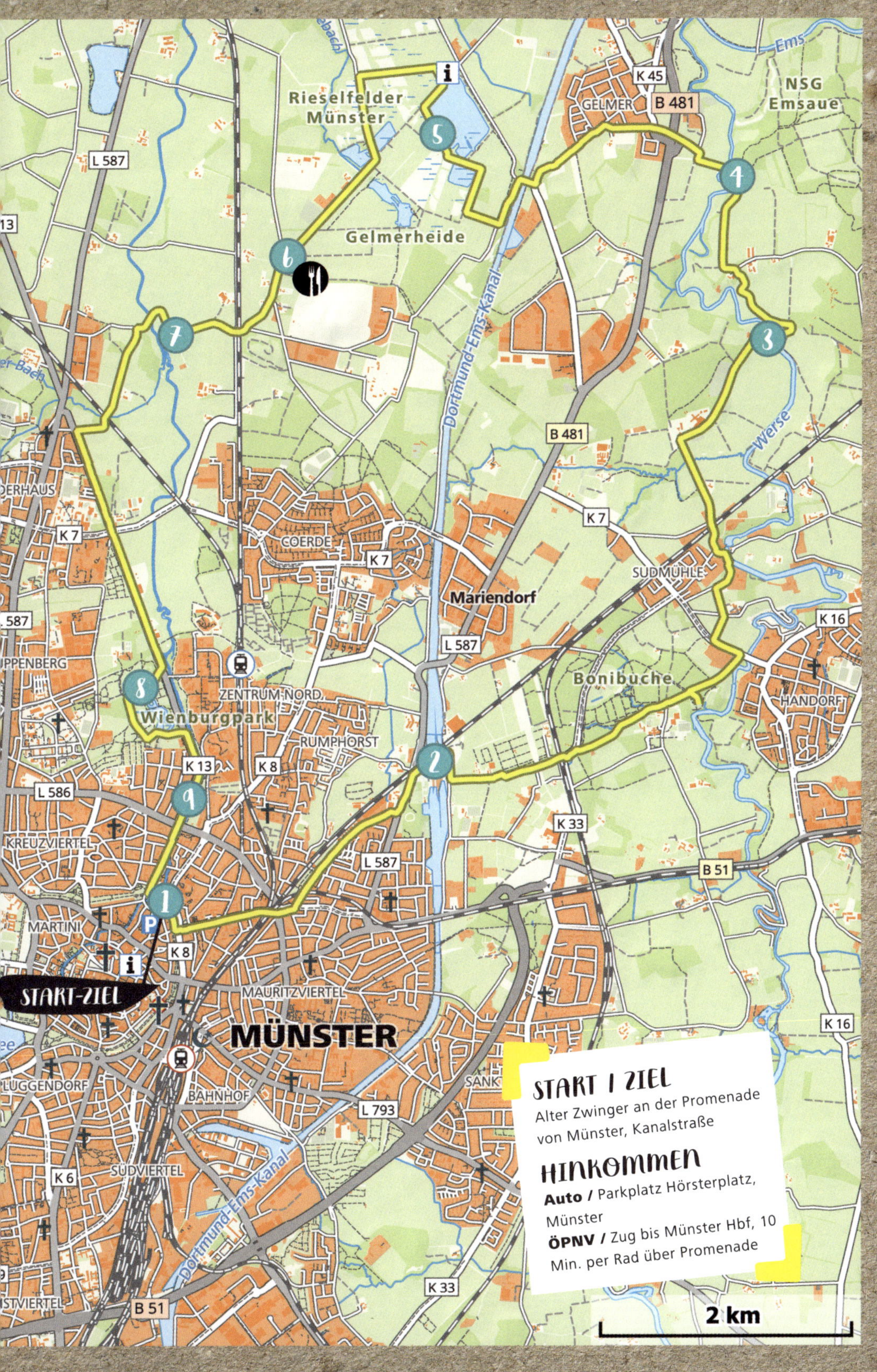
Rieselfelder Münster
Gelmerheide
GELMER
K 45
B 481
NSG Emsaue
Ems
L 587
Dortmund-Ems-Kanal
Werse
B 481
K 7
COERDE
K 7
Mariendorf
SUDMÜHLE
K 16
L 587
ZENTRUM-NORD
Bonibuche
HANDORF
Wienburgpark
RUMPHORST
K 13
K 8
L 586
KREUZVIERTEL
K 33
L 587
B 51
MARTINI
K 8
START-ZIEL
MAURITZVIERTEL
MÜNSTER
BAHNHOF
L 793
K 16
SÜDVIERTEL
K 6
Dortmund-Ems-Kanal
K 33
B 51
2 km
START / ZIEL
Alter Zwinger an der Promenade von Münster, Kanalstraße
HINKOMMEN
Auto / Parkplatz Hörsterplatz, Münster
ÖPNV / Zug bis Münster Hbf, 10 Min. per Rad über Promenade

Ein Gedicht!

Ich mag diese Tour als tollen Kurztrip, bei dem Baukultur auf Literaturgeschichte und entspanntes Radeln auf Münsterländer Landschaftsidylle trifft!

➤ **1 /** Mit Aaseeblick losradeln an der Promenade/ Ecke Aegidiistraße

➤ **2 /** Der erste Stopp beim grandiosen Anblick von Schloss Münster

➤ **3 /** Lohnenswerter Abstecher zum wassergeschützten Schloss Wilkinghege

➤ **4 /** Historisch bedeutsam und einfach schön: Haus Rüschhaus

➤ **5 /** Münsterländer Baukultur am Wegesrand: Haus Vögeding ist ein echtes Kleinod

➤ **6 /** Über den Lyrikweg zur wunderschönen Schlossanlage von Burg Hülshoff

➤ **7 /** Schlemmen auf Westfälische Art bei der Einkehr in Roxel

➤ **8 /** Beim Sundowner an den „Aasee Kugeln" entspannt das Treiben beobachten

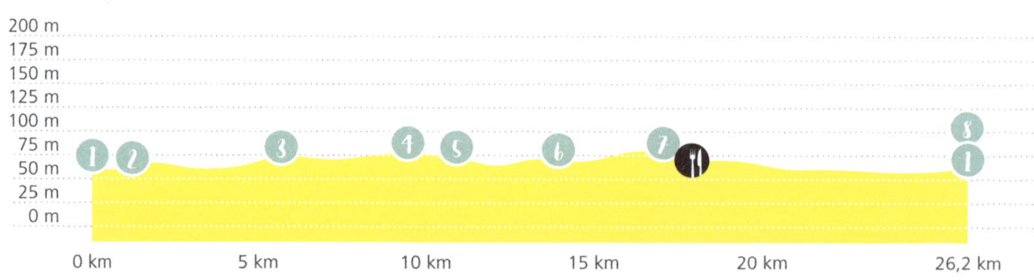

UM DIE HÄUSER ...

... mit Annette!
Unterwegs in Münsters Westen

Entspannt-kompakte Tour durch die schöne Stadt(Um)landschaft in Münsters Westen, bei der man im Vorbeifahren Bekanntschaft mit einer der bedeutendsten deutschen Dichterinnen macht und in den Genuss grandioser Baukultur kommt! Einladende Stopps unterwegs und wieder in Münster.

26 Kilometer
90 Höhenmeter
2 Stunden
Rundtour

Von Schloss zu Schloss

Mit Blick auf den Aasee starten wir am grünen Innenstadtring 1 / Promenade/Ecke Aegidiistraße und atmen akademisch-urbanes Flair bei der Fahrt durch den „Unisektor" – viele Gebäude der Universität Münster, mit ca. 60.000 Studierenden einer der größten in Deutschland, liegen im westlichen Innenstadtbereich. An der Gerichtsstraße gelangen wir rechts wieder auf die Promenade. Hier lässt uns der Panoramablick auf 2 / Schloss Münster mit seiner leuchtenden Fassade aus dem hellem Sandstein der nahegelegenen Baumberge und rotem Backstein anhalten. Von 1767 bis 1787 vom bedeutendsten Baumeister des Westfälischen Barocks Johann Conrad Schlaun erbaut, war es bis Anfang des 19. Jh. Residenzschloss des Fürstbischofs und ist seit den 1950er

CHARAKTER
Sportlich ●○○○○
Abkühlung ●●○○○
Schlemmen ●●○○○
Panorama ●●●○○

◂ links / Schmuckstück am Wegesrand – die frühere Wasserburg Haus Vögeding

Jahren Sitz der Hochschulverwaltung. Der idyllische Botanische Garten im Schlosspark (Mo–So 8–19 Uhr) ist nicht nur für Biologiestudierende einen Besuch wert, denn hier gibt es den Taschentuchbaum und tausende andere faszinierende Pflanzen aus aller Welt zu entdecken. Über Neutor und Steinfurter Straße radeln wir zur Gasselstiege, die uns auf den nächsten Kilometern bald ins Grüne führt. Links ab auf die gleichnamige Straße kommen wir zum 3 / Wasserschloss Wilkinghege mit Ursprüngen als Wasserburg im 14. Jh. (Steinfurter Straße 374, 48159 Münster). In dem ehemaligen Landgut befindet sich ein Hotel. Den Abstecher belohnt der schöne Anblick des Schlosses über die Gräfte.

Hohe Kultur

Nach Überquerung der Steinfurter Straße sind wir nun endgültig in der Münsterländer Parklandschaft angekommen und können die Weite aus Feldern, Wiesen und Wäldern genießen. Wir radeln über schmale Pättkes und halten uns rechts auf den Horstmarer Landweg, der hier doch deutlich ruhiger ist als nahe der Studierendenwohnheime in Innenstadtnähe. Am Gievenbach geht's links und bald wieder rechts ab über die A 1. Dahinter liegt das von viel Grün umgebene wunderschöne 4 / Haus Rüschhaus (Außenbes. jederzeit, Droste-Museum April–Okt. Mi–So 11–16:30 Uhr, Innenbes./-führung, digitaler Rundgang mit VR-Brillen siehe www.burg-huelshoff.de/orte/haus-rueschhaus, Am Rüschhaus 81, 48161 Münster). Auch hier war Schlaun am Werk, der das frühere Lehngut von 1745 bis 1749 im Stil des Spätbarocks und inspiriert sowohl von Münsterländer Gräftenhöfen als auch dem französischen Landhausstil zu einem Sommersitz umbaute und selbst nutzte. Von 1826 bis 1846 lebte hier Annette von Droste-Hülshoff

PRÄCHTIG

In und um Münster gibt's grandiose herrschaftliche Bauten und eindrucksvolle Wasserschlösser zu entdecken. Diese Tour führt uns zu einigen besonderen Highlights!

➤ rechts oben / Das Münsteraner Schloss: beeindruckende Kulisse direkt an der Promenade ➤ rechts Mitte / Literatur pur, radlergerecht präsentiert auf dem Lyrikweg

TOP

Deutschlands Fahrradhauptstadt ist auch „lebenswerteste Stadt der Welt"! 2004 gewann Münster den Wettbewerb „International Award for Liveable Communities" der UN-Umweltorganisation für Städte bis 750.000 Einwohner und arbeitet weiter erfolgreich daran, dem Titel gerecht zu werden.

ZEITREISE

Im Freilichtmuseum Mühlenhof am Aasee erlebt man hautnah und authentisch die Münsterländer Lebenskultur der letzten 400 Jahre (www.muehlenhof-muenster.org).

DER LYRIK ANNETTE VON DROSTE-HÜLSHOFFS AUF DER SPUR

(1797–1848), die zu den wichtigsten deutschsprachigen Poetinnen und Poeten nicht nur des 19. Jh. zählt und für die regionale Literaturgeschichte bedeutend ist. Im Schreibzimmer auf Haus Rüschhaus, dem „Schneckenhäuschen", schrieb sie die berühmte Judenbuche und weitere Werke mit Bezug zu Natur und ihrer westfälischen Heimat. Ein Rundweg an der Gräfte führt rund um das Haus mit dem malerischen Nutz- und Ziergarten dahinter. Er lädt ein, diesen besonderen historischen Ort von allen Seiten zu bestaunen.

Der Weg – ein Gedicht

Wir befinden uns übrigens am östlichsten Punkt des 2021 als Freiluft-Kulturerlebnis auf den Spuren Droste-Hülshoffs eröffneten Droste-Landschaft: Lyrikwegs (www.lyrikweg.net), den wir auf den nächsten Kilometern begleiten. Dieses „Outdoor-Museum" vermittelt auf der von der Dichterin oft gelaufenen Strecke zwischen Haus Rüschhaus und Burg Hülshoff an thematischen Stationen viele Informationen und inszeniert historische Texte, zeitgenössische Literatur und Audiostücke. Vieles davon erlebt man

direkt an den Infostationen am Weg, die Hör-Infos über die zugehörige App. Wir biegen also am Haus Hürländer vom Rüschhausweg in den Twerenfeldweg. Vorbei an Pferdewiesen erreichen wir dann rechts auf der gleichnamigen Straße die früher viertürmige Wasserburg 5 / Haus Vögeding, die in der heutigen Form im 16. Jh. erbaut wurde. Der schöne Blick übers Wasser auf das imposante lang gestreckte Bauernhaus mit Rundturm und Bauerngarten davor lohnt den Stopp! Auch dieses Haus gehörte der Familie von Droste-Hülshoff, auf ihren Wegen soll Annette hier regelmäßig eingekehrt sein, um sich im Turmzimmer mit einer Buttermilch zu stärken.

Westfälisch gebaut & geschlemmt

Ein Stück weiter an der Hülshoffstraße haben wir eine großartige Aussicht in die sattgrüne Natur der Flussaue entlang der Münsterschen Aa. (Hier quert Tour 19.) Nach Überquerung der Hohenholter Straße folgen wir weiter dem Lyrikweg und radeln über die geschotterte Allee Schonebeck direkt auf 6 / Burg Hülshoff zu (Park Feb.–Dez. Einlass tgl. 10–17, Droste-Museum Mi–So 11–18:30 Uhr, Schonebeck 6, 48329 Havixbeck, www.burg-huelshoff.de). Hier, wo Annette geboren und aufgewachsen ist, gibt es nicht nur das

MEHR KULTUR

Das Center for Literature auf 6 / Burg Hülshoff setzt als „Ort künstlerisch-praktischer Forschung" empfehlenswerte kulturelle Veranstaltungen und Ausstellungen verschiedenster Art medial-modern und häufig betont interaktiv um.

< links / Durch die Parklandschaft an der Hohenholter Straße ^ oben / Beliebter Ort im Freien, das Aaseeufer mit der Skulptur „Giant Pool Balls"

PROST

Im Kuhviertel nicht weit vom Aasee gibt's tolle Kneipen mit langer Tradition, lebendiger Atmosphäre, leckerer Altbierbowle und grünen Nudeln (Blaues Haus o. Cavete)!

wundervolle Renaissance-Wasserschloss zu entdecken, das in der heutigen Form zwischen 1540–1545 erbaut wurde, sondern auch super Picknickmöglichkeiten im Schlosspark! Im Droste-Museum erhält man Einblicke in das Leben der Dichterin und ihrer adligen Zeitgenossen. Wir folgen der Havixbecker Straße und gelangen bald zu einer einladenden Möglichkeit für eine 7 / Einkehr in Roxel. Dazu halten wir im schönen Ortskern Ausschau nach dem St.-Pantaleon-Kirchturm und steuern den „gemeinsamen" Biergarten an: In der Gaststätte Kortmann kannst du thematisch passend zur Tour herausfinden, was sich hinter dem „Drosteteller" verbirgt (Di–Fr ab 16, Sa–So, Fei ab 11 Uhr, Pantaleonstraße 10, 48161 Münster, www.kortmann-muenster.de). Auch direkt nebenan beim Restaurant Brintrup zeigt der Blick auf die Speisekarte eine schöne Auswahl saisonaler Spezialitäten der westfälischen Küche. Schon mal ein Krüstchen probiert? Natürlich gibt's in beiden Lokalen auch Vegetarisches.

6,5 KM RUND-RUM

Am innenstadtnahen 40 ha großen Aasee ist immer etwas los: Spazierengehen, Joggen, Segeln, Tretbootfahren, Inlineskaten, Grillen, die weltbekannte Skulpturenausstellung ... Der Aaseepark war schon schönster Park Deutschlands (2008) und Europas (2009).

Endspurt mit Seeblick

Über die Dorffeldstraße und am Rohrbusch vorbei geht's nach einem Stück am Meckelbach bald auf die Altenroxeler Straße und dann rechts in den Mecklenbecker Landschaftspark. Über die Mecklenbecker Straße erreichen wir den Aasee, ein zentrales und äußerst beliebtes Freizeitgebiet in Münster. Kurz vorm Ziel steigen wir am Ende der Bismarckallee vom Rad und finden an der berühmten Claes-Oldenburg-Skulptur 8 / „Aasee Kugeln" (auch Tourenziel von Tour 19) einen perfekten Platz für den Sonnenuntergang!

TOURENINFO / Rundtour mit schönem Mix aus eindrucksvollen Sehenswürdigkeiten, toller Landschaftskulisse und Stopps mit Aussicht, durchgängig auf guten Wegen locker zu radeln! Einladende Einkehrmöglichkeiten nach 2/3 der Tour und in großer Vielfalt zurück in Münster. E-Bike-Ladestation auf Burg Hülshoff.

➤ **1 /** Promenade/Ecke Aegidiistraße ➤ **2 /** Schloss Münster ➤ **3 /** Wasserschloss Wilkinghege ➤ **4 /** Haus Rüschhaus ➤ **5 /** Haus Vögeding ➤ **6 /** Burg Hülshoff ➤ **7 /** Einkehr in Roxel ➤ **8 /** „Aasee Kugeln"

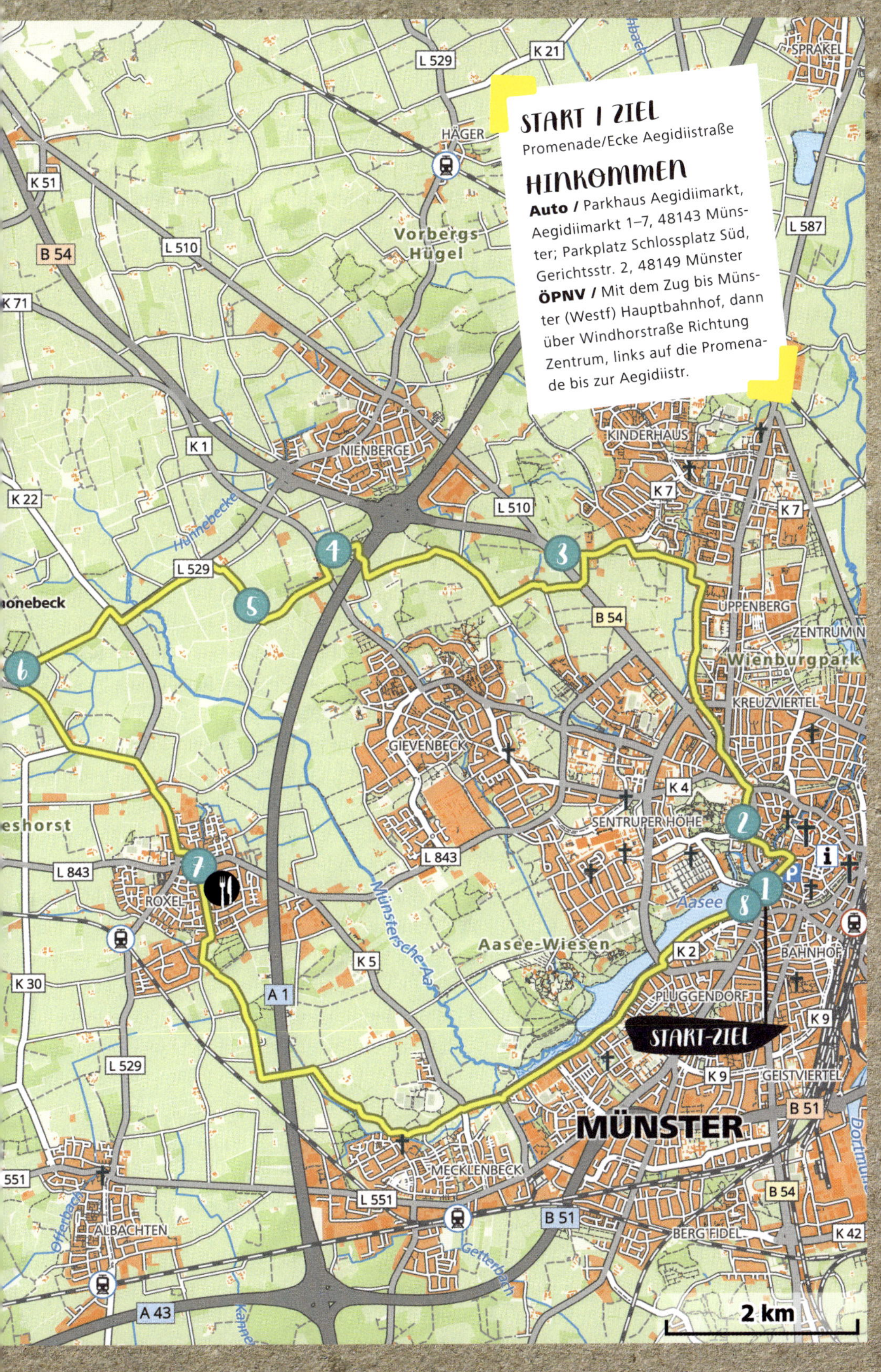
START / ZIEL
Promenade/Ecke Aegidiistraße
HINKOMMEN
Auto / Parkhaus Aegidiimarkt, Aegidiimarkt 1–7, 48143 Münster; Parkplatz Schlossplatz Süd, Gerichtsstr. 2, 48149 Münster
ÖPNV / Mit dem Zug bis Münster (Westf) Hauptbahnhof, dann über Windhorstraße Richtung Zentrum, links auf die Promenade bis zur Aegidiistr.
START-ZIEL
MÜNSTER
HÄGER
SPRAKEL
Vorbergs Hügel
NIENBERGE
KINDERHAUS
UPPENBERG
ZENTRUM N
Wienburgpark
KREUZVIERTEL
GIEVENBECK
SENTRUPER HÖHE
Aasee
Aasee-Wiesen
BAHNHOF
PLUGGENDORF
GEISTVIERTEL
MECKLENBECK
BERG FIDEL
ROXEL
ALBACHTEN
Münstersche Aa
Hünnebecke
Getterbach
Offerbach
2 km
L 529
K 21
K 51
B 54
L 510
K 71
L 587
K 1
K 22
K 7
L 510
B 54
K 4
L 843
L 843
K 5
A 1
K 2
K 30
L 529
K 9
B 51
L 551
B 51
A 43
K 42

Kutschen-Wallfahrt

Zu Christi Himmelfahrt klappert in Telgte ab 15 Uhr ein Kutschenkorso mit an die 100 Gespanne durch die Altstadt. Ich sitze dann gerne mit einer Apfelschorle am Markt, um diese Wallfahrt erste Reihe fußfrei zu bestaunen.

➤ **1 /** Wir starten und enden am Bahnhof Telgte, von wo wir sanft in Telgtes Mitte rollen

➤ **2 /** In der Wallfahrtskapelle bestaunen wir ein 650 Jahre altes Meisterwerk

➤ **3 /** Der Waldfriedhof Lauheide zeigt sich uns als attraktiver Park

➤ **4 /** Beim Haus Langen gefällt uns besonders die alte Doppelmühle

➤ **5 /** Das Gröninger-Kreuz erinnert daran, dass wir im katholischen Münsterland unterwegs sind

➤ **6 /** Die Bever erzählt uns, dass sie ein fleißiges Flüsschen ist

➤ **7 /** Im Kutschen-Museum können wir den Reisekomfort vergangener Zeiten bestaunen

➤ **8 /** Beim Hügelgrab mit Pfostenallee blicken wir fast 4.000 Jahre in die Vergangenheit zurück

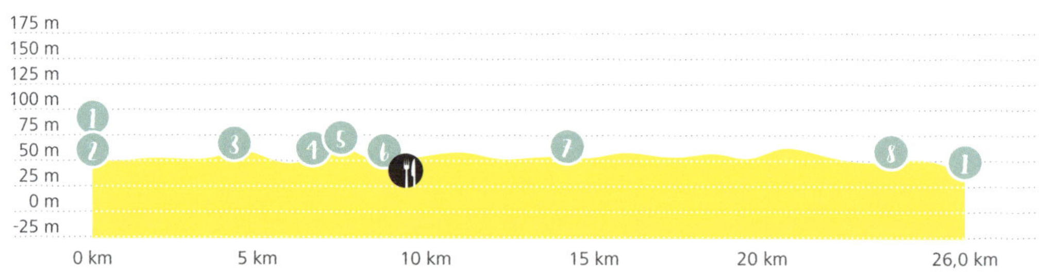

Treffen in Telgte

Durch Heide, Wiesen und Wälder

„Das Treffen in Telgte" heißt die 1979 erschienene Erzählung von Günter Grass, in der eine – fiktive – Zusammenkunft der Literatengilde am Ende des Dreißigjährigen Krieges in ihrer ganzen burlesken Lebendigkeit dargestellt wird. Durch dieses Buch des Literaturnobelpreisträgers ist das beschauliche Städtchen an der Ems ganz unverhofft bekannter geworden, als man es sich dort je erträumt hat.

26 Kilometer
40 Höhenmeter
2:15 Stunden
Rundtour

Sehenswertes Städtchen Telgte und ausgezeichneter Waldfriedhof

Wir stehen an der Nordseite des 1 / Bahnhofs Telgte, haben den Reifendruck der Räder geprüft und orientieren uns an der Radwegweisung: Telgte Mitte heißt unser erstes Ziel. Ganz sanft rollen wir abwärts und nach wenigen Augenblicken schon landen wir im historischen Zentrum Telgtes. Dieser beschauliche Ort gehört zu den schönsten Marktplätzen, die man in den münsterländischen Dörfern und Städten finden kann. Wir wollen die Beschaulichkeit dieses schönen Orts genießen und hier etwas verweilen. Altes Gasthaus, Eisdiele, Konditorei, Kaffeerösterei und

Charakter

Sportlich	●●○○○
Abkühlung	●●●○○
Schlemmen	●●●●○
Panorama	●●●●○

◂ links / Marktplatz in Telgte an der Ems

weitere Gastronomie gibt es hier, und selbstverständlich kann man auch draußen sitzen und das Leben auf dem Marktplatz beobachten. Vielleicht laufen wir noch ein paar Schritte, um Telgtes Mitte zu erkunden. Dabei können wir, wenn wir das Fahrrad stehen lassen und uns ganz dünn machen, durch den Pumpenpatt, ein schmales Fußgängergässchen, gehen. Auf keinen Fall sollten wir verpassen, uns die 2 / Wallfahrtskapelle anzuschauen. Sie wurde Mitte des 17. Jh. erbaut und ist das bekannteste Bauwerk der Kleinstadt Telgte. Der münstersche Fürstbischof Christoph Bernhard von Galen bemühte sich, den nach dem Westfälischen Frieden gestärkten Protestantismus wieder zurückzudrängen. Dafür schienen ihm nicht nur brachial-kriegerische Mittel angebracht („Kanonen-Bischof" wurde er genannt), sondern auch subtilere Maßnahmen. Und dazu gehörte, die Volksfrömmigkeit im katholischen Sinne zu stärken, weshalb den Menschen opulente Wallfahrten ans Herz gelegt wurden. Telgte wurde zum Wallfahrtsort auserkoren, die barocke Kapelle gebaut und in ihr das hochverehrte „Gnadenbild der schmerzhaften Muttergottes" aufgestellt. Diese Pietà-Darstellung Marias mit ihrem toten Sohn wurde um 1370 von einem nicht bekannten Künstler aus Pappelholz geschnitzt und ist noch heute Anziehungspunkt für fast 100.000 Pilgerinnen und Pilger, die jedes Jahr nach Telgte kommen. Wir verlassen den Marktplatz Richtung Touristinformation, Ladbergen und später Münster, kommen am „Gasthus Lauheide" vorbei und stehen dann am Eingang zum 3 / Waldfriedhof Lauheide. Anfang der 1940er Jahre wurde dieser – heute größte – Friedhof der Stadt Münster eröffnet. Als „Landschaftsgarten für die Lebenden und die Toten" charakterisiert die münstersche Stadtverwaltung den Friedhof, und damit hat sie den Nagel auf den Kopf getroffen: Nicht nur die Toten finden hier ihre Ruhe in herrlicher

RELIGIO

So heißt das Museum neben der Telgter 2 / Wallfahrtskapelle. „Wohin gehen wir? Was ist Sinn und Ziel unseres Lebens? … Alle Religionen suchen Antworten auf diese existenziellen Fragen", heißt es im Museumsflyer. Auf 1.500 m² Ausstellungsfläche in spannender – auch moderner – Architektur kann man sich auf die Suche nach Antworten auf diese Fragen begeben.

➤ rechts oben / Wallfahrtskapelle in Telgte ➤ rechts Mitte / Waldfriedhof Lauheide

1238

In diesem Jahr verlieh der Bischof von Münster Telgte die Stadtrechte, im 15. Jh. wird das Städtchen Mitglied im westfälischen Hansebund. Brände, Pest und Kriege setzten Telgte im 16., 17. und 18. Jh. schwer zu. Im 2. Weltkrieg aber blieb die Ems-Stadt weitgehend von Zerstörungen verschont. Heute hat die Stadt (mit den Ortsteilen Westbevern und Vadrup) etwa 20.000 Einwohnerinnen und Einwohner.

KONIKPFERDE

und Heckrinder leben ganzjährig im Naturschutzgebiet Ems-Auen, das direkt an den 3 / Waldfriedhof Lauheide angrenzt. Die Koniks sind eine sehr robuste Ponyrasse, das Heckrind ist ein auerochsähnliches Rind, das heute häufig bei Bewei-dungsprojekten eingesetzt wird.

DER SCHÖNSTE FRIEDHOF DEUTSCHLANDS

Parklandschaft, auch für die Lebenden ist das Areal eine grüne Oase in beschaulich-friedlicher Ruhe. So kann es auch nicht verwundern, dass der Waldfriedhof Lauheide schon einmal als schönster Friedhof Deutschlands ausgezeichnet wurde. Das Fahrradfahren ist zwar offiziell nicht gestattet, wird aber geduldet. Wir achten deshalb in besonderer Weise auf die Fußgänger. Am Nordost-Zipfel verlassen wir den Friedhof und setzen unsere Fahrt in östliche Richtung fort.

Wie der Biber, so die Bever – fleißig, fleißig!

Wir passieren die Scheunen eines Gehöfts, biegen nach links ab, fahren an einer Pferdekoppel vorbei und überqueren die Ems. Dann orientieren wir uns wieder an den rot-weißen Wegweisern; nach kurzer Fahrt stehen wir am 4 / Haus Langen. Wir sehen hier den Ort, an dem es vor mehr als tausend Jahren zunächst eine Fliehburg und danach eine Burg der Ritter von Langen gegeben hat. Heute existiert nur noch ein mit vielen Schießscharten ausgestattetes Backsteinhaus aus dem 17. Jh. sowie die zur Burg gehörige Doppelmühle an der Bever. Wir fahren weiter nach Westbevern,

dabei kommen wir an einem im Wald stehenden Wegekreuz, dem 5 / Gröninger-Kreuz aus dem frühen 18. Jh., vorbei. Es ist nach einer münsterschen Bildhauerfamilie benannt. Wir durchfahren Wiesen und Felder und sind schließlich in Westbevern. Im direkt an der 6 / Bever gelegenen Gasthof können wir eine Pause einlegen. Bever ist das plattdeutsche Wort für Bieber, wir bekommen also einen Hinweis darauf, welcher fleißige vierbeinige Wasserbaumeister hier früher einmal sein Revier hatte. Das Wasser der Bever füllte (und füllt) die Gräften zahlreicher Schlösser, Klöster und Herrenhäuser, und sie spendete die Energie für etliche Mühlen an ihrem Lauf. Bald nach Haus Langen mündet die Bever in die Ems. Die Menschen nannten das Flüsschen – nicht zu Unrecht – den „fleißigen Fluss im Münsterland".

5

Kilometer weit – hin und zurück – ist der lohnende Abstecher zum hübschen Schloss Loburg mit seinem opulenten Park. Es liegt am nordöstlichen Ortsrand Ostbeverns und ist leicht zu erreichen. Junges Leben in altem Gemäuer gibt es dort: Ein Gymnasium in katholisch-kirchlicher Trägerschaft hat hier seinen Sitz.

Viel Heide links und rechts

Wir fahren nun nach Ostbevern. Über den Prozessionsweg nähern wir uns dem Ortskern um die St.-Ambrosius-Kirche. Und auch hier treffen wir das an, was für die münsterländischen Dörfer so typisch ist: Wo die (katholische) Kirche steht, ist die Kneipe – mindestens eine – nicht weit; hier ist es die Alte Post, wo wir uns ein wenig ausruhen können. Vielleicht hören wir bei dieser Gelegenheit die

---

< links / Mühle an der Ems in Telgte ^ oben / Zugang zum Schloss Loburg

Löwe von Münster

hatten die Mitbischöfe bei der Kardinalsernennung 1946 in Rom Clemens August Graf von Galen, den Bischof von Münster, wegen seines in der Nazizeit gezeigten Muts genannt. Bischof von Galen hatte eine innige Beziehung zu Telgte, wie wir Museum RELIGIO erfahren.

schöne Geschichte von der couragierten Ärztin Frieda Schwarz, die 1945 kurz vor Ende des Kriegs Soldaten, die das am Ortsrand liegende Schloss Loburg mit allen Mitteln bis zum Letzten gegen die anrückenden Amerikaner verteidigen wollten, mit einem Trick von ihrem Vorhaben abbrachte: Sie malte einem Bekannten mit Tinte schwarze Punkte auf die Haut, präsentierte den Gepunkteten den zu allem entschlossenen Soldaten und empfahl ihnen, schleunigst das Weite zu suchen, wenn sie sich nicht bei dem Kranken mit den Pocken anstecken wollten … Richtung Telgte weiterfahrend machen wir schon nach 200 m einen kleinen Abstecher nach rechts in den Mühlenweg. Dort finden wir das 7 / Kutschenmuseum „Kock's Kutschen & Karren" (Mühlenweg 20, Ostbevern, Tel. 025324310350, www.ostbevern-touristik.de) und daneben die idyllische Kocks Mühle. Wir fahren den Abstecher wieder zurück, auf der Schulstraße ein Stück entlang der Bever und folgen dann der Radwegweisung nach Bhf. Telgte. Schirlheide, Schultenheide, Fockenbrocksheide und Harskampsheide sind nun die landschaftlichen Kleinbereiche, die wir passieren. Wir kommen zum Telgter Emsauenpark und dort am rekonstruierten 8 / Hügelgrab mit Pfostenallee vorbei. Reste eines solchen Grabs aus der Zeit vor ca. 3.700 Jahren wurden bei einer archäologischen Ausgrabung unweit auf der anderen Seite der Ems gefunden. Wir fahren weiter Richtung Bhf. Telgte, später Altstadt und kommen wieder zum Markt. Wir biegen nach links in die Bahnhofstraße und sind nach einem kurzen Stück am 1 / Bahnhof Telgte.

86,2 %

der Stimmen erhielt Wolfgang Pieper bei der Telgter Bürgermeisterwahl im Jahr 2020. Schon bei den Wahlen 2016 und 2010 hatte er mit jeweils über 70 % klar vorne gelegen. Wolfgang Piepers Parteizugehörigkeit? Nein, nicht CDU, sondern DIE GRÜNEN.

TOURENINFO / Die Tour verläuft komplett flach, dabei größtenteils auf asphaltierten Wegen. Im Bereich nach dem Waldfriedhof Lauheide und nach Haus Langen gibt es kürzere Partien auf Waldwegen. Auf den Bauerschaftswegen außerhalb der Ortschaften muss man mit mäßigem Kfz-Anliegerverkehr rechnen.

➤ **1 /** Bahnhof Telgte ➤ **2 /** Wallfahrtskapelle ➤ **3 /** Waldfriedhof Lauheide ➤ **4 /** Haus Langen ➤ **5 /** Gröninger-Kreuz ➤ **6 /** Bever ➤ **7 /** Kutschenmuseum ➤ **8 /** Hügelgrab mit Pfostenallee

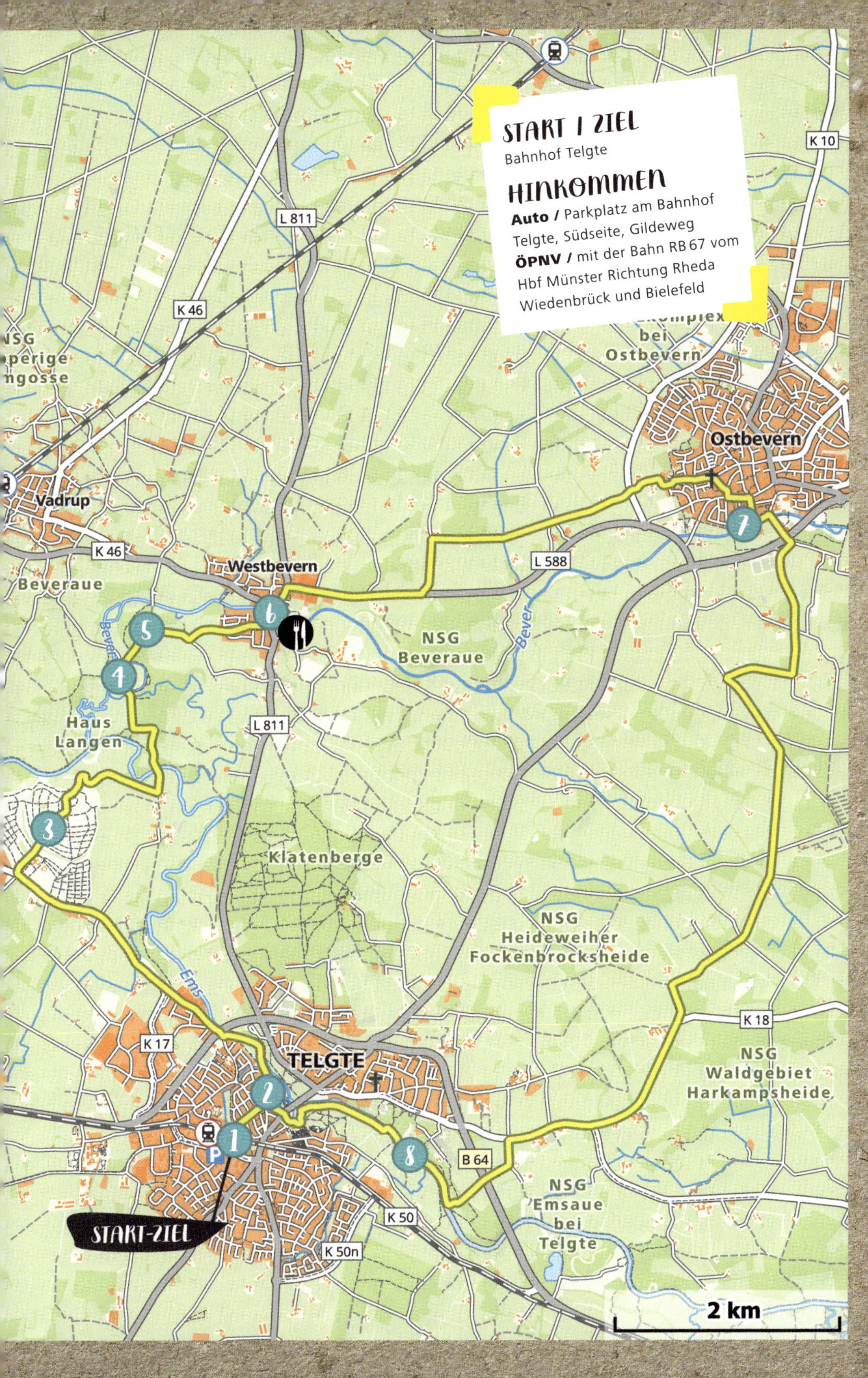

START / ZIEL
Bahnhof Telgte
HINKOMMEN
Auto / Parkplatz am Bahnhof Telgte, Südseite, Gildeweg
ÖPNV / mit der Bahn RB 67 vom Hbf Münster Richtung Rheda Wiedenbrück und Bielefeld
K 10
L 811
K 46
bei
Ostbevern
Ostbevern
Vadrup
K 46
Westbevern
L 588
Beveraue
NSG
Beveraue
Bever
Haus
Langen
L 811
Klatenberge
NSG
Heideweiher
Fockenbrocksheide
Ems
K 18
NSG
Waldgebiet
Harkampsheide
K 17
TELGTE
B 64
NSG
Emsaue
bei
Telgte
K 50
K 50n
START-ZIEL
2 km
1
2
3
4
5
6
7
8

Abkühlung

Das Schwimmen im Dortmund-Ems-Kanal ist offiziell nicht gestattet, wird aber geduldet. Die Wasserqualität ist bestens! Natürlich achten wir bei unserem Badevergnügen auf den – mäßigen – Schiffsverkehr.

- **1 /** Geschichten zum Fußballweltmeistertitel Deutschlands am Start und Ziel unserer Tour, dem Hotel Krautkrämer
- **2 /** Die Sinne schärfen am Natur-Erlebnispfad der NABU-Naturschutzstation Haus Heidhorn
- **3 /** Wild lebende Konikpferde und Heckrinder von der NABU-Beobachtungsplattform im NSG Davert beobachten
- **4 /** Am kleinen Saalmanns See eine Verschnaufpause einlegen
- **5 /** Im Biergarten in Venne auf die Holzdecke der 800 Jahre alte Kapelle anstoßen
- **6 /** Vom Kanaluferweg die Ausblicke auf den Dortmund-Ems-Kanal genießen
- **7 /** Am Tatortschauplatz im Venner Moor Ausschau halten nach Turmfalken und Knabenkraut
- **8 /** Einen Blick auf den Hansa-Business-Park werfen, wo die Zukunft der Batterie erforscht wird
- **9 /** Im Freibad Hiltrup die Tour ausklingen lassen

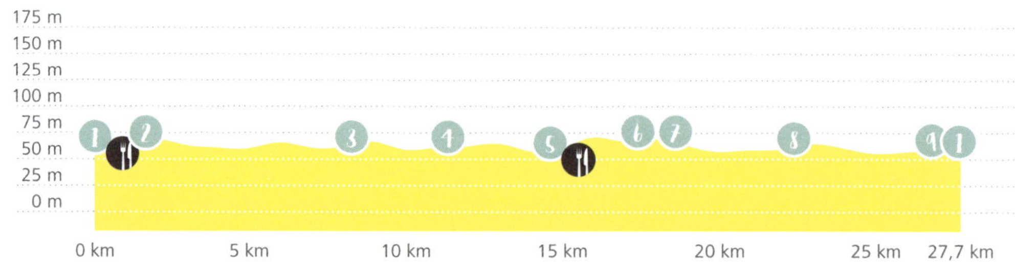

Knabenkraut & Moor

Südlich von Münster durch Hohe Ward, Davert und Venner Moor

Wald, Wasser und Spökenkiekerei – das ist der fürs Münsterland nicht ganz untypische Mix, den wir bei dieser Tour auf uns wirken lassen. Wir staunen nicht schlecht, wenn wir mit unserer Leeze – so heißt das Fahrrad hier – das viele Grün durchstreifen, das sich im Grenzbereich zwischen der Stadt Münster und den Kreisen Warendorf und Coesfeld befindet.

28 Kilometer
95 Höhenmeter
2:30 Stunden
Rundtour

Story zum Start

Am Parkplatz des 1 / Hotels Krautkrämer (www.krautkraemer.de) beginnen wir unsere Tour – und sollten gleich innehalten, um uns an eine zwar weit zurückliegende, aber immer noch ans Herz gehende Geschichte zu erinnern: Als 1974 die deutsche Fußballnationalmannschaft durch ein 2:1 im Finale gegen die Niederlande Weltmeister wurde, hatten die holländischen Fußballer ihr Quartier hier im Hotel Krautkrämer. Und mittlerweile weiß man auch, warum „Oranje", seinerzeit hoher Favorit auf den Titel, mit seinem Superstar Johan Cruyff im Finale gegen die Beckenbauer-Elf eher schwach aufspielte: Die lebenslustigen Oranje-Fußballer hatten einige hübsche Hiltru-

Charakter

Sportlich ●●○○○
Abkühlung ●●●○○
Schlemmen ●●●●○
Panorama ●●●●○

< links / Im Venner Moor

per Mädels zu Gast und in Krautkrämers Hotelpool gab es eine feuchtfröhliche und textilarme rauschende Party. Das führte zu unerwünschten Komplikationen, zum Beispiel bei Johan Cruyff: Frisch verheiratet, musste er durch nächtelange Telefonate mit seiner Ehefrau – die durch die BILD-Zeitung Wind von der Geschichte bekommen hatte – verhindern, dass sie sich auf der Stelle von ihm scheiden lassen würde; so kriegte Johan kaum Schlaf … Das führte zu seinem schwachen Auftritt beim Finale in München …; und dann wurde Deutschland Fußballweltmeister … Das ist keine Spökenkieker-, also münsterländische Spukgeschichte, sondern die nackte Wahrheit.

Viel Wald bis Venne

Wir fahren über das Waldpättken (Radwegweisung ➤ Amelsbüren) entlang des westlichen Ufers des Hiltruper Sees, queren den durch die Hohe Ward führenden Hauptweg und dann die Bundesstraße 54. Schon nach wenigen Metern biegen wir auf den eher unscheinbaren Waldweg nach links ab zum 2 / Haus Heidhorn (www.nabu-naturschutzstation-muensterland.de). In dem ehemaligen Gutshof, dessen Ursprung bis ins 13. Jh. zurückreicht, befindet sich heute die NABU-Naturschutzstation Münsterland. Vielleicht haben wir Lust, unser Rad für eine Weile an die Seite zu stellen, uns hier auf den Natur-Erlebnispfad zu begeben und auf diese Weise unseren Sinnen etwas Gutes zu tun. Später setzen wir unsere Fahrt in südliche Richtung fort, halten uns an der T-Kreuzung des Waldweges nach rechts und kommen bald auf die Straße Nottebrock, der wir für gut 2 km bis zur Davertstraße folgen. Wir biegen nach links ab und wiederum nach gut 2 km (hier berühren wir kurz Tour 10) nach rechts (➤ Ottmarsbocholt). Bald sind wir am Zugang zu der linker Hand befindlichen

KINDERPARADIES

Ein vielfältiges Angebot für Kinder gibt es auf der NABU-Station 2 / Haus Heidhorn. Auf Entdeckungsreise gehen im westfälischen Bauerngarten, mit den Schafen schäkern oder im Barfußgang seine Füße spüren – das und noch mehr kann man hier tun.

➤ rechts oben / Torfabbau sowie Naturschutz und Renaturierung im Venner Moor ➤ rechts Mitte / Hotel Krautkrämer

1974

Für Hardcore-Fußballfans: Im Foyer des 1 / Hotels Krautkrämer hängt eine hübsche Erinnerungstafel mit den Konterfeis und Unterschriften aller Oranje-Fußballer des Vizeweltmeister-Teams von 1974.

Spökenkieker

Die „Spukgucker" konnten angeblich in die Zukunft schauen. Für die Spökenkiekerei ganz typisch, dass unheimliche und angsteinflößende Ereignisse an die Wand gemalt wurden. Besonders im Münsterland, in Friesland und Schottland war das weit verbreitet.

Bei den wilden Pferden

3 / NABU-Beobachtungsplattform im Naturschutzgebiet Davert. Von hier haben wir einen guten Blick auf die hier weitgehend wild lebenden Konikpferde und die auerochsähnlichen Heckrinder. Mit der Wiederansiedlung der urtümlich wirkenden Tiere wurde hier ein Zustand wiederhergestellt, wie er bis vor 200 Jahren natürlich zur Landschaft gehört hatte. Wir radeln weiter in westliche Richtung, fahren nach 350 m nach links (➤ Ottmarsbocholt) und überqueren anschließend im Rechtsbogen die Autobahn Hansalinie. Unmittelbar nach der Brücke biegen wir nach rechts ab und folgen dem Weg Kreuzbauerschaft. Unterwegs können wir uns rechterhand an 4 / Saalmanns See – sagen wir besser: an Saalmanns Seechen – ein wenig ausruhen und unsere Füße kühlen. Wir wenden uns nach 500 m nach rechts (➤ Venne) und kommen nun in einen Bereich der Davert, in dem wir uns gut vorstellen können, dass wir in der Abenddämmerung oder frühmorgens, wenn der Nebel noch im Gehölze steht, der Spinnlenor begegnen könnten. Das alte verhärmte Hutzelweib sitzt einsam auf einem Baumstumpf und muss ohne Unterlass Tag und Nacht Laken aus Leinen nähen

als Strafe dafür, dass sie früher zu kleine Haspeln benutzt und so die Leute betrogen hat. Und wenn wir ganz konzentriert hinhören, vernehmen wir ihr Wehklagen: „Huhu, huhu … kurte Haspel, schmall Laken, huhu, huhu, huhu!" So ist das mit der Spökenkiekerei, mit dem Spintisieren … Vielleicht erinnern sich die Älteren unter uns noch an ihre Schulzeit und an die Spinnlenor in der Ballade „Der Knabe im Moor" von Annette von Droste-Hülshoff. Sie, die Münsterländerin, kannte die Spukgeschichten sehr gut. Nach gut 1 km halten wir uns links und sind bald am Kirchlein St. Johannes Baptist in 5 / Venne. Dieses Kirchlein, eine Kneipe, ein paar Höfe rundherum und viel mehr nicht – das ist Venne. Wir sollten einen Blick ins Innere der fast 800 Jahre alten Kapelle werfen. Die aus dem 16. Jh. stammende ornamental bemalte Holzdecke ist einzigartig in Westfalen. Auf der anderen Seite der Straße können wir im Biergarten des Gasthofes „Venner Moor" entspannt sitzen und unseren körperlichen Flüssigkeitshaushalt neu justieren.

Venne plus

Im idyllisch gelegenen ehemaligen Pfarrhaus hinter dem Kirchlein haben die Schwestern der Gemeinschaft Verbum Dei ein Exerzitienhaus eingerichtet. Dort gibt es für Interessierte verschiedene spirituelle Angebote. Eingebunden ist ein Kreuzweg im angrenzenden Wäldchen.

Im Venner Moor und am Dortmund-Ems-Kanal

Wir fahren auf der Venner Straße ca. 500 m in südliche Richtung und biegen dann nach rechts ab auf die Straße Dorfbauerschaft; nach 1 km wenden wir uns nach dem Linksknick der Straße nach

---

< links / Saalmanns See ^ oben / Dortmund-Ems-Kanal

LESELUST?

In Eva Maasers Roman „Der Moorkönig" ist der von seinen Mitmenschen verkannte (und der Spökenkiekerei verdächtigte) Jan Droste Tomberge die Hauptfigur. Dessen Spielplatz (sozusagen) ist das 7 / Venner Moor.

rechts und einem weiteren Kilometer wieder nach rechts (➤ Bohlenweg Venner Moor). Nach 500 m sind wir am 6 / Dortmund-Ems-Kanal. Wir halten uns rechts auf dem Kanal-Uferweg und kommen nach ca. 1,3 km an die Stelle, an der rechts ein Weg ins 7 / Venner Moor führt. Diesem sandigen Waldweg folgen wir für ca. 150 m und stehen dann inmitten der Moorflächen. Wir sehen ein ehemaliges Hochmoor, früher wurde hier Torf gewonnen. Seit den 1950er Jahren ist das Venner Moor Naturschutzgebiet, einige bedrohte Tier- und Pflanzenarten sind hier heimisch, wie zum Beispiel der Brombeerzipfelfalter, der Baumfalke oder das Knabenkraut. Und als die Macher des Münster-Tatorts – das ist der Krimi mit Professor Boerne und Kommissar Thiel – für einen ihrer TV-Filme die geeignete Stelle für eine Moorleiche suchten, fanden sie hier den richtigen Platz. Wir begeben uns zurück zum Kanaluferweg und fahren weiter in nordöstliche Richtung (➤ Amelsbüren). Nach Unterquerung der Autobahn sehen wir auf der anderen Seite des Kanals das Areal des 8 / Hansa-Business-Parks. Hier ist die Forschungsfabrik Batterie (FFB) im Entstehen, ein von Bund und Land NRW mit insgesamt 700 Millionen EUR gefördertes Innovationsprojekt, mit dem die massentaugliche Produktion von Batteriezellen erforscht und befördert werden soll. Wir erreichen Amelsbüren, den südlichsten Stadtteil Münsters. Nach weiteren 3,5 km stehen wir wieder vor dem Hotel Krautkrämer. Wem nach Abkühlung ist, kann die Tour im gleich nebenan liegenden 9 / Freibad Hiltrup (Zum Hiltruper See 171, 48165 Münster, Tel. 02501 16922) ausklingen lassen.

10 KM

Amelsbüren ist Münsters südlichster Stadtteil. Und noch heute können wir leicht erkennen, dass es früher mal ein typisch münsterländisches Dorf war (und heute noch immer ein wenig ist): große Kirche in der Mitte, drumherum die Bürgerhäuschen. 10 km sind's bis in Münsters Mitte.

TOURENINFO / Die Tour verläuft auf (hin und wieder auch schmalen) Waldwegen, asphaltierten Bauerschafts- und Radwegen, auf einer mäßig befahrenen Kreisstraße sowie auf dem Uferweg des Dortmund-Ems-Kanals. Das Streckenprofil ist weitestgehend flach.

➤ **1 /** Hotel Krautkrämer ➤ **2 /** Haus Heidhorn ➤ **3 /** NABU-Beobachtungsplattform ➤ **4 /** Saalmanns See ➤ **5 /** Venne ➤ **6 /** Dortmund-Ems-Kanal ➤ **7 /** Venner Moor ➤ **8 /** Hansa-Business-Park ➤ **9 /** Freibad Hiltrup

A 43
K 2
K 42
ederort
K 60
Loevelingloh
Getterbach
HILTRUP
Wilbrenning
K 10
A 1
K 42
L 884
Kannenbach
AMELSBÜREN
START-ZIEL
K 39
K 41
K 10
Emmerbach
fbauerschaft
Venner Moor
B 54
Münstersche Davert
Altendorf
Coesfelder Davert
Rinnbach
L 884
Warendorfer Davert
K 24
K 10
L 844
K 39
Ottmarsbocholt
Davensberg
K 2
Rinnbach
Emmerbach
L 844
B 58
B 58
ASCHEBERG
Emmerbach
K 2
K 3
2 km
START / ZIEL
Parkplatz am Hotel Krautkrämer
HINKOMMEN
Auto / Hotel Krautkrämer, Zum Hiltruper See 173, 48165 Münster
ÖPNV / Mit der Bahn vom Hbf Münster nach MS-Hiltrup und per Rad 2,8 km am Kanaluferweg entlang bis zum Hotel Krautkrämer

SRI KAMADCHI AMPAL

heißt der größte tamilische Tempel in Europa – in Hamm-Uentrop. Exil-Tamilen haben ihn 1989 errichtet. Von der Zechenbahntrasse in Dolberg fahre ich gerne diesen Abstecher von 5 km.

➤ **1 /** Am Parkbad Ahlen sagen wir den Mammuts „Tschüss“ und beginnen unsere Rundtour

➤ **2 /** Bei den Pferdekoppeln und Kopfweiden genießen wir die münsterländische Parklandschaft

➤ **3 /** Bei der ehemaligen Zeche Sachsen in Hamm-Heessen: Steinkohle im Münsterland?

➤ **4 /** In den Lippeauen sind wir dem mäandernden Fluss eine gute Begleitung

➤ **5 /** Das Schloss Oberwerries im Wasser der Gräfte träumen sehen …

➤ **6 /** Auf der Handfähre über die Lippe können wir lateinische Vokabeln lernen

➤ **7 /** Über die Zechenbahntrasse radeln wir höchst komfortabel zurück nach Ahlen

➤ **8 /** Am Zechenpark Ahlen bewundern wir die alten Fördertürme

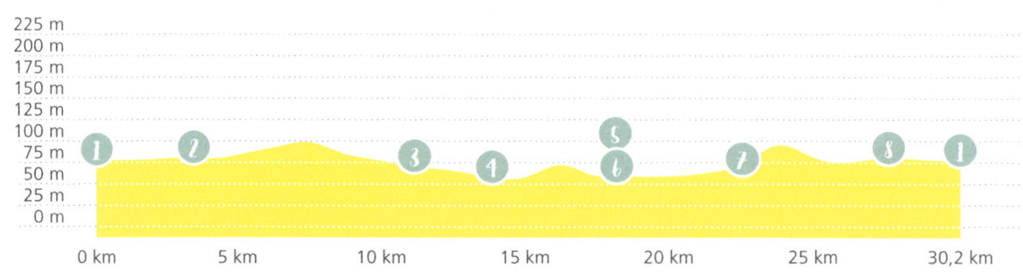

AUF ZECHENTOUR

Ganz am südlichen Rand des Münsterlandes

Steinkohlezechen im Münsterland? Ja, sie gab es, und zwar ganz im Norden in Ibbenbüren und ganz im Süden, in Ahlen und in Hamm-Heessen, wo wir vorbeikommen. Die Förderung dieses fossilen Energieträgers ist heute Geschichte. Nur die Halden und Teile der früheren Über-Tage-Bauten erinnern daran, dass der Steinkohlebergbau einstmals ein wichtiger Wirtschaftsfaktor gewesen ist.

30 Kilometer
65 Höhenmeter
2:30 Stunden
Rundtour

Von Ahlen zur früheren Zeche Sachsen

Wir starten am 1 / Parkbad in Ahlen und verabschieden uns vom farbenfrohen Riesen-Zauberwürfel, der vor dem Bad steht. Auch den beiden bunten Mammutfiguren winken wir zu. Die wollen uns daran erinnern, dass im Jahr 1910 bei Grabungen in Ahlen ein 18.000 Jahre altes Skelett eines Wollmammuts gefunden wurde. Das Knochengerüst dieses imposanten Tiers kann man im Heimatmuseum (Wilhelmstraße 12, www.ahlen.de) bestaunen. Man hat beim Stadtmarketing diesen archäologischen Sensationsfund aus dem frühen 20. Jh. zum Anlass genommen, eine Vielzahl von kleinen Mammutfiguren im ganzen Stadtgebiet verstreut aufzustel-

CHARAKTER

Sportlich	●●○○○
Abkühlung	●●●○○
Schlemmen	●●●●○
Panorama	●●●●○

< links / Fördertürme der ehemaligen Zeche Westfalen im Zechenpark Ahlen

len. Das Parkbad-Gelände verlassen wir in westliche Richtung und sind sofort an der Werse, der wir nach links folgen. Nach Unterqueren der Bahnlinie biegen wir links ab (➤ Hamm), dann gleich nach rechts (➤ Ahlen Mitte). Nach links fahren wir in die Friedrich-Ebert-Straße, queren die Hammer Straße und kommen auf der Bachstraße zum Richterbach, an dessen Ufer wir nun für ein ganzes Stück nach Süden fahren. Bald befinden wir uns auf einer schönen Weidenallee, den Bahndamm zu unserer Linken und 2 / Pferdekoppeln und Kopfweiden auf der rechten Seite. Sie gehören zur Bauerschaft Oestrich. Im Linksbogen fahren wir durch den Oestricher Holt; hier können wir im „Alten Forsthaus Frielick" ein hübsches Päuschen im Grünen einlegen. Weiter geht es vorbei am militärischen Standortübungsgelände – das Bummern der Übungsschießen kann man manchmal hören – und schließlich erreichen wir Hamm-Heessen. Kurz vor der Bahnunterführung biegen wir vom Frielicker Weg nach rechts ab auf den Weg Im Landwehrwinkel, dem wir im Linksknick folgen; bald haben wir die Alfred-Fischer-Halle erreicht.

EINE VILLA

aus der Gründerzeit und dazu ein hochmoderner Anbau – das ist das Domizil des Kunstmuseums Ahlen. Hier gibt es hochkarätige Ausstellungen zeitgenössischer Kunst, eine faszinierende Lichtinstallation und das Restaurant „Chagall" mit sehr guter gehobener Küche.

Bergbau und Wasserschloss-Romantik nebeneinander

Was heute Alfred-Fischer-Halle heißt (der Name bezieht sich auf den Erbauer der Anlage), war früher die Maschinenhalle der von 1912 bis 1976 betriebenen 3 / ehemaligen Zeche Sachsen. Der Name „Sachsen" nimmt Bezug auf die Herkunft der Betreiber-Gewerkschaft, die ihren Stammsitz bei Gründung der Anlage in Sachsen-Anhalt hatte. Die nüchtern-elegante Backsteinarchitektur der Gebäude nimmt klassizistische Stilelemente auf und wirkt eher bescheiden-funktional. Ein interessanter industriegeschichtlicher Pfad führt über das frühere Zechengelände und die heute bewachsenen Halden. Wenn wir den Geschichtspfad gehen, können wir

➤ rechts oben / Rubikwürfel und Mammut vor dem Parkbad Ahlen ➤ rechts Mitte / „Kohle ist Brot" ziert ein Tor der ehemaligen Zeche Sachsen

53.000

Einwohner hat Ahlen und ist damit die größte und wirtschaftlich bedeutendste Stadt im Kreis Warendorf. Und sie ist eine alte Stadt: Die Anfänge gehen bis ins 9. Jh. zurück.

Sachsenkreuz

ist der Name des Gipfelkreuzes, das im Jahr 2010 auf einer der Halden der 3 / früheren Zeche Sachsen errichtet wurde. Es ist vor allem zum Gedenken an die Opfer des Bergbaus, die es auch auf der Zeche Sachsen gab, gedacht.

Haldengipfel besteigen

zum Beispiel erfahren, dass ganze Scharen der früher hier beschäftigten Bergarbeiter den Weg von zu Hause zur Zeche (und nach Schichtende wieder zurück) mit dem Fahrrad absolvierten. Ihre Leeze konnten die Kumpel in einem zecheneigenen Fahrradparkhaus wettergeschützt unterstellen und Reparaturen wurden gleich in der dazugehörigen Werkstatt erledigt. Heute wird das Gelände durch verschiedene kommunale und Landeseinrichtungen sowie von Unternehmen genutzt; darunter ist auch eine kleine Rösterei, deren Kaffee wir in der benachbarten Eisdiele genießen können. Wenn wir uns die Zeit nehmen und auf die Halde steigen, werden wir mit einem sehr schönen Panoramablick belohnt. Anschließend fahren wir zurück, biegen nach rechts ab auf den Dasbecker Weg, überqueren die Bahnlinie, kreuzen die Ahlener Straße und fahren auf der Amtsstraße bis zu deren Ende. Wir queren die Dolberger Straße und kommen über die Fährstraße (➤ Hamm Zentrum) bis zur Lippe. Der Fluss bildet die Grenze zwischen dem Münsterland im Norden und dem Ruhrgebiet im Süden bzw. dessen Fortsetzung Soester Börde. Der Radwegweisung Schloss Heessen und Schloss

Oberwerries folgend sind wir nun in den 4 / Lippeauen. Eben waren wir noch dort, wo der Bergmann einstmals seiner schweren Arbeit nachging, nun stehen wir vor dem ersten Schloss in malerischer Umgebung: Haus Heessen, dessen Ursprünge bis ins 12. Jh. zurückreichen, beherbergt heute ein Privatgymnasium. Wenig später sehen wir, wie sich das 5 / Schloss Oberwerries träumerisch im Wasser seiner Gräfte spiegelt. Ist das nicht ein bemerkenswertes Kontrastprogramm zur – gewesenen – Maloche der Kumpel in der Zeche Sachsen wenige Kilometer westlich? Im Schloss Oberwerries kann man einkehren. Es wird als Tagungsstätte genutzt und ist Sitz des Westfälischen Turnerbundes. Vielleicht erinnern wir uns des Turner-Wahlspruchs „frisch – fromm – fröhlich – frei" und machen uns unter diesem Motto auf das letzte Drittel unserer Tour.

1692

war das barocke 5 / Wasserschloss Oberwerries nach zehnjähriger Bauzeit fertiggestellt. Der münstersche Fürstbischof Friedrich Christian von Plettenberg ließ es für seine Schwester Ida Maria zu Beverfoerde errichten.

Do-it-yourself-Fähre und proper vorwärts wie einst die Zechenbahn

Wir folgen der Radwegweisung Lippefähre. Mit der Kraft unserer Armmuskeln schippern wir auf der kleinen 6 / Handfähre über die Lippe ans südliche Ufer. LUPIA heißt das grüne Wasserfahrzeug, das ist das lateinische Wort für Lippe. Das benutzten die in Germanien als Besatzer weilenden Römer, wenn sie, wahrscheinlich

---

‹ links / Letzte Lore im Zechenpark Ahlen ^ oben / Schloss Oberwerries

RÖMER-LIPPE-ROUTE

heißt die beliebte Themen-Radroute von Xanten im Rheinland bis Detmold im Teutoburger Wald. Hier kann man entlang der Strecke noch viele Spuren römischer Kultur von vor 2.000 Jahren entdecken.

von Haltern aus, auf dem Lippe-Fluss in Richtung Soester Börde unterwegs waren. Wir fahren weiter Richtung Lippborg durch die Oberwerrieser Mersch und schwenken dann am Haarener Weg nach links über die Brücke. An der Heessener Straße geht es nach rechts bis in den Ort Dolberg. Wir biegen nach rechts ab in die Combrinkstraße, der wir im Linksknick folgen. Im Weiteren fahren wir Richtung Ahlen und stoßen bald auf die 7 / Zechenbahntrasse mit ihrem ganzen Komfort: Kein Autoverkehr, der Wegebelag glatt wie ein Babypopo, und voraus grüßt der Gipfel der Osthalde der ehemaligen Zeche Westfalen. Auf den früher auf der Trasse vorhandenen Eisenbahnschienen fuhren seinerzeit die Zechenzüge, die die geförderte Steinkohle zum Lippehafen brachten. Am Fuß der Osthalde treffen wir auf den Werseradweg, den wir nun, nach links fahrend, nutzen. Nach 250 m machen wir dann noch einen Abstecher nach rechts in den 8 / Zechenpark Ahlen. Von 1913 bis 2000 wurde hier – aus ziemlich großer Tiefe – Steinkohle gefördert. Heute wird das Areal als Gewerbefläche für kleinere und mittlere Betriebe sowie als Veranstaltungs- und Event-Meile genutzt. Die Fördertürme stehen noch, die kann man im Rahmen einer Führung sogar besteigen. Auch gastronomische Einrichtungen tragen dazu bei, dass sich der Zechenpark zunehmender Beliebtheit erfreut. Zurück am Werseradweg radeln wir das noch verbleibende kurze Stück, immer entlang der Werse, bis zum 1 / Parkbad Ahlen. Wir haben unser Ziel erreicht.

1,75

Meter mächtig waren die ertragreichsten Kohleflöze der 8 / Zeche Westfalen. Dafür musste man allerdings auch weit nach unten, weiter als bei den meisten anderen Zechen: Die tiefste Abteufung endete erst bei mehr als 1.200 Metern.

TOURENINFO / Diese Rundtour ist überwiegend flach; lediglich zwei Abschnitte weisen eine längere leichte Steigung auf. Wir fahren auf durchweg verkehrsarmen oder Kfz-freien Wegen; die sind durchgängig gut zu befahren: Wir rollen entweder auf Asphalt oder auf komfortabler naturbelassener Oberfläche. Der Radverkehr auf der Strecke ist überwiegend sehr ruhig, auch an Wochenenden (mit Ausnahme der Partie beim Schloss Oberwerries).

➤ **1 /** Parkbad Ahlen ➤ **2 /** Pferdekoppeln und Kopfweiden ➤ **3 /** ehemalige Zeche Sachsen ➤ **4 /** Lippeauen ➤ **5 /** Schloss Oberwerries ➤ **6 /** Handfähre über die Lippe ➤ **7 /** Zechenbahntrasse ➤ **8 /** Zechenpark Ahlen

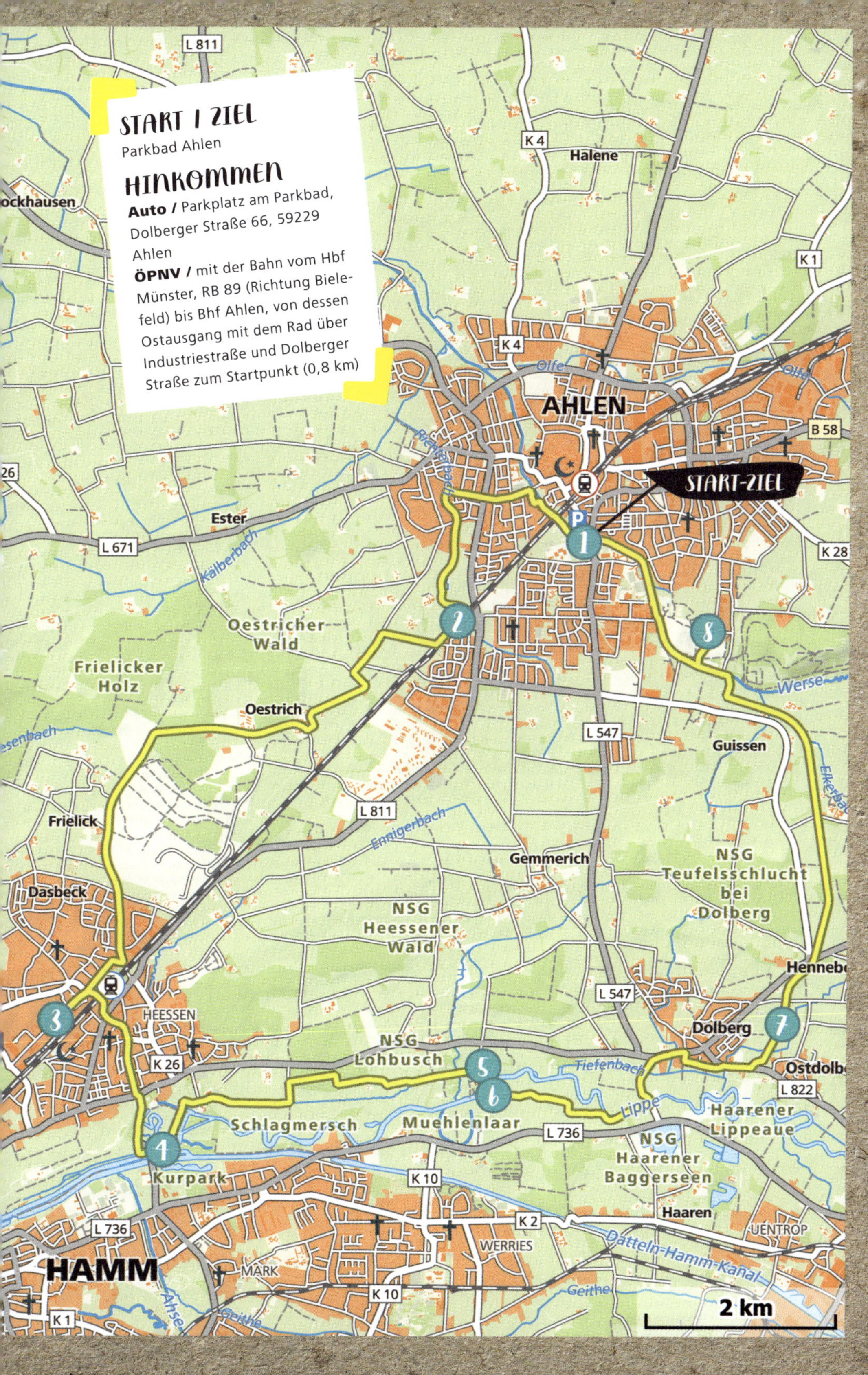

START / ZIEL
Parkbad Ahlen
HINKOMMEN
Auto / Parkplatz am Parkbad, Dolberger Straße 66, 59229 Ahlen
ÖPNV / mit der Bahn vom Hbf Münster, RB 89 (Richtung Bielefeld) bis Bhf Ahlen, von dessen Ostausgang mit dem Rad über Industriestraße und Dolberger Straße zum Startpunkt (0,8 km)
START-ZIEL
AHLEN
Halene
Ester
Oestricher Wald
Frielicker Holz
Oestrich
Frielick
Dasbeck
Gemmerich
Guissen
NSG Teufelsschlucht bei Dolberg
NSG Heessener Wald
HEESSEN
NSG Lohbusch
Schlagmersch
Muehlenlaar
Kurpark
Dolberg
NSG Haarener Baggerseen
Haarener Lippeaue
Haaren
HAMM
MARK
WERRIES
UENTROP
Datteln-Hamm-Kanal
2 km

ALTBIERBOWLE

trinke ich, wie viele Münsterländer, gerne in der Erdbeerzeit. Ein paar Esslöffel in Stücke geschnittener Erdbeeren (oder Himbeeren oder Pfirsiche) in gut gekühltem Altbier ertränken. Erfrischend und bekömmlich!

➤ **1 /** Am Bahnhof Burgsteinfurt steigen wir in den Sattel

➤ **2 /** Burgsteinfurts altes Rathaus sehen und erkennen, dass dies ein Haus selbstbewusster Bürger ist

➤ **3 /** Sich bei der Rolinck-Brauerei vergewissern, dass hier ein (einstmaliges) Grundnahrungsmittel hergestellt wird

➤ **4 /** Mit Schloss Burgsteinfurt eines der schönsten münsterländischen Wasserschlösser genießen

➤ **5 /** Im Kreislehrgarten den sperrigen Namen vergessen und die Vielfalt der Natur genießen

➤ **6 /** An der Wassermühlen in Leer sehen, dass auch kleine Wässerchen große Kraft spenden

➤ **7 /** Die stolz-bescheiden-klare Gestalt des Alten Rathauses in Schöppingen bewundern

➤ **8 /** Bei der Feinbrennerei Sasse einem weiteren (einstmaligen) münsterländischen Grundnahrungsmittel begegnen

➤ **9 /** Der Dino-Zoo Metelen lässt Kinderherzen höher schlagen

➤ **10 /** Am Bahnhof Metelen Land steigen wir ein in den Zug zurück

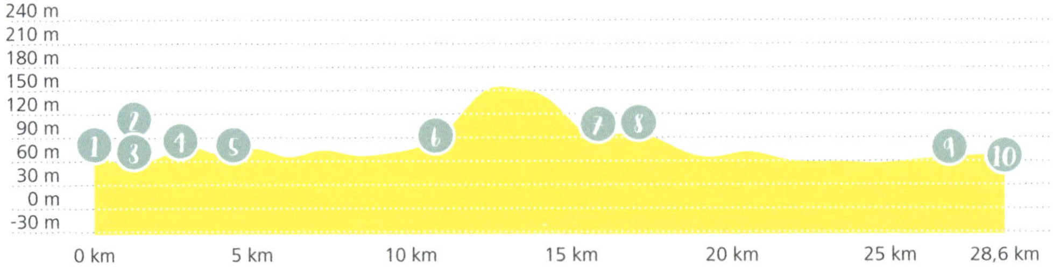

6

Vom Brauer zum Brenner

… und Dinge am Wegesrand, die nichts mit Alkohol zu tun haben

Brauereien und Kornbrennereien gehören zum Münsterland wie Wasserburgen und leichter Wind aus Nordwest. Was anderswo der Wein ist, ist hier, wo es (noch?) keinen Weinanbau gibt, das Bier. Und der Korn hilft – half muss man sagen –, die bei den Einheimischen einstmals so gerne aufgetischten schweren Speisen besser zu verdauen.

29 Kilometer
120 Höhenmeter
2:30 Stunden
Streckentour

Burgsteinfurt, ein bisschen wie Asterix und Obelix in Gallien

Vom 1 / Bahnhof Burgsteinfurt aus kommen wir über die Friedrich-Hofmann-Straße ins alte Zentrum, wo wir bald vor 2 / Burgsteinfurts altem Rathaus stehen. Dieser Renaissancebau von 1561 zeigt uns, dass die Burgsteinfurter Bürger schon damals über ein bestens ausgeprägtes Selbstbewusstsein verfügten. Und das rührte daher, dass sie in der kleinen Grafschaft Steinfurt lebten, die sich über Jahrhunderte inmitten des schier erdrückenden Herrschaftsbereichs des streng katholischen Fürstbistums Münster ihre Unabhängigkeit bewahren konnte. Und da war es auch nur logisch, dass Graf Arnold II. 1544 mit allen

Sportlich ●●●●○
Abkühlung ●●○○○
Schlemmen ●●●○○
Panorama ●●●●○

◂ links / Torhaus des Wasserschlosses Burgsteinfurt

Bürgern seiner Grafschaft protestantisch wurde. Das hat sichtbare Auswirkungen bis heute: So ist das zentrale Gebäude der Stadt nicht, wie sonst im Münsterland üblich, eine Kirche, sondern eben das Rathaus. Erst weiter südlich kommen die Kirchen, und zwar in dieser Reihenfolge: erst die evangelische, dann die katholische.

ANFANG MAI

findet jedes Jahr in Burgsteinfurt der Leinen- und Blaudruckmarkt statt. Es gibt im Münsterland noch einige wenige Betriebe, die das Blaudruck-Handwerk beherrschen, und die zeigen ihr zeitlos schönes Leinen-Kunsthandwerk auf dem Mai-Markt. Sehenswert!

Wir verlassen die Altstadt und kommen über die Wasserstraße zur Wettringer Straße. Leicht bergauf fahren wir bis zur 3 / Rolinck-Brauerei. Alexander Rolinck, Hofmusiker beim Steinfurter Grafen, entdeckte – nebenberuflich – seine Leidenschaft für das Bierbrauen. 1820 kündigte er den Musikerjob, stellte die Klarinette in die Ecke und gründete die Rolinck-Brauerei. Sie entwickelte sich im Laufe der Zeit zu einer der führenden Brauereien in der Region und ist heute, als Teil der Krombacher-Brauerei, weit und breit noch die einzige große Braustätte, die übriggeblieben ist. Über die Fillerstiege gelangen wir zum 4 / Schloss Burgsteinfurt (s. auch Tour 19). Bereits im 12. Jh. errichteten die Edelherren von Steinfurt hier ihre wehrhafte Burg. Sie wurde, nicht unüblich in jenen Zeiten, zerstört, wieder aufgebaut, erneut beschädigt und wieder aufgebaut und so weiter und so fort. So besteht das hübsch anzuschauende Ensemble heute aus Bauten verschiedener Zeiten.

Ein Lehrgarten, Bauerschaften und alte Mühlen

Wir folgen der rot-weißen Fahrradwegweisung nach Leer und später nach Schöppingen und kommen zum 5 / Kreislehrgarten (ganzjährig von Sonnenauf- bis Sonnenuntergang, Eintritt frei, Wemhöferstiege 33, 48565 Steinfurt). Ein westfälisch-nüchterner Name für ein absolut sehenswertes Gartenparadies. 1914 als Kreis-Obst- und Gemüsegarten gegründet, kann man heute nicht nur das seinerzeit für die bäuerliche Selbstversorgung wichtige Obst und Gemüse sehen, sondern auch eine Fülle von prächtigen Gartenblumen. Wir

---

➤ rechts oben / Rathaus Schöppingen ➤ rechts Mitte / Rolinck-Brauerei

1396

In diesem Jahr eskalierte der Konflikt zwischen dem Grafen von Steinfurt und dem Bischof in Münster dramatisch: Die selbstbewusst-frechen Steinfurter nahmen ihren Widerpart gefangen und ließen ihn erst nach Zahlung eines nicht unbeträchtlichen Lösegelds wieder frei.

BAGNO

(italienisch: Bad) heißt der fürstliche Park, den die Burgsteinfurter Grafen ab 1765, angrenzend an das Schloss, anlegen ließen. Wir fahren ein Stück an seinem nordwestlichen Rand entlang.

verlassen Burgsteinfurt und sind bald bei den 6 / Wassermühlen in Leer. Sowohl Schmeddings Mühle als auch Wennings Mühle werden vom Wasser des eher schmächtigen Leerbachs betrieben. Und da der Leerbach – auch wenn er nicht deshalb so heißt – manchmal tatsächlich ein bisschen leer ist, war der Betrieb der seinerzeitigen Korn- und Ölmühle ausschließlich mit Wasser eine ziemlich unsichere Sache. Die Lösung des Problems bei Schmeddings Mühle hieß deshalb: Kombination von Wasser- und Windkraft. So sehen wir hier nicht nur das Wasserrad, sondern auch den Mühlenturm. Wir starten dann die Weiterfahrt nach Schöppingen und müssen dabei zunächst die Bergwertung unserer Tour bestehen. Haben wir uns bisher bei ungefähr 70 m über NN bewegt, geht es nun hoch auf 150 m. Wir erklimmen nämlich den Schöppinger Berg, von dem wir bei guter Sicht bis ins Ruhrgebiet blicken können.

WIND- UND WASSERMÜHLE

Schöppinger Lagerkorn und Dinosaurier in Metelen

Stramm bergab sind wir bei unserer Weiterfahrt gerollt und stoßen nun auf die Hauptstraße, der wir nach rechts bis zum 7 / Alten

Rathaus Schöppingen folgen. Dieses im Jahr 1583 errichtete kleine, aber feine Gebäude lässt erahnen, dass Schöppingen einmal eine nicht unbedeutende Ansiedlung gewesen ist. Tatsächlich geht ihre Geschichte bis in das 8. Jh. zurück, als das fränkische Heer in der Zeit der Sachsenkriege im Bereich der etwas erhöht liegenden Kirchburg einen Stützpunkt hatte. Später entstand unter der Ägide des Bischofs von Münster der planmäßig angelegte Ort Skopengen, der im 15. Jh. das Stadtrecht erhielt und bald auch sein hübsches Rathaus. Durch das Künstlerdorf kommen wir auch mit Tour 17. Wir folgen der Radwegweisung Metelen und kommen an der Kirche St. Brictius vorbei. Sie hat einen sehenswerten Altar, der um 1460 entstand und eines der bedeutendsten Werke spätgotischer Malerei in Westfalen ist. Über Bergstraße und Leipziger Straße kommen wir zur Düsseldorfer Straße; ihr folgen wir bis zur 8 / Feinbrennerei Sasse (Düsseldorfer Straße 20, 48624 Schöppingen, www.sassekorn.de). Korn ist appetitanregend. Außerdem macht er schwere Speisen bekömmlicher und ist ein bewährtes Hausmittel gegen Erkältungen, so kann man in einem alten münsterländischen Kochbuch lesen. Und damit wird klar, dass dieses – in der Regel aus Weizenkorn – hergestellte Destillat für den Münsterländer früherer Zeiten nicht ein Genussmittel, sondern ein Lebens-

2

Orte mit dem Namen Leer gibt es in Deutschland. Der eine liegt auf unserem Weg von Burgsteinfurt nach Schöppingen, der andere in Ostfriesland (und zwar der größere). In beiden Fällen meint der Name das Gleiche: Er kommt vom germanischen „leheri" und bedeutet soviel wie „umzäunter Weideplatz".

< links / Auf den Schöppinger Berg ^ oben / Deftiges mit Korn runterspülen

WINDRÄDER

prägen das Bild des **Schöppinger Bergs**. Es ist ein günstiger Standort. Von 1963 bis 1987 war hier eine NATO-Raketeneinheit stationiert. Nicht wenige sagen: Da sind mir die Windräder lieber!

mittel gewesen ist. Heute ist es natürlich ein Genussmittel, und das wird in hervorragender Qualität bei Sasse in Schöppingen hergestellt. Ein halbes Dutzend Mal World-Class-Destillery und im Jahr 2020 sogar Destillery of the Year – braucht es da noch lobende Worte? Seit 1707 wird bei Sasse und deren Vorläufern in Schöppinger Familienregie Korn gebrannt. Da scheint das heutige Firmencredo „True Craft – True Love" gar nicht so weit hergeholt. Man kann im Hofladen einkaufen und, mit genügend Zeit im Gepäck, auf dem Erlebnisparcours in der Brennerei einen Eindruck vom Herstellungsprozess des edlen Gesöffs bekommen (Mo–Sa 10–17 Uhr). Wir fahren – allerdings nur, wenn wir noch klar im Kopf sind – bis zum Ende der Düsseldorfer Straße, dort nach links und folgen der Radwegweisung nach Metelen. Bei der Brüningmühle überqueren wir die Vechte, fahren dann in nördliche Richtung und sind bald am Rand von Metelen. In Richtung Burgsteinfurt und Metelen Bahnhof fahren wir weiter, bis wir schließlich am 9 / Dino-Zoo Metelen angekommen sind (27.3.–1.11. tgl. 10–18 Uhr, Samberg 60, 48629 Metelen, www.dinozoo-metelen.com). Hier gibt es lebensgroße Modelle ausgestorbener Tiere – Dinosaurier, versteht sich –, aber auch Lebendiges: Fuchsmangusten, Erdmännchen oder Rothunde zum Beispiel. All das lässt natürlich besonders Kinderherzen höherschlagen. Unser Weg führt uns nun noch ein kleines Stück durch den Wald bis zum 10 / Bahnhof Metelen Land. Von hier aus fahren wir mit dem Zug zurück nach Burgsteinfurt.

1985

stand die 8 / Kornbrennerei Sasse vor dem Aus. Auf dem Markt des massenhaft hergestellten Industriealkohols war der kleine Schöppinger Familienbetrieb nicht mehr konkurrenzfähig. Erst die Rückbesinnung auf das alte Handwerk bei der Herstellung eines guten Lagerkorns brachte die Wende.

TOURENINFO / Wir fahren fast komplett auf asphaltierten Wegen und weitgehend autofrei. Beim Aufstieg zum Schöppinger Berg haben wir auch schon mal kürzere Passagen mit 10 % Steigung zu bewältigen (und beim Abstieg nach Schöppingen entsprechendes Gefälle).

➤ **1 /** Bahnhof Burgsteinfurt ➤ **2 /** Altes Rathaus Burgsteinfurt ➤ **3 /** Rolinck-Brauerei ➤ **4 /** Schloss Steinfurt ➤ **5 /** Kreislehrgarten ➤ **6 /** Wassermühlen in Leer ➤ **7 /** Altes Rathaus Schöppingen ➤ **8 /** Feinbrennerei Sasse ➤ **9 /** Dino-Zoo Metelen ➤ **10 /** Bahnhof Metelen Land

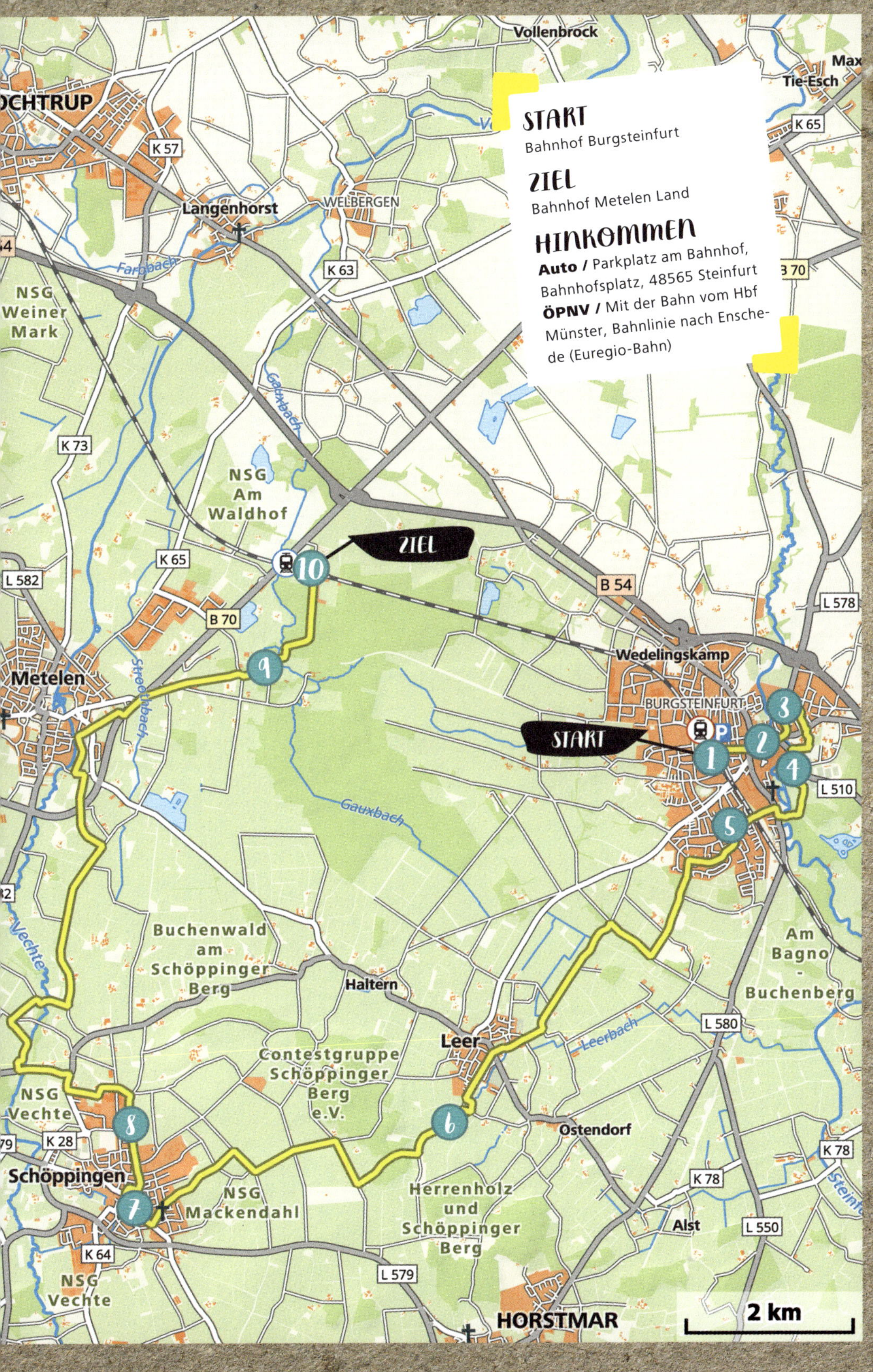
START
Bahnhof Burgsteinfurt
ZIEL
Bahnhof Metelen Land
HINKOMMEN
Auto / Parkplatz am Bahnhof, Bahnhofsplatz, 48565 Steinfurt
ÖPNV / Mit der Bahn vom Hbf Münster, Bahnlinie nach Enschede (Euregio-Bahn)
Vollenbrock
Tie-Esch
K 65
Langenhorst
WELBERGEN
K 57
K 63
Farnbach
NSG Weiner Mark
Gauxbach
K 73
NSG Am Waldhof
K 65
ZIEL
10
L 582
B 70
B 54
L 578
Wedelingskamp
Metelen
Strootbach
9
BURGSTEINFURT
START
1
2
3
4
5
L 510
Gauxbach
Buchenwald am Schöppinger Berg
Haltern
Am Bagno - Buchenberg
L 580
Leer
Leerbach
Contestgruppe Schöppinger Berg e.V.
NSG Vechte
8
6
Ostendorf
K 28
K 78
Schöppingen
NSG Mackendahl
7
Herrenholz und Schöppinger Berg
Alst
L 550
K 64
L 579
NSG Vechte
HORSTMAR
2 km

Grachtenfahrt

Seit der Landesgartenschau 2003 ist die Dinkel in Gronau wieder sichtbar. Man kann auf ihr sogar Boot fahren! Also: Checke den Zustand deines Bizeps und mache eine Grachtenfahrt (www.gronau-inside.de/rudern).

➤ **1 /** Sich vor dem ehemaligen Verwaltungsgebäude van Delden der Industriegeschichte Gronaus erinnern

➤ **2 /** Die grüne Grenze in die Niederlande überqueren und sich fragen: Ja, wo ist sie denn, die Grenze?

➤ **3 /** Am Sandstrand des Baggersees Bardel ein Picknick machen und die Natur genießen

➤ **4 /** Staunen am Kloster Bardel, dass es brasilianische Wurzeln hat

➤ **5 /** Im Gildehauser Venn die faszinierende Moorlandschaft auf sich wirken lassen

➤ **6 /** Am Rande des Tütenvenns verweilen und nach Tüten Ausschau halten

➤ **7 /** Im Dreiländersee ein wohlverdientes Bad nehmen

➤ **8 /** Die Weiße Dame grüßen und ihr eine gute Zukunft wünschen

➤ **9 /** Im Rock ,n' Pop-Museum in musikalischen Erinnerungen schwelgen

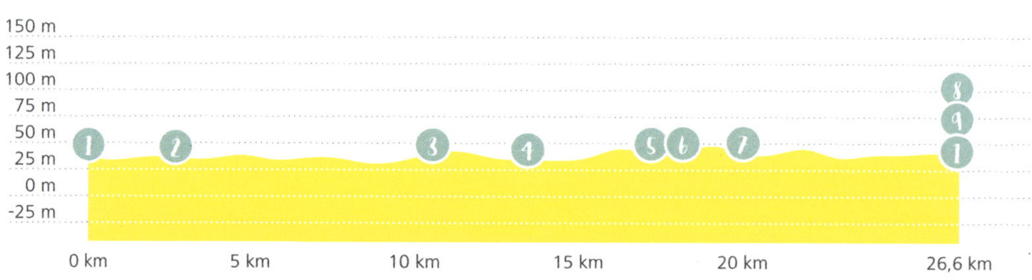

DREI-LÄNDER-TRIP

Rund um Gronau: von Venntüten und einer Weißen Dame

Gronau, einstmals eine große Stadt der europäischen Textilindustrie, ist Start und Ziel unserer Tour, die uns durch zwei deutsche Bundesländer und die Niederlande führt. Nicht nur Aspekten vergangener Industrie werden wir begegnen, sondern wir werden auch sehr, sehr viel Wasser, Wald und Moorlandschaft erleben. Und: Wir sind nah bei der Musik ...

27 Kilometer
30 Höhenmeter
2:30 Stunden
Rundtour

CHARAKTER
Sportlich ●●○○○
Abkühlung ●●●○○
Schlemmen ●●●○○
Panorama ●●●●○

Gebeutelte Stadt internationaler Industrie-Konkurrenz

Wir prüfen noch einmal, ob wir Fernglas und Picknickdecke dabeihaben und starten an der Südseite des Bahnhofs. Dort stehen wir vor dem ehemaligen 1 / Verwaltungsgebäude van Delden. Der Niederländer Gerrit van Delden hatte 1854 nach seinerzeit modernsten Gesichtspunkten – dem Einsatz von Dampfmaschinen – in Gronau eine Spinnerei gegründet. Davon ausgehend entwickelte sich das Unternehmen zu einem der größten seiner Art auf dem europäischen Festland. 7.000 Beschäftigte zählte man zu seinen besten Zeiten. In den 1970er Jahren begann dann der nicht zu stoppende Abstieg: In Niedriglohnlän-

---

< links / Durchs Gildehauser Venn

dern wurden Textilien wesentlich kostengünstiger produziert; van Delden war nicht mehr konkurrenzfähig und ging 1982 insolvent. Was der dramatische Niedergang eines Industriezweiges mit einer mono-industriell strukturierten Stadt machen kann, ist heute noch in Gronau eindrücklich zu besichtigen: Immer noch sind Lost Places und Industriebrachen zu erkennen. Aber: Es wird! Wir werden es am Ende unserer Tour an einem Beispiel sehen. Wir unterqueren die Bahnlinie und sind am Knotenpunkt 87.

Schmuggel einst – offene Grenze jetzt

Wir fahren in nordwestliche Richtung (➤ 53) und sind bald an der Dinkel. Vorbei geht's an einem kleinen Stadtpark, in dem wir zum Singen aufgefordert werden: Ein erster Hinweis darauf, dass in Gronau Musik wichtig ist. Schon nach einem kurzen Stück verlassen wir das Flüsschen nach links in die Dinkelstraße, um dann nach rechts auf der Losserstraße weiterzufahren. Die Passage per Rad unmittelbar entlang der Dinkel wird erst ab 2024 möglich sein, wenn die umfangreichen Arbeiten eines grenzübergreifenden Renaturierungsprojekts abgeschlossen sind. Wir queren dort, wo die (deutsche) Losserstraße in die (niederländische) Gronaustraat übergeht, die 2 / grüne Grenze in die Niederlande und sind nun in Glane. Seit 1995 gibt es hier keine Grenzkontrollen mehr. Davor war das anders und dazu gehörte auch, dass frech zwischen den beiden Ländern geschmuggelt wurde, was das Zeug hielt. Zum Beispiel war die äußerst preiswerte holländische Butter in der Nachkriegszeit und da besonders im Winter bei den Deutschen sehr begehrt. Doch die niederländischen Zöllner, so hört man, hatten durchaus ihre effektiven Entlarvungsmethoden: Sie setzten die Grenzgänger, bei denen sie Butterpäckchen unter Bluse oder Hemd vermuteten, kurzerhand neben den wohlige Wär-

LIEDER-PÄTTKEN

So heißt der 1,3 km entlang der Dinkel von Gronaus Mitte bis zur deutsch-niederländischen Grenze vor Glane führende musikalische Parcours. Hier stehen Liedertafeln, die zum Mitsingen altbekannter Volkslieder einladen.

➤ rechts oben / Ehemalige Tram-Trasse in Glane ➤ rechts Mitte / Fahren nach Knoopunten

13 km

So lang war die grenzüberschreitende Straßenbahnlinie, die von 1903 bis 1936 zwischen Oldenzaal über Losser bis nach Gronau fuhr. Sie transportierte vor allem Beschäftigte aus den Niederlanden zu ihren Arbeitsplätzen in der Textilindustrie in Gronau.

HOLSKEN

ist das plattdeutsche Wort für Holzschuhe. Niederländisch heißt das heute kaum mehr gebräuchliche Schuhwerk Klompen. Für Schmuggler gab es ein Sondermodell: Fußspitze und Hacke waren auf der Sohle umgekehrt gefertigt. So konnte man Zöllner, die Fußspuren nachgingen, hübsch in die Irre führen …

me verströmenden Kanonenofen in ihrer Zollstation. Überliefert ist auch, mit welchen Worten sich die niederländischen Grenzanrainer, aus Losser zum Beispiel, für gewöhnlich vorstellten, insbesondere dann, wenn es um die Aufklärung mysteriöser Schmuggelgeschichten ging: „Wie komt oet Losser en weet van nix!" Frei übersetzt: Mein Name ist Hase, ich weiß von nichts!

SCHMUGGEL-GESCHICHTEN

Ab ins Grüne und dann ins Rock ,n' Pop-Museum

Wir fahren weiter in nördliche Richtung (Knoopunten ➤ 4, 15, 13, 69), queren die unsichtbare Grenze von den Niederlanden nach Niedersachsen (➤ 70) und sind bald am 3 / Baggersee Bardel. „Baden verboten" heißt es hier aus guten (Sicherheits-) Gründen. Aber wir lassen es uns nicht nehmen, die Picknickdecke an einem der hübschen kleinen Sandsträndchen auszubreiten. Wir schwenken dann nach Südost (➤ 70, 49) und fahren bis zum 4 / Kloster Bardel. 1922 von Franziskanern aus Brasilien gegründet, die dort Repressionen seitens der Behörden ausgesetzt waren, leben hier heute noch fünf Patres. Das dazugehörige Gymna-

sium St. Antonius ist in Trägerschaft des Bistums Osnabrück. Bald (➤ 48, 43) erreichen wir das 5 / Gildehauser Venn. Es gilt als eines der wertvollsten Feuchtgebiete in Nordwestdeutschland. Teile dieses Moor- und Heidegebietes stehen schon seit fast 80 Jahren unter Naturschutz. Und wer fühlt sich hier besonders wohl – und lässt sich vielleicht sogar mit unserem Fernglas entdecken? Neuntöter, Kiebitz, Großer Brachvogel und Bekassine sind jene Wiesenvögel, die sich hier besonders heimisch fühlen. Wir schwenken beim Knotenpunkt 80 nach Südwesten (➤ 2) und erreichen bald das 6 / Tütenvenn. Nein, mit einer Bonbontüte hat das nichts zu tun, sondern mit Venntüten. Und was, bitte, ist das? Venntüte (oder nur: Tüte) ist das plattdeutsche Wort, das die Bauern der Gegend für den Großen Brachvogel verwendeten. Wir kommen zum 7 / Dreiländersee. Hier können wir jetzt in Ruhe und mit gutem Gewissen (Baden erwünscht!) unsere kühlende Schwimmrunde nehmen und dabei in alle Himmelsrichtungen die Nachbarn grüßen: im Westen die Niederländer, im Süden und Osten die Menschen Nordrhein-Westfalens und im Norden die Niedersachsen. Wir begeben uns nun (➤ 5, 52) auf die Rückfahrt nach Gronau. Ein Abschnitt unseres Weges verläuft dabei genau auf der deutsch-niederländischen Grenzlinie am Tieker Damm. Bei Ricks Vis können wir uns, wenn

1996

wurden Teile des 5 / Gildehauser Venns durch einen großflächigen Brand zerstört. Heute weiß man, dass sich die Natur erstaunlich schnell von einer solchen Katastrophe erholen kann – wenn man sie denn nur in Ruhe und ohne menschlichen Einfluss sich erholen lässt.

◄ links / Plakat für das Rock 'n' Pop-Museum ▲ oben / Verwaltungsgebäude van Delden, Start und Ziel unserer Tour

EUREGIO

heißt die Kooperation von 129 Kommunen und Kreisen im niederländisch-deutschen Grenzbereich (Twente und Achterhoek in den Niederlanden, Osnabrücker Land und Münsterland in Deutschland). Schon seit 1958 gibt es zahlreiche Projekte grenzenloser Zusammenarbeit.

wir wollen, noch einen Boerenbakvis oder eine Portion Kibbeling genehmigen und uns so den Geschmack Hollands auf die Zunge holen. Über die Straßen Am Schwartenkamp, Gildehauser Straße und Spinnereistraße erreichen wir schließlich die 8 / Weiße Dame. Die ehemalige Van-Delden-Spinnerei mit der eleganten weißen Fassade befindet sich derzeit in einem Umwandlungsprozess, hier soll ab 2024 wieder Leben pulsieren. Normale Wohnungen, Seniorenwohnen, eine Kindertagesstätte, Arztpraxen und Restaurants sollen den Lost Place aus seinem Dornröschenschlaf erwecken. (Gesponnen werden, in anderem Sinne als einst, darf in der ehemaligen Spinnerei dann auch wieder …) Wir überqueren Autostraße und Bahnlinie und kommen in jenes Gelände, das für die Landesgartenschau 2003 in dieser Form entstanden ist. Zentrales Element ist das in der früheren Van-Delden-Kesselhalle beheimatete 9 / Rock 'n' Pop-Museum (Udo-Lindenberg-Platz 1, 48599 Gronau, www.rock-popmuseum.de). Die Idee zu diesem Museum stammt übrigens von einem Sohn Gronaus: Kein geringerer als Udo Lindenberg, 1946 in Gronau geboren und seiner Heimatstadt nach wie vor verbunden, war er es, der die Umnutzung der alten Turbinenhalle vorschlug: „Die Turbinenhalle wird zur Windmaschine, sie pustet stets frischen Wind und quirlige Bewegung in die Gesellschaft. Das Rockmuseum wird ein Jungbrunnen für Gronau." Wir können dort in der Dauerausstellung oder in einer der wechselnden Sonderausstellung in die Rock- und Popgeschichte eintauchen. Anschließend ist es nur mehr ein Katzensprung zurück zum 1 / Verwaltungsgebäude van Delden.

15.000

Musikbegeisterte durchschnittlich besuchen das jährlich stattfindende Jazzfest Gronau, das seit 1989 stattfindet und immer wieder mit prominenten Interpreten aufzuwarten weiß. Diverse Spielorte bringen die ganze Stadt zum Swingen (www.jazzfest.de).

TOURENINFO / Diese Tour verläuft auf Radwegen innerörtlicher Straßen (in NL äußerst komfortabel), auf asphaltierten Wegen im außerörtlichen Bereich sowie auf gut befahrbaren nicht befestigten Wegen durch Wald und Venn. Das Streckenprofil ist komplett flach.

➤ **1** / Verwaltungsgebäude van Delden ➤ **2** / Grüne Grenze in die Niederlande ➤ **3** / Baggersee Bardel ➤ **4** / Kloster Bardel ➤ **5** / Gildehauser Venn ➤ **6** / Tütenvenn ➤ **7** / Dreiländersee ➤ **8** / Weiße Dame ➤ **9** / Rock ‚n' Pop-Museum

START | ZIEL
Bahnhof Gronau, Südseite
HINKOMMEN
Auto / Parkplatz am Bahnhof, Zollstraße, 48599 Gronau
ÖPNV / Mit der Regionalbahn (Euregio-Bahn) vom Hbf Münster oder vom Hbf Dortmund, Bahnlinie nach Enschede
Niederlande
Deutschland
Landgoederen Oldenzaal
Dinkel
Snoeyinksbeek
noddebos
Dinkeldal
L 42
Bardel
Oelemars
LOSSER
Deutschland
Niederlande
NSG Tuetenvenn
Overdinkel
Glane
NSG Rueenberger Venn
NSG Tuetenvenn
Goorbach
K 47
L 510
GRONAU
NSG Eiler Mark
Naturschutzgebiet: Goorbach-Fürstentannen
START-ZIEL
L 510
K 47
K 25
2 km

RUNTER-KOMMEN

Für mich ist diese Tour perfekt, um nach einem Arbeitstag den Kopf frei zu bekommen. Hier kann ich gemütlich durch die Landschaft rollen und anschließend den Feierabend bei einem Radler ausklingen lassen.

➤ **1 /** Schloss Raesfeld ist Start und Ziel der Tour. Und eine Perle des Münsterlandes

➤ **5 /** Wiederbelebt zur Wahrung des kulturhistorischen Erbes: der Tiergarten Schloss Raesfeld

➤ **2 /** Es macht „Hoho", hat aber keinen weißen Bart: das Hoho-Männchen

➤ **3 /** Schöner Rückzugsraum, auch für Störche: die Dingdener Heide

➤ **4 /** Bierchen und Abendsonne: ein Genuss am Landgasthof Zum Vennebauer

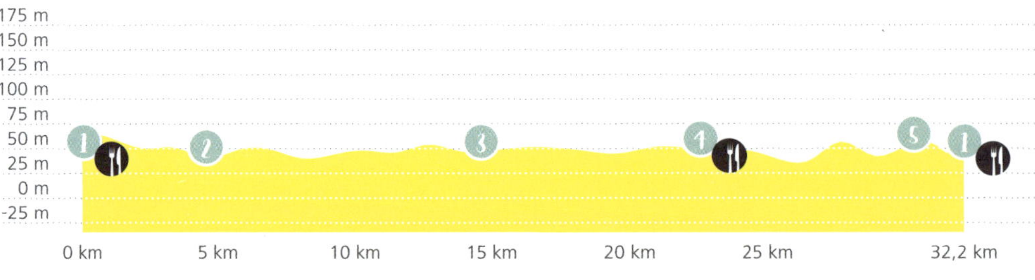

IM AUSSICHTS-REICH

Entschleunigte Radrunde ab Raesfeld

Alle, die es nach Feierabend noch aufs Rad zieht, finden am Schloss Raesfeld die perfekte Ausgangslage für eine gemütliche Sundowner-Tour. Ehe wir unsere Runde starten, können wir das Highlight, das eindrucksvolle Wasserschloss, vor die Linse holen. Anschließend führt uns der Radweg durch eher ruhige Landschaften, die zum Auftanken einladen. Kühles Blondes inklusive!

32 Kilometer
110 Höhenmeter
2 Stunden
Rundtour

Historischer Einstieg

Was für eine Aussicht! Direkt vor uns, eingebettet in die Ortschaft, das beeindruckende Wasserschloss Raesfeld, dessen Mauern die Geschichten von Belagerungen und Freiheitskämpfen erzählen. Der perfekte Platz, um bei einem erfrischenden Spritzer die letzten Sonnenstunden zu genießen. Das Bonbon zum Abschluss wäre also gesichert.

Sportlich ●○○○○
Abkühlung ●●●○○
Schlemmen ●●●○○
Panorama ●●●○○

Aber erstmal aufs Rad. Wir starten unsere Tour am Parkplatz an der Tourist-Info im Naturparkhaus Tiergarten Schloss Raesfeld (Tiergarten 1, 46348 Raesfeld). Um die Kulisse noch einmal richtig wirken zu lassen, schieben wir unsere Räder über das Gelände von 1 / Schloss Raesfeld (Tiergarten, Außenbereiche u. Innenhof frei zugängl., Besucher-

---

◂ **links / Schloss Raesfeld**

zentrum: Apr.–Sept. Mo–Fr 9:30–12:30, 13:30–17, Sa 13:30–17, So, Fei 11–17, Okt.–März Mo-Fr 9:30–12:30, 13:30–16, Sa–So, Fei 13–16 Uhr, Freiheit 27, 46348 Raesfeld). Von den ehemals vier Flügeln stehen heute nur noch der westliche mit dem charakteristischen stufenförmigen Turm sowie der nördlich angrenzende Altbau samt wiederaufgebautem Rundturm. Das Schloss Raesfeld hat übrigens den höchsten Turm aller westfälischen Schlösser.

Wer schleicht hier durch die Wälder?

Jetzt geht's los und wir kommen in die Gänge. Wir fahren durch die Siedlung am Schloss, links am neu angelegten Teich vorbei, verlassen den Kreisverkehr an der Nordseite und biegen gleich links ab in die Straße Ant Stäppken. Wir nehmen die dritte Abzweigung rechts und folgen ein gutes Stück dem Straßenverlauf bis wir die Homerstraße kreuzen. Hier tauchen wir in die Kulisse ein, die uns auf den kommenden Kilometern bis kurz vor unserem Ziel umgeben wird. Weiden und Felder, soweit das Auge reicht, hier und da von kleineren Baumgruppen, Wäldchen oder Höfen unterbrochen – und dazwischen ganz viel Weite. Die ideale Route, um stressige Tage hinter sich zu lassen und den Blick mal wieder in die Ferne zu richten. Es geht nach rechts in die Straße Lanzenhagen bis zur Issel. Laut Überlieferung lauerten an der Überquerung der Issel einst Zwerge, die Fremde nachts mit ihren bedrohlichen Rufen in die Flucht schlugen. Aber sicher nicht mit uns! Wir machen höchstens eine kurze Pause für ein Foto mit dem 2 / Hoho-Männchen und radeln weiter auf dem Alferdingweg.

HOHOHO!

Hier wartet ein besonderes Kulturgut vom Raesfelder Kunst- und Sagenweg: das 2 / Hoho-Männchen – inklusive Sagentafel, die Aufschluss über die imposante Holzskulptur gibt.

Im Zickzack ins Naturschutzgebiet

Wir überqueren die Weseler Landstraße und folgen dem Krommerter Weg geradeaus bis zur Straße Besbringhook, auf die wir nach

---

➤ rechts oben / Auf dem Weg zum Hoho-Männchen ➤ rechts Mitte / Hoho-Männchen

52,5

Die Rede ist hier von Metern, denn so hoch ist der Turm vom 1 / Wasserschloss Raesfeld. Damit hat der historische Bau den höchsten Turm aller westfälischen Schlösser – und das sind immerhin über hundert.

Schutzraum

Das 3 / **Naturschutzgebiet Dingdener Heide** ist ein wichtiger Lebensraum für zahlreiche gefährdete Vogelarten: Rotschenkel, Austernfischer und viele weitere brüten hier.

Auf dem Weg in die Heidelandschaft

links abbiegen. Immer der Nase nach schlängeln wir uns durch die Felder und passieren lediglich hier und da mal einen Hof, bis wir schließlich auf den Krüsskamp stoßen. Dort biegen wir nach rechts ab, ehe es für uns nach nur wenigen Metern auf dem Schoomäkerweg weitergeht – Immer noch durch nicht enden wollende Felder. Rechtsabbiegend führt uns der Ächterkommert für gut 1,2 Kilometer durch die ruhige Landschaft, an der nun auch einige dichtere Waldstücke liegen, die uns herrlichen Schatten spenden. Am Linnhöwel verlassen wir die Gerade nach links: Wir treten in die Pedale und folgen der Straße mit all ihren Schlenkern immer weiter, bis uns der Schnepfenweg noch weiter hinein in das Feldermeer führt. Weit und breit ist kein einziges Haus mehr zu sehen. Einzig die Rufe der Vögel begleiten uns jetzt noch auf unserem Weg ins 3 / Naturschutzgebiet Dingdener Heide über den Elsenweg und die Büngerner Heide. Der Großteil des Schutzgebietes ist Offenland, das von charakteristischen Sträuchern, immergrünem Laub und Heidekrautgewächsen geprägt ist. Es umfasst aber auch frühere Kulturlandschaften, die jahrhundertelang bäuerlich bewirtschaftet

wurden. Heute ist die Heide der perfekte Lebensraum für zahlreiche Vogelarten – es gibt also viel zu entdecken.

Bummeln und schmausen

Weiter geht's erst nach rechts auf den Joostenweg, an der folgenden Kreuzung links auf „Zur Hohen Heide". Tipp für alle Land-Shopaholics: der kleine Umweg zum etwas südlich gelegenen „Hofladen Schäfer" (Mo–Fr 9–18:30, Sa 9–17, So 11–17 Uhr, Borkener Str. 12, 46499 Hamminkeln, Tel. 02856 463, www.hofschaefer.de). Alle anderen sparen sich die Hauptstraße und fahren stattdessen weiter auf den kleinen, ruhigeren Straßen gen Osten: Auf den Langenhoffsweg folgen der Kapellenweg, die Stegge sowie der Melkweg. So weit konnten wir dem Straßenverlauf folgen. Nun biegen wir rechts ab in den Markenweg, der von Fischzuchtteichen auf der einen und weiten Feldern auf der anderen Seite gesäumt ist. Am Ende der Straße erreichen wir den 4 / Landgasthof Zum Vennebauer (tgl. 11:30–21 Uhr, Borkenener Str. 20, 46499 Hamminkeln, Tel. 02856 535, vennebauer.de). Wie wäre es mit einer kurzen Verschnaufpause bei einem kühlen Bierchen in der Abendsonne? Sobald die Gläser geleert sind, folgen wir der Borkener Straße ein kurzes Stück nach links, um dann rechts in den

365

An so vielen Tagen im Jahr lagert der Hofladen Schäfer seine Kartoffeln bei gleichbleibender Temperatur. Aus diesem Grund können sie voll und ganz auf chemische Lagerbehandlung verzichten. Beste Qualität wird also garantiert.

‹ links / Weite Felder auf dem Weg zum Vennebauer ˄ oben / Wir lassen den Blick über Heuwiesen schweifen

WIE IN ALTEN ZEITEN

Da, wo heute der 4 / Landgasthof Zum Vennebauer steht, wechselten früher die Fuhrleute auf dem Weg von Wesel nach Borken die Pferde und machten Rast. Na dann mal Prost!

Havelicher Weg einzubiegen. Der Buschmannsweg führt uns nach links, bis wir ihn nach rechts auf den Isseltalweg verlassen.

Auf in den Märchenwald

Hinter der Siedlung Havelich lassen wir die Weiten endgültig hinter uns und steuern stattdessen nach links in das dichte Waldgebiet. Die Bäume rauschen an uns vorbei, während wir die schattige Schaddenbrook entlangradeln. Erst wenn sich der Wald wieder lichtet, biegen wir rechts auf den Möllenweg ab, der uns hinter den herannahenden Teichen nach links auf den Hesfort führt. Dann kommen wir endlich ans Tor zu unserem abschließenden Highlight: der renaissancezeitliche 5 / Tiergarten am Schloss Raesfeld. Gleich zu Beginn gibt es für alle, die noch ein schönes Stück Geschichte entdecken wollen, die Ruine der historischen Wassermühle. Nicht zu Pferd, wie einst die Schlossherren, sondern mit dem Drahtesel folgen wir nach diesem kurzen Abstecher dem Weg durch den idyllischen Park. Wir radeln durch den märchenhaften Wald, vorbei an einladenden Grünflächen und Teichen bis dann ganz plötzlich die Rückansicht des 1 / Schlosses wieder auftaucht. Nach so einer Tour schmeckt das Feierabendbier in einer der umliegenden Gaststätten gleich viel besser, beispielsweise ein erfrischendes Andechser Helles im Freiheit 24 (Do–Di ab 11 Uhr, Küchenzeiten: Fr–So 12–22, Mo, Di, Do 12–14:30, 18–22 Uhr, Freiheit 24, 46348 Raesfeld, Tel. 02865 6094631, freiheit-24.de). Und wer noch eine Stärkung braucht, findet dort auch selbstgebackene Kuchen, herzhafte Snacks und auch größere Stärkungen wie Burger oder Schnitzel.

1653

In diesem Jahr ließ Alexander II. von Velen den 5 / Tiergarten am Schloss Raesfeld anlegen. Seine Funktion hat der Park zwar längst verloren, dafür gibt es heute aber einen spannenden Lehrpfad, der alles über Kultur und Natur der Anlage verrät.

TOURENINFO / Da die Tour weitestgehend über befestigte, kaum befahrene Straßen und Feldwege führt, ist sie auch für selbstfahrende Kinder und Anhänger geeignet. E-Bike-Ladestation gibt es u. a. am Startort am Schloss Raesfeld und nach Km 22,5 bei der Gaststätte Vennebauer (L896 24, 46414 Rhede).

➤ **1** / Schloss Raesfeld ➤ **2** / Hoho-Männchen ➤ **3** / Dingdener Heide ➤ **4** / Landgasthof Zum Vennebauer ➤ **5** / Tiergarten Schloss Raesfeld

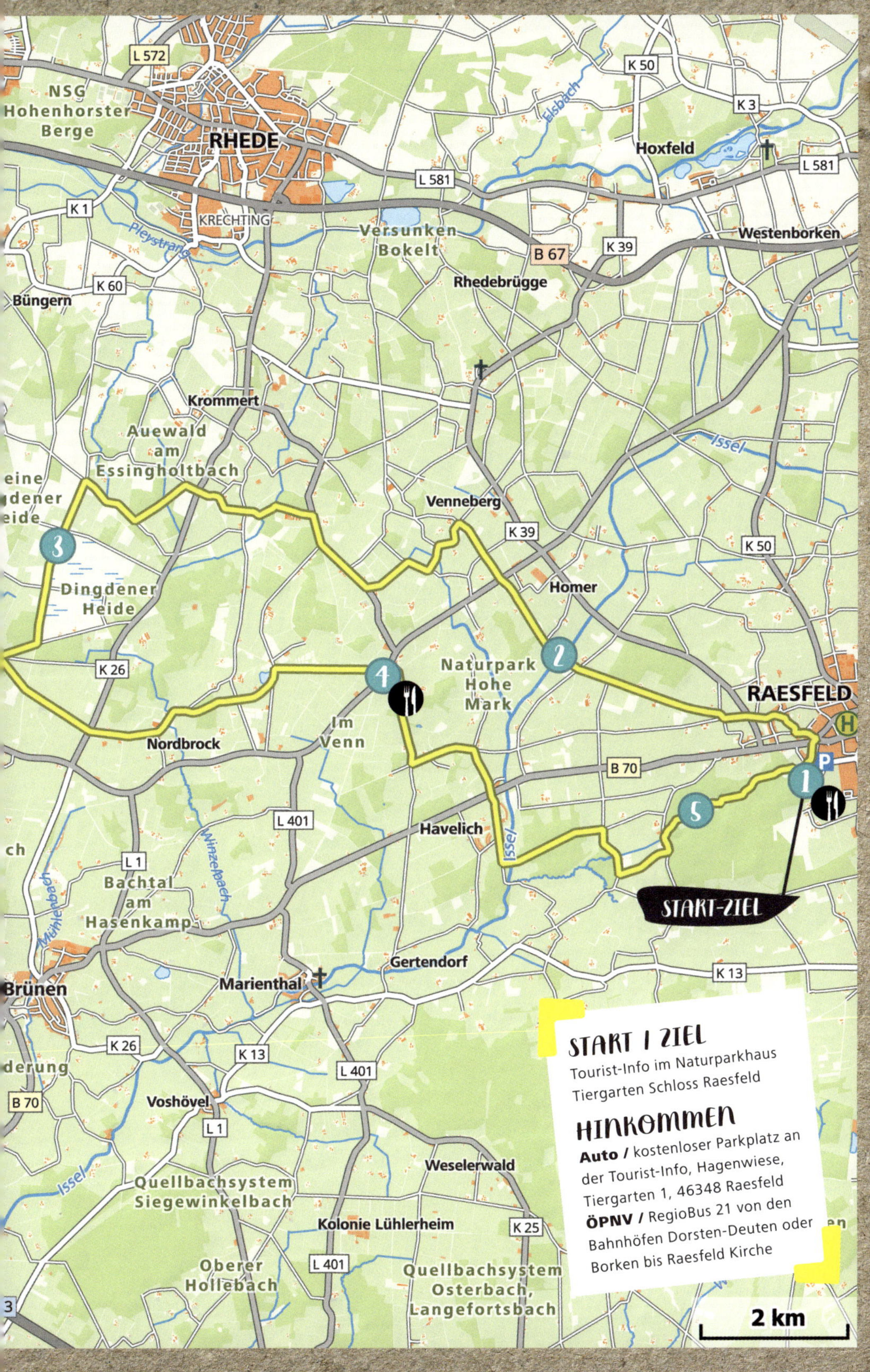

START I ZIEL
Tourist-Info im Naturparkhaus Tiergarten Schloss Raesfeld
HINKOMMEN
Auto / kostenloser Parkplatz an der Tourist-Info, Hagenwiese, Tiergarten 1, 46348 Raesfeld
ÖPNV / RegioBus 21 von den Bahnhöfen Dorsten-Deuten oder Borken bis Raesfeld Kirche
START-ZIEL
RHEDE
RAESFELD
NSG Hohenhorster Berge
KRECHTING
Versunken Bokelt
Rhedebrügge
Hoxfeld
Westenborken
Büngern
Krommert
Auewald am Essingholtbach
Venneberg
Homer
Dingdener Heide
Naturpark Hohe Mark
Im Venn
Nordbrock
Havelich
Bachtal am Hasenkamp
Gertendorf
Marienthal
Brünen
Voshövel
Weselerwald
Quellbachsystem Siegewinkelbach
Kolonie Lühlerheim
Oberer Hollebach
Quellbachsystem Osterbach, Langefortsbach
Issel
Pleystrang
Elsbach
Winzefbach
Mühlenbach
2 km

WILD-PFERDEFANG

Am letzten Samstag im Mai werden von den Wildpferden die einjährigen Hengste eingefangen. Einmalig in Europa und ein absolutes Highlight! Will ich dabei sein, muss ich mich ganz zeitig um Karten kümmern (www.wildpferde.de).

➤ **1 /** Am Bahnhof Dülmen stehen wir an einem besonderen Bauwerk und satteln unseren Drahtesel

➤ **2 /** Sich bei der Fahrt durch das Lüdinghauser Tor freuen, keinen Zoll mehr zahlen zu müssen

➤ **3 /** Die Wildpferde-Skulptur in Dülmen stimmt uns auf das Thema des Tages ein

➤ **4 /** Im Wildpark erfreuen wir uns an englischer Gartenarchitektur und grüßen Rehe und Hirsche

➤ **5 /** An der Straße Bauerschaft in der Bauerschaft Esphorst erforschen wir, was eine Bauerschaft ist

➤ **6 /** In der Wildpferdebahn auf die Suche nach den Wildlingen gehen

➤ **7 /** Im Rhododendronwald lassen wir uns im Farbenhimmel verzaubern

➤ **8 /** Im Eisenbahnmuseum alte Waggons bestaunen

➤ **9 /** Vom Bahnhof Lette fahren wir zurück nach Dülmen

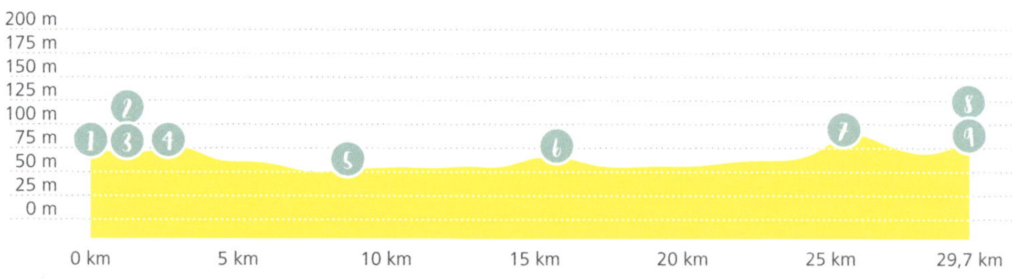

9

BEI DEN WILDEN PFERDEN

Von **Dülmen** durch den **Merfelder Bruch** nach **Lette**

TOUR, DIE DU SO NIE GEMACHT HÄTTEST

30 Kilometer
65 Höhenmeter
2:30 Stunden
Streckentour

Die Dülmener Wildpferde – einzigartig in Mitteleuropa! Zu Recht darf sich das Stadtmarketing dieses Alleinstellungsmerkmal auf die Fahnen schreiben. Eine Herde von etwa 400 Tieren lebt im Merfelder Bruch – ein echtes Highlight. Wichtig für unsere Tourenplanung: Nur am Wochenende und an Feiertagen haben wir Zugang zur Wildpferdebahn!

CHARAKTER

Sportlich ●●○○○
Abkühlung ●●○○○
Schlemmen ●●●●○
Panorama ●●●●○

Dülmen – kleine Mittelstadt mit großer Leidensgeschichte

Wir beginnen unseren Feierabend-Ride bei einem nicht ganz alltäglichen Verkehrsgebäude: Der 1 / Bahnhof Dülmen ist nämlich einer von nur drei in NRW betriebenen Turmbahnhöfen. Das heißt, dass sich hier zwei Bahnlinien (die Linien Düsseldorf–Hamburg und Dortmund–Enschede) kreuzen und sich das ganze Ein- und Ausstiegsgeschehen in einem „Turm" mit zwei Etagen abspielt. Los geht's! Die rot-weiße Fahrradwegweisung gibt uns Orientierung, es geht nach Dülmen Mitte. Am 2 / Lüdinghauser Tor, in seinem Grundbestand aus dem 14. Jh, können wir erkennen, dass Dülmen einstmals eine nicht

◂ links / Ein Mal im Leben dabei gewesen sein: Wildpferdefang in Dülmen

ganz unbedeutende Ansiedlung mit einer Stadtbefestigung gewesen ist. Hervorgegangen aus einer sächsischen Bauernsiedlung erhielt Dülmen 1311 die Stadtrechte und wurde später Mitglied des westfälischen Hansebunds. Bei unserer Weiterfahrt durch das Zentrum ist unschwer zu erkennen, dass die Gebäude nicht sehr alt sind: Es sind fast ohne Ausnahme Nachkriegsbauten. Noch in den letzten Kriegstagen im Münsterland, am 22. März 1945, ging ein verheerender Bombenhagel auf Dülmen nieder. Ein Pilot der britischen Royal Air Force erinnerte sich: „Als wir (nach der Bombardierung) Aufklärung flogen, hatten wir Schwierigkeiten, Dülmen überhaupt noch zu finden. Es war eine Wüste mit einigen Ruinen darin." Und das war nicht die erste üble Kriegserfahrung Dülmens: Im Dreißigjährigen Krieg zum Beispiel wechselte die militärische Besatzung der Stadt innerhalb des Jahres 1635 nicht weniger als zwanzig Mal. Bei der 3 / Wildpferde-Skulptur stimmen wir uns auf das eigentliche Thema unseres heutigen Leezen-Ausflugs ein: die Dülmener Wildpferde. Sie haben die Stadt weit über NRW hinaus bekannt gemacht. Wir nehmen den Weg Richtung Merfeld und Wildpark.

CLEMENS BRENTANO

war einer der bekanntesten Dichter der deutschen Romantik und weilte von 1818–1824 in Dülmen. Ihn interessierte das Leiden der hier lebenden Mystikerin Anna Katharina Emmerick. Die offenen Wunden an ihren Händen und Füßen ähnelten den Wundmalen Christi und übten große Faszination auf die gläubigen Menschen aus.

Durch den Wildpark und zur Wildpferdebahn

Den Herzögen von Croÿ mit ihren Möglichkeiten ist nicht nur die Existenz der Dülmener Wildpferde, sondern auch der schöne 4 / Wildpark zu verdanken. Die von Croÿs gehören zu einem nordfranzösischen Adelsgeschlecht, das 1803 durch die Preußen für ihre linksrheinischen Gebietsverluste entschädigt wurde, indem man ihnen ein Stückchen aus dem untergegangenen Fürstbistum Münster, Dülmen und Teile seiner Umgebung nämlich, zusprach. Ab 1864 entstand der Wildpark in Anlehnung an englische Landschaftsgärten. Teiche, Wiesen und Baumgruppen sowie das

TOUR, DIE DU SO NIE GEMACHT HÄTTEST

➤ rechts oben / Lüdinghauser Tor in Dülmen ➤ rechts Mitte / Wildpferde-Skulptur in Dülmen

890

ist das Jahr, in dem – zu Zeiten der karolingischen Herrschaft in Mitteleuropa – Dülmen zum ersten Mal schriftlich erwähnt wird. Die Rede ist von einem Hof „Dulmenni", der gegenüber dem Kloster Werden abgabepflichtig war.

BUERSCHAP

So heißt die **Bauerschaft** in Münsterland-Platt. Buer (oder bur) steht für Haus und bedeutete im Mittelalter soviel wie Höfeverband oder kleine Siedlung. Dass es den Begriff sogar latinisiert gab (burscapium), ist ein Hinweis darauf, dass es sich zu jener Zeit um einen wichtigen Sachverhalt gehandelt hat.

TOUR, DIE DU SO NIE GEMACHT HÄTTEST

hier lebende Damwild bilden die Kulisse für dieses beliebte Naherholungsgebiet. Wir durchfahren den Park in westliche Richtung (➤ Reken), unterqueren die Autobahn und erreichen die Gaststätte „Haus Waldfrieden" (Sa–Do ab 11 Uhr, www.haus-waldfrieden.de). Hier können wir eine Pause einlegen. Anschließend orientieren wir uns wieder an den Radwegweisern. In den Bauerschaften Börnste und Esphorst fahren wir zuerst in Richtung Bahnhof Maria Veen, dann Coesfeld und schließlich folgen wir der Wegweisung Wildpferdefangbahn. Beim Straßenschild „Bauerschaft" machen wir einen Stopp. Was, bitte, ist eine 5 / Bauerschaft? Wir stehen am Pfosten mit Straßennamen-Schildern in alle Richtungen, und ausnahmslos in alle Richtungen heißen die Wege „Bauerschaft". Erst die hinzugefügten Hausnummern könnten uns, würden wir eine bestimmte Adresse suchen, weiterhelfen. Eine Bauerschaft ist eine ländliche Ansiedlung, eine Nachbarschaft aus verstreut liegenden Bauernhöfen. Schon seit Jahrhunderten gibt es im Münsterland diese Siedlungsform. Wer in einer Bauerschaft lebt, weiß – bis heute – ganz genau, auf welchen Nachbarn er sich wofür verlassen

kann (und umgekehrt); das ist genauestens geregelt und geht hin bis zu der Frage, welcher Bauerschaftsbewohner welchen Nachbarn in welcher Weise wann über eine Geburt oder einen Todesfall zu informieren hat. Und, wen wundert's, feiern kann man in den Bauerschaften, da ist das jährliche Schützenfest nur die Spitze des Eisbergs. Wir kommen zur 6 / Wildpferdebahn. Auf dem Wegweiser haben wir Wildpferdefangbahn gelesen: Das ist das kleine „Stadion", in das einmal im Jahr die Wildpferde getrieben werden, um die einjährigen Junghengste zu fangen und aus der Herde zu nehmen. Nur dadurch ist gewährleistet, dass die Herde in ihrer 3,6 km² großen Wildbahn vor Inzucht und lebensgefährlichen Rangkämpfen unter den Hengsten verschont bleibt und somit auf Dauer überlebensfähig ist. Wildpferde im Merfelder Bruch wurden schon 1316 erwähnt. Mit zunehmender Inanspruchnahme des Lands durch Menschen wurde die Pferdepopulation mehr und mehr zurückgedrängt. Erst als um 1850 die Herzöge von Croÿ den noch verbliebenen Tieren auf ihrem umfangreichen Landbesitz einen geschützten Lebensraum zur Verfügung stellten, wurde die Herde wieder größer. Sie umfasst heute mitsamt Fohlen um die 400 Tiere. Der Zugang zur Wildbahn ist in der Zeit von Mitte März bis 1. November an Wochenenden und an Feiertagen bei gutem

1847

gab der Herzog von Croÿ den wenigen bis dahin ungeschützt im Merfelder Bruch lebenden Wildpferden ihr geschütztes Revier, wie es seitdem und bis heute in Gestalt der 3,6 km² großen Wildbahn existiert. Von ehedem 20 Tieren hat sich die Herde auf ca. 400 vergrößert.

< **links / Wildpark** ^ **oben / Wildpferdebahn**

WILDPFERDE-FÄNGER

beim jährlichen Fang der einjährigen Hengste aus der Wildlingsherde im Merfelder Bruch sind die Bauernburschen aus der Umgebung. Sie trainieren hart und dürfen sich des Beifalls der zahlreichen Zuschauer gewiss sein.

Wetter in der Zeit von 10 bis 18 Uhr möglich. Der Eintritt ins Gelände beträgt 3 Euro (www.wildpferde.de). Und sollten wir an einem Werktag unterwegs sein: Mit ein wenig Glück kann man die Wildpferde auch von außerhalb der umzäunten Wildbahn beobachten.

53

Megawatt sauberen Strom jährlich produzieren die Windräder, die im Letter Bruch stehen. Es handelt sich hier um einen der landesweit größten Windparks. Der so erzeugte Grüne Strom reicht aus, um mehr als 40.000 Haushalte klimaneutral mit elektrischer Energie zu versorgen.

Durch ein Farbenparadies nach Lette

Wir verlassen die Wildpferdebahn auf demselben Weg, den wir bei der Herfahrt genutzt haben, wenden uns nun aber nach Merfeld. Kurz nach dem Ortseingang dort halten wir uns Richtung Coesfeld, kommen an einem griechischen Restaurant vorbei, durchfahren den Ort und sind nach knapp 3 km, nach Überquerung der Bahnlinie, am 7 / Rhododendronwald (Baumschule Rüskamp, Welte 70, 48249 Dülmen). Insbesondere im Mai und Juni entfalten die hier von einer Gärtnerei in einem Kiefernwald kultivierten Rhododendren eine beeindruckende Farbenpracht. Schon vor mehr als 50 Jahren hat der Rhododendronzüchter Gustav Rüskamp das im Wald versteckte Gehölz-Paradies angelegt. Diesen Augenschmaus sollten wir uns auf keinen Fall entgehen lassen. Wir folgen weiter der rot-weißen Fahrradwegweisung und radeln parallel zur Bahntrasse bis zum 8 / Eisenbahnmuseum in Lette. Die Eisenbahn-Freaks unter den Feierabend-Ridern können sich an den hier stehenden historischen Waggons und allerhand anderem alten Dampfross-Equipment ergötzen. Gleich nebenan ist der 9 / Bahnhof Lette, und hier ist das Ziel unserer Radtour. Mit der Regionalbahn Richtung Dortmund fahren wir zurück nach Dülmen.

TOUR, DIE DU SO NIE GEMACHT HÄTTEST

TOURENINFO / Die Durchfahrt durch Dülmen erfolgt meist auf straßenbegleitenden Radwegen, im Wildpark und einzelne Partien im Merfelder Bruch fahren wir autofrei auf guten unbefestigten Wegen. Der größte Teil der Gesamtstrecke führt über asphaltierte Bauerschaftswege mit nur mäßigem motorisierten Anliegerverkehr.

> **1 /** Bahnhof Dülmen > **2 /** Lüdinghauser Tor > **3 /** Wildpferde-Skulptur > **4 /** Wildpark > **5 /** Bauerschaft > **6 /** Wildpferdebahn > **7 /** Rhododendronwald > **8 /** Eisenbahnmuseum > **9 /** Bahnhof Lette

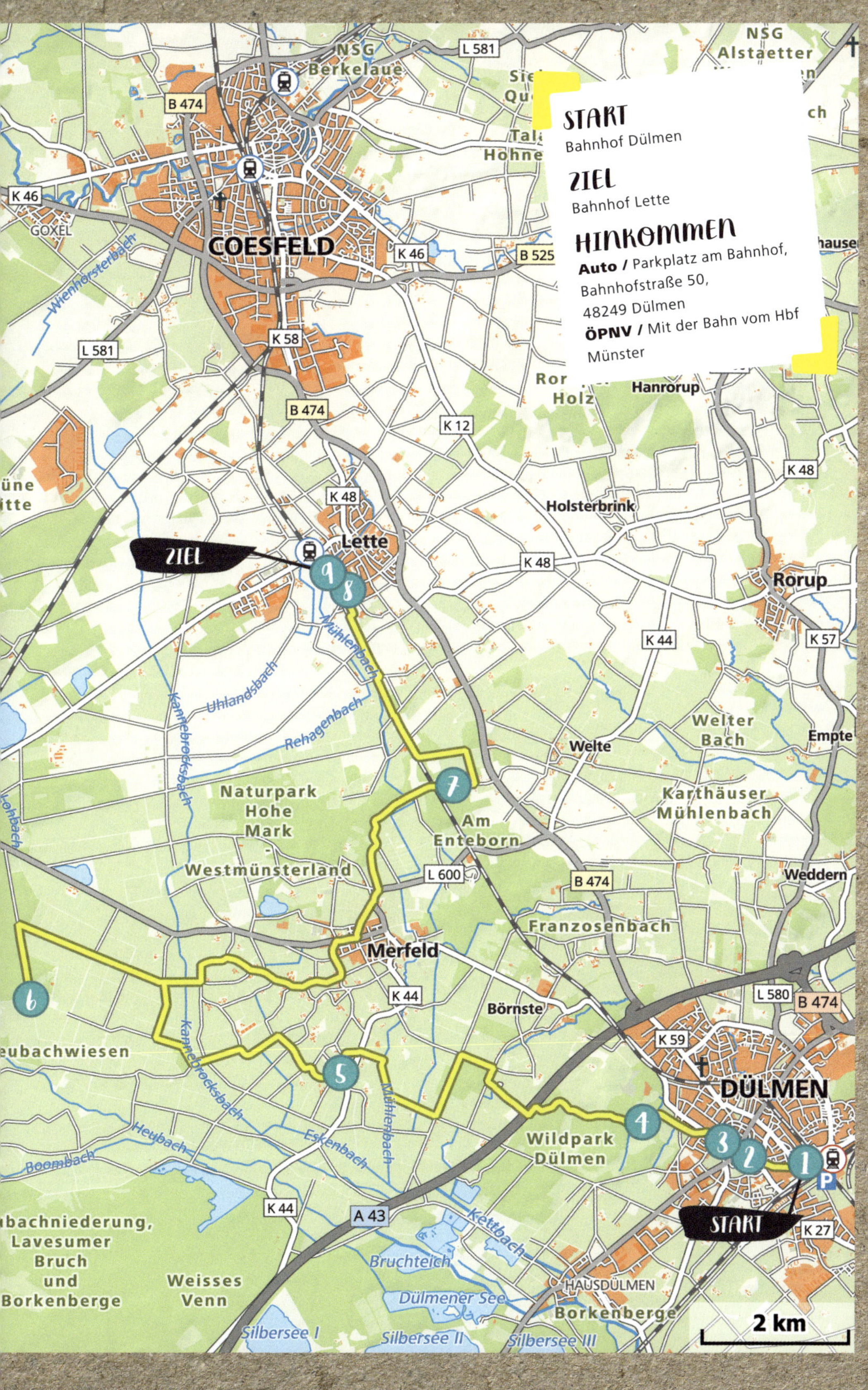
START
Bahnhof Dülmen
ZIEL
Bahnhof Lette
HINKOMMEN
Auto / Parkplatz am Bahnhof, Bahnhofstraße 50, 48249 Dülmen
ÖPNV / Mit der Bahn vom Hbf Münster
COESFELD
Lette
Merfeld
DÜLMEN
Rorup
Holsterbrink
Welte
Hanrorup
Naturpark Hohe Mark Westmünsterland
Am Enteborn
Börnste
Wildpark Dülmen
HAUSDÜLMEN
Borkenberge
Weisses Venn
Lavesumer Bruch und Borkenberge
Karthäuser Mühlenbach
Welter Bach
Weddern
Franzosenbach
Mühlenbach
Kannebrocksbach
Uhlandsbach
Rehagenbach
Heubach
Boombach
Eskenbach
Kettbach
Bruchteich
Dülmener See
Silbersee I
Silbersee II
Silbersee III
GOXEL
NSG Berkelaue
NSG Alstaetter
Wienhorsterbach
Lohnbach
ZIEL
START
2 km

HALLO FEIERABEND!

So entspannend kann der Blick ins Grüne sein, hier von der Gasselstiege auf dem Weg zum Wasserschloss Wilkinghege auf Tour 2

MEHR ERFAHREN

SPANNENDE TAGESTOUREN
DIE JEDER SCHAFFT

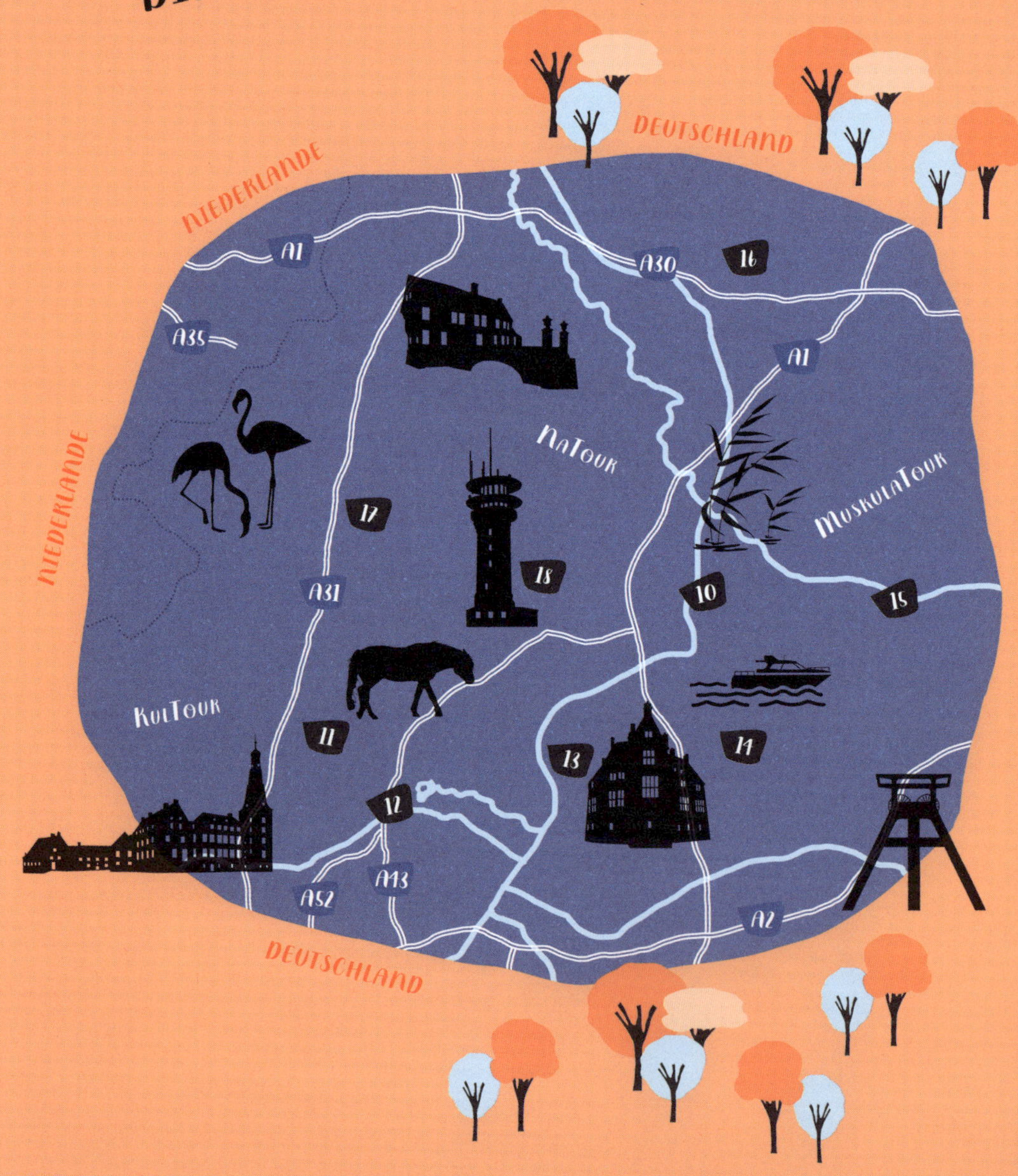

IDYLLISCH AM FLUSS ENTLANG!

Die Tour finde ich ideal für warme Tage – sonnige und schattige Bereiche wechseln sich ab, die Nähe zum Wasser bringt Abkühlung und besonderes Flair.

➤ **1 /** An der grünen Promenade/Ecke Salzstraße in Münster rauf aufs Rad

➤ **2 /** Rasten, einkehren und paddeln an der historischen Pleistermühle

➤ **3 /** Naturidylle beim Radeln durch den Auwald Stapelskotten

➤ **4 /** Stärkung am gemütlichen Rastplatz direkt an der Werse

➤ **5 /** Vom Aussichtsturm gibt's den perfekten Weitblick

➤ **6 /** Energiespeicher auffüllen im Restaurant Lohmann

➤ **7 /** Wasserschloss Haus Bisping: Eyecatcher am Wegesrand

➤ **8 /** Den prachtvollen Anblick von Wasserschloss Haus Borg gibt's direkt an der Strecke

➤ **9 /** Ein schattiges Rastplätzchen finden wir hinter dem Burgturm von Davensberg

➤ **10 /** In die Breilklause zur verdienten Abschlusseinkehr

➤ **11 /** Gut am Ziel: Bahnhof Ascheberg

„Diewerse" Pättkestour

In fließender Bewegung in Münsters Südosten

Locker und entspannt zu radelnde, vom Autoverkehr größtenteils ungestörte Tagestour mit vielen schönen Rastgelegenheiten. Tolle Ansichten der malerischen Flusslandschaft der Werse, von Wasserschlössern und der Münsterländer Parklandschaft inklusive.

44 Kilometer
120 Höhenmeter
3:30 Stunden
Streckentour

Der Fluss ruft!

Vom Start in Münster an der 1 / Promenade/Ecke Salzstraße geht's über die Warendorfer Straße und durchs ruhige Mauritzviertel östlich raus aus Münster. Auf der Straße Zum Guten Hirten überqueren wir den Dortmund-Ems-Kanal und landen auf dem Pleistermühlenweg zügig im Grünen vor den Toren der Stadt. An der malerischen, mittelalterlichen 2 / Pleistermühle mit schönem Fachwerk signalisiert die grünblaue Welle auf gelbem Grund: Du hast den Werseradweg erreicht! Das macht die Orientierung leicht, denn für gut 20 km folgen wir nun einfach dem geschwungenen W. Den Fluss zu unserer Linken halten wir uns auf dem Weg „Links der Werse" nach Süden und radeln auf geschwungenen Pättkes, die sich oft direkt am Ufer durch die flussnahe Landschaft ziehen. Das Schöne der Strecke ist, dass sie wie

Charakter

Sportlich ●●○○○
Abkühlung ●●●●○
Schlemmen ●●●○○
Panorama ●●●●○

◂ links / Vom Rad aufs Wasser: Paddeln an der idyllischen Pleistermühle

der Fluss, den sie begleitet und immer mal wieder überquert, viele Windungen hat. So ändert sich der Blick auf die idyllische Umgebung, bewaldete Abschnitte wechseln mit lichten Bereichen. Es geht leicht auf und ab, aber durchweg entspannt fahrbar am Wasser entlang, das man seerosenbedeckt und grünblau durch die Blätter schimmern sieht. Wir grüßen einige entgegenkommende Radelnde und können die Atmosphäre der Gegend ansonsten in aller Ruhe genießen. Infoblöcke laden zu kurzen Stopps ein, unterwegs kann man hier Interessantes zu Natur, den landschaftlichen Besonderheiten und zur kulturgeschichtlichen Entwicklung entlang der Strecke erfahren. Wusstest du z. B., dass der Bau einer Brücke über den Fluss manchen Siedlungen einen richtigen Entwicklungsschub brachte, weil Handel, Gewerbe und auch die Gastwirtschaften nun viel besser erreichbar waren?

WERSERADWEG

Hier radelt man auf 125 oft sehr malerischen Kilometern von der Quelle bei Beckum bis zur Mündung der Werse in die Ems bei Münster durch die Flusslandschaft.

Idylle aus Sattel-Perspektive

Im natürlichen 3 / Auwald Stapelskotten, einem seit Ende der 1980er Jahre geschützten Gebiet, können wir heute wieder erleben, wie die Landschaft vor Besiedlung und landwirtschaftlicher Nutzung aussah. Von den leichten Steigungen an einigen Stellen hat man einen schönen Blick auf die Werse, die sich ihren Weg hier selbst sucht. Vielleicht lässt sich einer der Eisvögel blicken, die am Ufer fischen. Hinter der Brücke an der Wolbecker Straße erleben wir die offene Weite der Münsterländer Parklandschaft. Der Blick über Wiesen und Felder begleitet uns bis Angelmodde. Im Ort geht's auf dem Werseradweg direkt rechts und am südwestlichen Ortsrand weiter. Hinter der Brücke auf der Hiltruper Straße biegen wir rechts Richtung Albersloh ab. Nun radeln wir entlang der Werse auf ruhigen Pättkes und vorbei an entspannt

---

➤ rechts oben / Runterkommen leichtgemacht – beim Radeln durch die malerische Werselandschaft nahe der Pleistermühle ➤ rechts Mitte / An der Pleistermühle: einkehren, rasten oder paddeln

1808

Fährt man die Tour in Gegenrichtung, ist der Gasthof Pleister Mühle (www.pleistermuehle.de) mit Biergarten seit Beginn des 19. Jh. eine klass(isch)e Einkehr kurz vor Münster. Hier können wir auch für eine Runde Paddeln auf der Werse vom Fahrradsattel aufs Wasser wechseln (www.kanuverleih-pleistermuehle.de)!

An heissen Radl-Tagen

Gönn dir eine Abkühlung im Freibad **Stapelskotten** auf der anderen Flussseite (www.stadt-muenster.de/sportamt/baeder/freibad-stapelskotten)!

grasendem Münsterländer Fleckvieh. Ein 4 / gemütlicher Rastplatz bei Kilometer 15,3 lädt zur Pause ein, eine Treppe führt direkt ans Wasser. Und falls es zu sonnig ist, gibt es auf der Anhöhe kurz davor unter einer knorrigen Eiche einen idyllischen Schattenplatz mit Bank. Nach ein paar Kilometern entlang der Flussbiegungen sieht man in der Ferne bereits einen Kirchturm. Bevor wir aber Albersloh erreichen, finden wir am 5 / Aussichtsturm noch einen einladenden Picknickplatz mit Rundumblick. Also kurz stärken und rauf auf den Turm, die Perspektive von oben gibt einen spannenden Eindruck von der Kulturlandschaft am Fluss.

Rastplätze am Wasser oder am Aussichtsturm

Schulterblick zurück

Am Ortseingang von Albersloh begrüßt uns die Figur eines traditionell gekleideten „Kiepenkerls“ mit Schirmmütze, rotem Halstuch und blauem Leinenkittel. Er erinnert an die Händler, die früher mit ihrer Holztrage, der Kiepe, auf dem Rücken zu Fuß durchs Münsterland unterwegs waren. Sie versorgten die ländliche Bevölkerung mit Waren wie Salz und Tuch sowie Nachrichten aus der Stadt. Auf

dem Rückweg nahmen sie Milchprodukte, Wurst und Schinken, Geflügel und Eier mit, um diese den Stadtbewohnern zu verkaufen. An der nahen Brücke kann man mit Blick über die Werse einen längeren Moment verweilen. Dies ist übrigens eine der Stellen, an der die Bewohner einiger Orte am Fluss bis in die 1950er Jahre immer montags an dafür errichteten Holzstegen Wäsche wuschen. Links am Ufer wurde so ein Steg nachgebaut, hier kann man die Idylle direkt am Wasser genießen.

Gestärkt zum Schloss

Wir folgen den letzten Flussmetern der Tour auf schmalen Pättkes. Am Radweg-Knotenpunkt 2 verlassen wir den Werseradweg, nachdem wir an einigen schönen Höfen vorbeigekommen sind. Eine lange Allee führt bis Rinkerode und nach der Überquerung des Bahnübergangs ist der sonnige Biergarten am 6 / Restaurant Lohmann (www.hotel-restaurant-lohmann.de) eine willkommene Einkehrmöglichkeit. Hier kann man sich ausruhen und mit deftigen westfälischen Spezialitäten, Münsterländer Bier, hausgemachtem Kuchen und Waffeln stärken. Zurück im Sattel geht's westlich weiter durch den Ort. Wir befinden uns auf der 100-Schlösser-Route und nehmen den beeindruckenden Blick über die Gräfte, die Was-

NACH-SCHLAG

Um nach 7 / Haus Bisping und 8 / Haus Borg noch mehr Münsterländer Wasserschloss-Pracht zu erleben, kann man die Tour gut bis Schloss Nordkirchen oder Schloss Westerwinkel verlängern (ca. 10 bzw. 8 km vom Tourziel entfernt, s. a. Tour „Schloss, Land, Fluss").

< links / Münsterland – Fahrradland! Zwischen Angelmodde und Albersloh ^ oben / Picknickplatz mit Aussichtsturm kurz vor Albersloh

sergräben und auf das 7 / Wasserschloss Haus Bisping (in Privatbesitz, Außenansicht von der Straße) gerne mit. Bunte Fensterläden und der helle Sandstein sind schöne Details am Torhaus aus dem 17. Jahrhundert. Nach Haus Bisping verlassen wir die 100-Schlösser-Route dann nochmal für 5,5 km, nur ein paar Pedalumdrehungen weiter liegt das imposante, auf drei Inseln thronende 8 / Wasserschloss Haus Borg. Die eindrucksvolle Anlage mit Ursprüngen im 12. Jahrhundert kann auch nur von außen besichtigt werden, doch dieser Anblick lohnt den Stopp! Vorbei an einer riesigen Rhododendronhecke verlassen wir das Schlossareal über eine majestätische Eichenallee, auf Schotterpättkes geht's durch den Wald.

RUNDE SACHE

Im 9 / Rundturm der Burg Davensberg aus dem frühen 16. Jh. mit Verlies und Folterkammer kann heute das örtliche Heimatmuseum besichtigt werden.

Vom Dschungel zum Bahnhof

An der Ecke Amelsbürener Straße/Vollmerbrok stoßen wir wieder auf die 100-Schlösser-Route und durchqueren ein Stück der Davert, ein Naturparadies und größtes Laubwaldgebiet im Münsterland. (Hier berühren wir kurz Tour 4.) In der Nähe der Emmerbachaue können wir bei einem Abstecher in den Wald z. B. die seltene Flatterulme mit ihren Brettwurzeln entdecken, ein Anblick wie im tropischen Dschungel! Hinter

Lohnenswert ist ein Abstecher zum Aussichtsturm Wildbahn Davert: Ca. 4,5 km hinter 8 / Haus Borg von der Davertstraße rechts auf „Zum Klosterholz“, nach ungefähr 500 m links in den Schotterweg. Hier kann man wunderbar Heckrinder, Konikpferde und Storche in der idyllischen Emmerbachaue beobachten und fotografieren!

dem Wald erreichen wir den nächsten Ort und machen am Sitzplatz hinter dem historischen 9 / Burgturm von Davensberg eine kleine Rast. Südlich geht's aus dem Dorf wieder raus, nun liegt noch ein schönes Stück Parklandschaft vor uns. Hinter Haus Romberg mit dem alten Hoftor aus Münsterländer Sandstein halten wir auf den Kirchturm von Ascheberg zu und können uns an der „Hofbox" (Davensberger Straße) noch ein Glas Grünkohl mit Mettendchen, den hiesigen Mettwürsten, für zuhause mitnehmen. Einmal geht's durch den Ort, nach einem verdienten Einkehrstopp im Biergarten der 10 / Breilklause (www.frenkings-tenne.de) ist dann das Tourenziel am 11 / Bahnhof Ascheberg erreicht.

TOURENINFO / Familienfreundliche, flache Tour auf guten Wegen mit vielfältigen Rastmöglichkeiten. E-Bikes unterwegs mit eig. Ladegerät in Albersloh (Gasthof „Zur Post", Kirchplatz 3; Hotel Hendrik Geschermann, Bahnhofstr. 21) oder Davensberg (Hotel Clemens August, Burgstr. 54; Gasthaus Eickholt, Frieport 22) laden!

< links / Was für ein Abgang: Stilvoll verlassen wir Haus Borg über diese Allee ^ oben / Das Wasserschloss Haus Bisping liegt direkt am Wegesrand

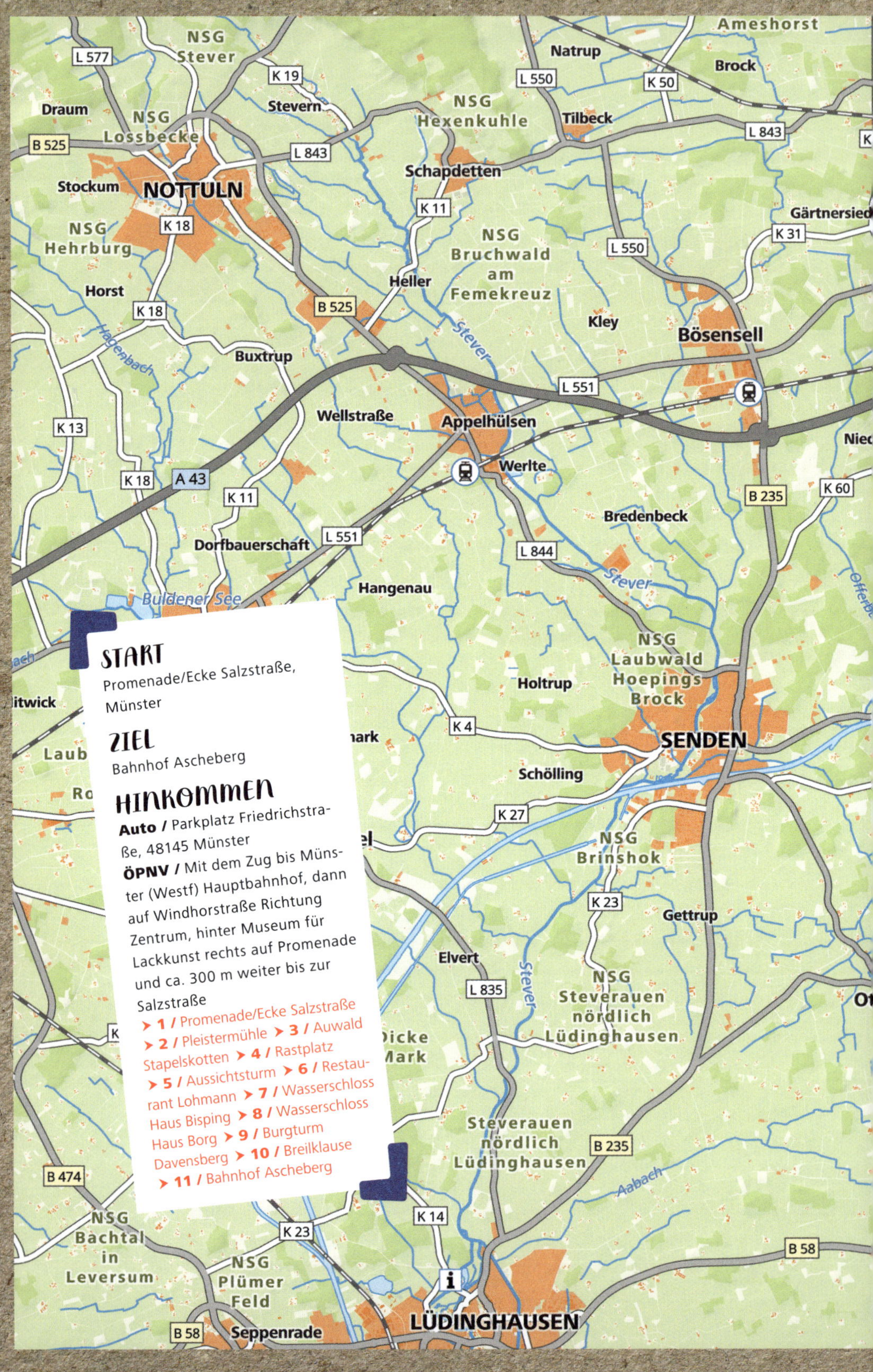

START

Promenade/Ecke Salzstraße, Münster

ZIEL

Bahnhof Ascheberg

HINKOMMEN

Auto / Parkplatz Friedrichstraße, 48145 Münster

ÖPNV / Mit dem Zug bis Münster (Westf) Hauptbahnhof, dann auf Windhorststraße Richtung Zentrum, hinter Museum für Lackkunst rechts auf Promenade und ca. 300 m weiter bis zur Salzstraße

➤ **1 /** Promenade/Ecke Salzstraße ➤ **2 /** Pleistermühle ➤ **3 /** Auwald Stapelskotten ➤ **4 /** Rastplatz ➤ **5 /** Aussichtsturm ➤ **6 /** Restaurant Lohmann ➤ **7 /** Wasserschloss Haus Bisping ➤ **8 /** Wasserschloss Haus Borg ➤ **9 /** Burgturm Davensberg ➤ **10 /** Breilklause ➤ **11 /** Bahnhof Ascheberg

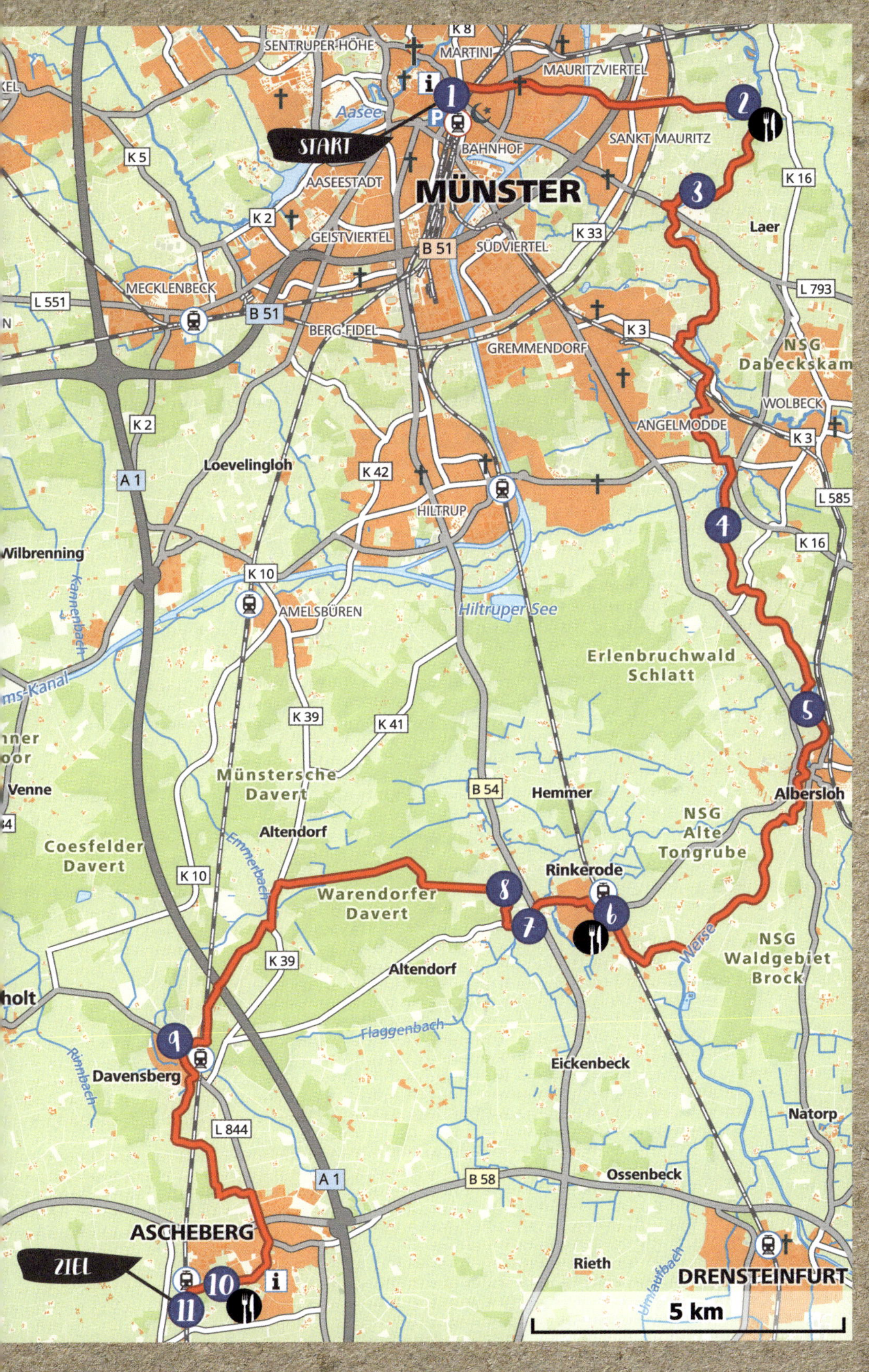
START
MÜNSTER
SENTRUPER HÖHE
MARTINI
MAURITZVIERTEL
Aasee
BAHNHOF
SANKT MAURITZ
AASEESTADT
GEISTVIERTEL
SÜDVIERTEL
Laer
MECKLENBECK
BERG FIDEL
GREMMENDORF
NSG Dabeckskam
WOLBECK
ANGELMODDE
Loevelingloh
HILTRUP
Wilbrenning
Kannenbach
AMELSBÜREN
Hiltruper See
Erlenbruchwald Schlatt
Münstersche Davert
Hemmer
Albersloh
Venne
Altendorf
NSG Alte Tongrube
Coesfelder Davert
Emmerbach
Rinkerode
Warendorfer Davert
Altendorf
Werse
NSG Waldgebiet Brock
Flaggenbach
Davensberg
Rinnbach
Eickenbeck
Natorp
Ossenbeck
ASCHEBERG
ZIEL
Rieth
Umlaufbach
DRENSTEINFURT
5 km

TAPETEN-WECHSEL

Verkehr, Stadtlärm, Hektik? Pustekuchen! Schon nach wenigen Metern wechselt die Kulisse und ich tauche in herrliche Wälder und Felder ein.

➤ **1 /** Der Bahnhof Reken ist Start und Ziel der Tour

➤ **2 /** Das Dach der Tour im Naturschutzgebiet Weißes Venn-Geisheide

➤ **3 /** Kleine oder große Stärkung im Hof Hagedorn

➤ **4 /** Klein, aber fein: das Naturschutzgebiet Holtwicker Wacholderheide

➤ **5 /** Für Schlemmer: das sahnige Hohemark Eis

➤ **6 /** Tante Guste lockt ins Pausen-Paradies

➤ **7 /** Natur entdecken und erlernen: die Biologische Station im Kreis Recklinghausen

➤ **8 /** We want „Moor“: im Naturschutzgebiet Kranenmeer

WECHSELBADEN

Zwischen *Wäldern und Feldern* ab *Reken*

Das Münsterland hat deutlich mehr zu bieten als plattes Land! Das beweist auch unsere Tour zwischen Haltern am See, Dorsten und Borken. Sie ist überraschend, ausgesprochen abwechslungsreich, führt durch seltene Ökosysteme und hält für Naschkatzen einiges bereit. Los geht's!

53 Kilometer
330 Höhenmeter
3:30 Stunden
Rundtour

Wellness auf dem Rad

Waldbaden? Das bedeutet so viel wie meditatives Krafttanken bei einem ausgiebigen Waldspaziergang. Wir aber legen eine Schippe drauf und gehen das Ganze etwas sportlicher an: Wald- und Feldbaden mit dem Rad. Dafür brauchen wir neben unserem Gefährt bloß noch aufmerksame Augen und Ohren. Denn immer wieder wechseln wir auf unserer Tour durchs südliche Münsterland von Freiflächen mit viel Landwirtschaft zu kleineren und größeren Waldgebieten, um dann an der nächsten Ecke wieder in Felder einzutauchen. Uns erwartet ein spannender Wechsel von Licht und Schatten, Ausblick und Einblick, Wärme und kühler Walderfrischung. Es wirkt wie das Wechselbad beim Kneippen – nur fahren wir mit dem Fahrrad. Fazit: besonders wohltuend!

CHARAKTER

Sportlich	●●●●○
Abkühlung	●●●○○
Schlemmen	●●●○○
Panorama	●●●○○

◄ links / Durchs Naturschutzgebiet Holtwicker Wacholderheide

Lebensraum zwischen Wasser und Land

Start und Ziel befinden sich am großen Parkplatz direkt am 1 / Bahnhof Reken. Wir schwingen uns auf den Sattel und radeln los Richtung Norden. Noch drei Mal rechts abbiegen und schon lassen wir die örtliche Zivilisation mitsamt Fabrikverkauf vom Fischstäbchen-Kapitän hinter uns. Weiter geht's in Richtung Surendorf/Osten. An der kleinen Marienkapelle schicken die Frommen noch ein kurzes Gebet gen Himmel, ehe wir der Holtkämpe weiter in Richtung Osten folgen. Kurz hinter der Einmündung auf den Hülstener Weg biegen wir rechts ab ins Naturschutzgebiet 2 / Weißes Venn-Geisheide. Nachdem das wohl größte zusammenhängende Moorgebiet der Region jahrzehntelang intensiv genutzt wurde, überlässt man die Natur nun wieder sich selbst. Und da helfen wir doch gerne mit. Von den zahlreichen Schlagbäumen und Schildern, die uns darauf hinweisen, auf dem Weg zu bleiben, lassen wir uns daher leiten und radeln mitten durch den ehemals für Truppenübungen genutzten Bereich des Naturschutzgebiets. Keine Autos, kein Lärm, keine Störungen. Nur unser eigener Atem durchbricht die Ruhe beim kurzen und knackigen Anstieg. Oben angekommen erreichen wir das Dach unserer Tour. Hier genießen wir noch einmal die Stille, ehe wir hinab in Richtung Lavesum-Lochtrup rauschen.

PULSIERENDES LEBEN

Wegen seiner seltenen Moorlandschaften ist das Naturschutzgebiet 2 / Weißes Venn-Geisheide ein wichtiger Lebensraum für zahlreiche Tier- und Pflanzenarten.

Klein, aber fein

Wer bereits eine Stärkung braucht, findet im 3 / Hof Hagedorn (Fr–Mi 8–18 Uhr, Rekener Str. 117, 45721 Haltern Lavesum, Tel. 02364 108383, www.hof-hagedorn.de) eine köstliche Auswahl vom bunten Bauerntopf über Reibeplätzchen bis hin zur herzhaften Currywurst vor. Wir nehmen wieder Fahrt auf Richtung Süden und genießen das nächste Wechselbad zwischen Feldern und Wäldern auf dem Sundernweg. Erst rechts, dann wieder links, hinab und

---

➤ rechts oben / Feldblumen am Wegesrand auf der Holtkämpe
➤ rechts Mitte / Los geht's am Bahnhof Reken

1959

Unglaublich aber wahr: Schon vor über 60 Jahren wurden in Deutschland die ersten Tiefkühl-Fischstäbchen produziert – um genau zu sein, seit 1959. Und nur ein Jahr später war auch der Name Iglo zur Vermarktung geboren.

Abenteuerland

Nur wenige Minuten vom **3 / Hof Hagedorn** entfernt ist auch für Kinder ein echtes Highlight: der Mitmach-Erlebnispark Ketteler Hof (www.kettelerhof.de/start/).

Durch Heidelandschaft

hinauf. Wir passieren Lünzum und erreichen die Holtwickerstraße. Auf dem Radweg geht's nach rechts in Richtung Westen/Wulfen. Kurz hinter dem beliebten Ausflugslokal Uhlenhof (Mi–Fr 15–21, Sa–So 11–22:30 Uhr, Holtwickerstr. 420, 45721 Haltern am See, Tel. 02364 2534, www.uhlenhof-haltern.de) – wer noch keinen Stopp im Hof Hagedorn hatte, sollte sich den Uhlenhof nicht entgehen lassen – biegen wir links ab und erreichen nach etwa 150 Metern das 4 / Naturschutzgebiet Holtwicker Wacholderheide. Dieses kleine, aber feine Heidegebiet schreit förmlich danach, in die Eisen zu gehen und die Umgebung wirken zu lassen. Bei der Gelegenheit schütteln wir noch einmal kurz die Beine aus und schwingen uns wieder auf den Sattel.

Im Schlaraffenland

Es geht weiter gen Westen/Wulfen. Wir passieren die Granatstraße, radeln geradewegs bis zur Lippramsdorfer Straße und biegen rechts ab. Anschließend erst nach links auf den Napoleonsweg, dann auf die Straße namens Stock, bis wir nach etwa 500 Me-

tern einen lauschigen Rastplatz erreichen: Für das 5 / Hohemark Eis (Strock 6, 46286 Dorsten-Lembeck, www.hohemark-eis.de) lohnt der kurze Schlenker definitiv. Wir füttern den Automaten mit ein paar Münzen und surrend bedient er uns mit der wohl sahnigsten handgemachten Erfrischung der Region. Wer sich keinen Eisbecher gönnt, kann dafür guten Gewissens den nächsten Stopp zum Schlemmen nutzen. Denn 6 / Tante Guste (Do–So ab 13 Uhr, Lippramsdorfer Str. 250, 46286 Dorsten-Lembeck, Facebook: Tante Guste) zaubert nicht nur fantastische Kuchen und Torten: Sie hat in ihrem verwunschenen Garten herrlich gemütliche Plätze eingerichtet. Hier gibt es viel Schatten bei bester Verpflegung. Um uns die zwar kürzere, aber weniger schöne Anfahrt über die große Lippramsdorfer Straße zu sparen, biegen wir links in die Straße Wittenberg und hinter dem Midlicher Mühlenbach rechts ein. So nähern wir uns, nochmal rechts auf die Lippramsdorfer Straße zurückkommend, der Tante Guste von der anderen Seite.

2

So viele Powerfrauen braucht man, um eine einzigartige Eismanufaktur ins Leben zu rufen. Petra Große Gellermann und Ivonne Harks haben wir das 5 / Hohemark Eis zu verdanken – handgemacht, aus der Region und mit viel Liebe zubereitet.

Slow down

Gut gestärkt verlassen wir unsere neue Lieblingstante und ihre wohltuende Oase und erreichen schon bald die nächste. Denn am Besenkamp, der auf der anderen Seite beginnenden Straße nach

< links / Zu jeder Zeit zu haben: Eis aus dem Automaten ^ oben / Durch die Münsterländer Landschaft auf dem Weg zum Kranenmeer

Norden, folgt die 7 / Biologische Station Kreis Recklinghausen: ein kleiner Yoga-Pfad, ein bunter Blumengarten, allerhand Wissenswertes und dazu geschwungene Liegebänke mit eingebauter Einladung zum Powernapping (www.biostation-re.de). Tipp: Der angrenzende Wanderparkplatz ist ebenfalls ein perfekter Startort, wenn es statt mit dem Drahtesel mal zu Fuß ins Grüne gehen soll – beispielsweise rund um den Galgenberg. Für uns geht es direkt gegenüber vom Parkplatz weiter.

SAFE PLACE

Das 8 / Naturschutzgebiet Kranenmeer beherbergt einige extrem gefährdete Amphibien- und Libellenarten wie den Kammmolch und die Glänzende Binsenjungfer. Entdeckst du sie?

Give me „Moor"

Wir erreichen schon bald den Midlicher Bach, das Naturschutzgebiet Becker Bruch sowie einen typischen Münsterländer Kotten. Kurz darauf passieren wir die Bahnlinie, dann die Bundesstraße und freuen uns schon wieder auf den Licht- und Lärmschutz, den uns die nächste Baumreihe spendet. Wir biegen rechts ab, nehmen die Heidener Straße und überqueren möglichst schnell die Autobahn 31. Den Schwung nach der Brücke nehmen wir gerne mit, aber Vorsicht: Wir biegen an der nächsten Möglichkeit gleich wieder links ab, hinein in die Felder bis zum Rastplatz und den Infotafeln über das 8 / Naturschutzgebiet Kranenmeer, eines der wenigen noch er-

KM 28

Die 7 / Biologische Station im Kreis Recklinghausen hat sich dem Naturschutz im gesamten Kreis Recklinghausen und über die Grenzen hinaus verschrieben. Das engagierte Team kümmert sich um Umweltbildung, Bestandserfassungen sowie um zahlreiche Artenschutzprojekte etwa zum Erhalt der Fischotter.

haltenen Heidemoore. Es geht weiter, rechts ab auf den Dorstener Landweg in Richtung Heiden. Auch hier lockt ein Zugang hinein ins Kranenmeer. Doch die Route führt weiter geradeaus und am Knotenpunkt 29 nach rechts. An der zweiten Straße biegen wir erneut rechts auf die Vogelstange und damit sozusagen auf die Zielgerade ein. Wir queren noch einmal die Autobahn und fahren durch grünes Gelände Richtung Klein Reken und von dort aus zurück zu unserem Startpunkt, dem 1 / Bahnhof Reken.

TOURENINFO / Weitestgehend auf befestigten Straßen oder Feldwegen, einzelne kürzere unbefestigte Abschnitte sowie ein Stück mit einer knackigen Steigung. Mit der Aussicht auf spätere Pausen, z. B. beim Hohemark-Eis, sind diese Abschnitte durchaus machbar, auch für etwas jüngere Mitfahrende sowie mit Fahrradanhänger.
E-Bike-Ladestationen: am Start nahe dem Bahnhof (Raiffeisen Tankstelle Reken, Bahnhofstr. 33, 48734 Reken), unweit der Strecke nach Km 41 am Restaurant Dubrovnik kurz vor Heiden (Leblicher Str./Lembecker Str.) und nach Km 49 in Lembeck Wessendorf an der Gaststätte Haus Nordendorf (Rekener Str. 72, 46286 Dorsten).

< links / Mit offenen Augen (oder gezücktem Objektiv) durch die Natur
^ oben / Ein typischer Münsterländer Kotten

REKEN
A 31
K 55
Bahnhof Reke
START-ZIEL
Leblich
L 608
Wessendorf
Klein Reken
L 652
Kranenmeer
Bachsystem des Wienbaches
Bachsystem des Wienbaches
Specking
K 48
Becker Bruch
Lembeck
K 13
Am Becker Feld
A 31
Rhader Wiesen
Beck
L 608
Bachsystem des Wienbaches
BARKENBERG
Brosthausen
Lasthauser Moor
Feuchtwiese an der Wienbecker Mühle
B 58
WULFEN
B 58
ALT-WULFEN
B 58
Deuten
L 608
Kalter Bach
Kusebach
Midlicher Mühlenbach
Rhader Mühlenbach
Wienbach
Gecksbach

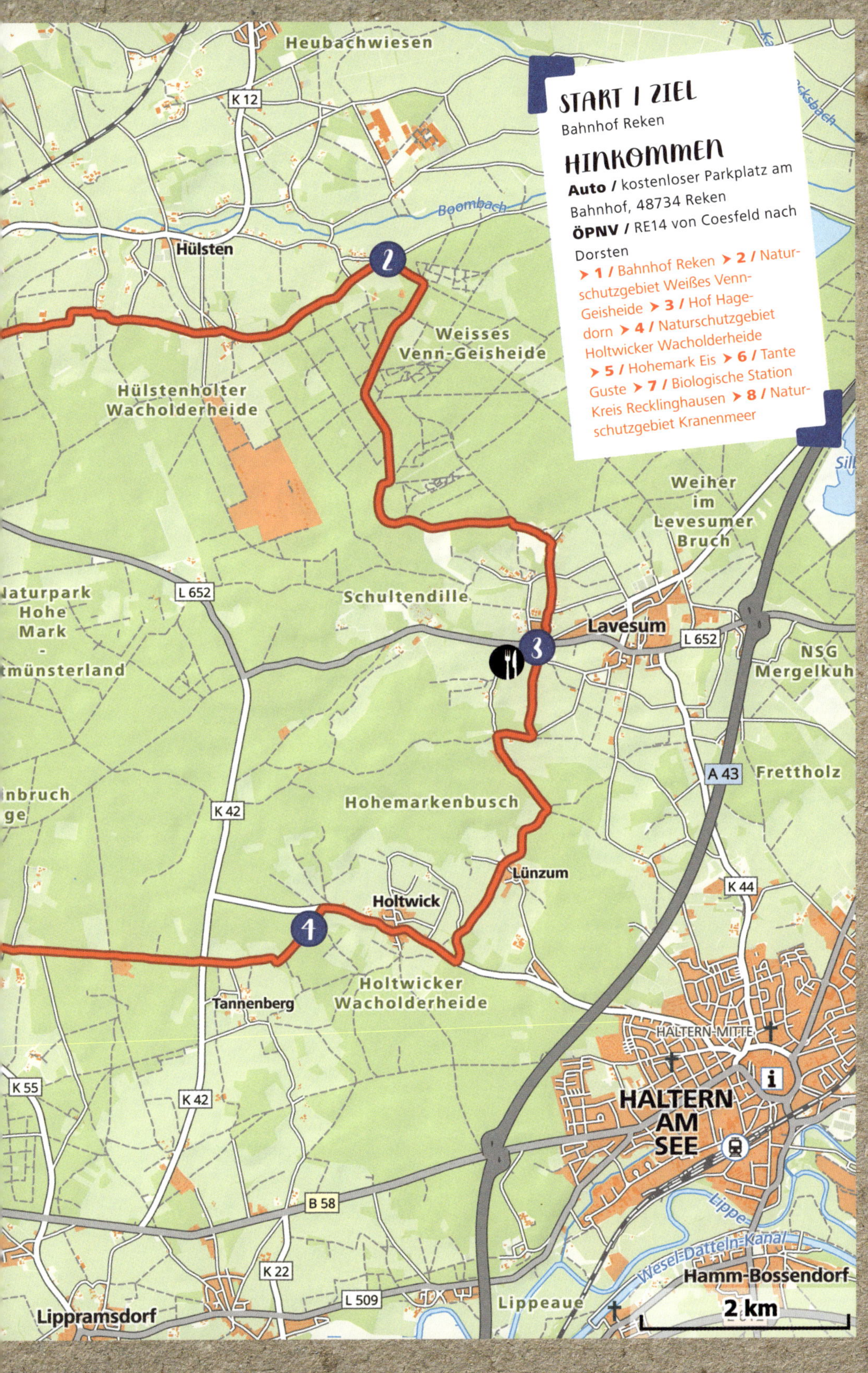
START | ZIEL
Bahnhof Reken
HINKOMMEN
Auto / kostenloser Parkplatz am Bahnhof, 48734 Reken
ÖPNV / RE14 von Coesfeld nach Dorsten
➤ 1 / Bahnhof Reken ➤ 2 / Naturschutzgebiet Weißes Venn-Geisheide ➤ 3 / Hof Hagedorn ➤ 4 / Naturschutzgebiet Holtwicker Wacholderheide ➤ 5 / Hohemark Eis ➤ 6 / Tante Guste ➤ 7 / Biologische Station Kreis Recklinghausen ➤ 8 / Naturschutzgebiet Kranenmeer
Heubachwiesen
K 12
Boombach
Hülsten
Weisses Venn-Geisheide
Hülstenholter Wacholderheide
Weiher im Levesumer Bruch
L 652
Schultendille
Lavesum
NSG Mergelkuh
A 43
Frettholz
K 42
Hohemarkenbusch
Lünzum
K 44
Holtwick
Holtwicker Wacholderheide
Tannenberg
HALTERN-MITTE
HALTERN AM SEE
K 55
B 58
Lippe
Wesel-Datteln-Kanal
Hamm-Bossendorf
K 22
L 509
Lippeaue
Lippramsdorf
2 km

FÜR FRÜHE VÖGEL

Der wunderbare Landstrich zwischen Haltern und Olfen ist wahrlich kein Geheimtipp. Ein Grund mehr, hier bereits zum Sonnenaufgang (oder -untergang) zu starten.

➤ **1 /** Am Halterner Bahnhof startet und endet die Tour

➤ **2 /** Am Nordufer des Halterner Sees umfängt uns ein Urlaubsgefühl

➤ **3 /** Wie Schweden in Westfalen: den Hullerner See hat man oft scheinbar ganz für sich

➤ **4 /** Im Naturschutzgebiet Steveraue auf Floßfahrt gehen

➤ **5 /** Eis schlecken in Olfen

➤ **6 /** Über den Dingen radeln, an der Alten Fahrt

➤ **7 /** Auf steinernen Bögen führt die Kanalbrücke über die Lippe

➤ **8 /** Beim Großen Wasserkreuz Datteln begegnen sich Ruhrgebiet und Münsterland

➤ **9 /** Durch Muskelkraft setzen wir mit der Handfähre über die Lippe

➤ **10 /** Im Spätsommer ist die Westruper Heide ein violetter Blütentraum

➤ **11 /** Bei gutem Wetter den Blick von Jupp's Biergarten über den See schweifen lassen

➤ **12 /** Am Halterner Markt die Beine ausstrecken

ALLES FLIESST ...?

Meditative Tour von Haltern über Olfen durchs Halterner Zweistromland

Wenn es mal so richtig naturnah zugehen soll, geht es zwischen die bewaldeten Höhenzüge von Haard, Hoher Mark und Borkenberge – gemeinsam die Halterner Berge. Wir tun es Stever und Lippe gleich, den zwei Flüssen, die sich zwischen den Höhen hindurchschlängeln. Und auch vom Stillstand der Kanäle und Seen auf unserem Weg lassen wir uns an vielen schönen Rastplätze inspirieren. Unterwegs begegnen wir so manchem Graureiher, Wildpferd oder Heckrind – und vielleicht sogar einem scheuen Otter.

48 Kilometer
80 Höhenmeter
3:30 Stunden
Rundtour

CHARAKTER

Sportlich ●●○○○
Abkühlung ●●●●○
Schlemmen ●●●○○
Panorama ●●●○○

Raus aus der Römerstadt

Der 1 / Halterner Bahnhof hat jüngst endlich Aufzüge und einen Südausgang erhalten, sodass schon die Anreise entspannt verläuft. Sollten wir noch eine Portion Luft für die Reifen oder ähnliches benötigen, werden wir bei der DB Radstation fündig. Dann schwingen wir uns gut gelaunt in den Sattel und radeln los, wechseln bei erster Gelegenheit auf die Südseite der Schienen und fahren parallel nach Nordwest: Schon ist das 2 / Nordufer des Halterner Sees erreicht. Auf unserer einen Seite die schaukelnden Boote und vielleicht etwas Frühne-

◂ **links / Blick auf Olfen von der Alten Fahrt**

bel oder die Spiegelung der Sonne, den Waldrand auf der anderen – an dieses Bild können wir uns gewöhnen, denn so ähnlich verlaufen die nächsten Kilometer. Möglicherweise erspähen wir am gegenüberliegenden Ufer ja schon die Bank, auf der wir zum Ende der Tour unser Abschlussgetränk genießen. Nachdem wir am Campingplatz die Landstraße überquert haben und dem rot markierten Radweg weiter Richtung Olfen folgen, wird der See- zunächst zum Flussuferweg. Denn der Halterner See ist ein Stausee des Flüsschens Stever, wie auch der folgende 3 / Hullerner Stausee, an dessen Südufer wir bald entlangradeln. Hier ist es nun schon deutlich ruhiger und die Blicke von mancher einsamen Bank unter den Bäumen lassen den Eindruck entlegener Natur aufkommen. Das namensgebende Örtchen Hullern liegt etwa 500 Meter abseits unserer Route, beim dortigen Dorfladen (Mo–Sa 7:30–13:00, Mo–Fr 14:30–18:30 Uhr, Hauptstr. 50, Tel. 02364 5082908) können wir uns bei Bedarf mit Verpflegung eindecken. Nach insgesamt etwa 12,5 Kilometern erreichen wir das Ende des Hullerner Sees, queren die Landstraße und umfahren den Hof Vinnemann (Juli–Aug. Heidelbeerverkauf).

HAUS AM SEE

Ob Holzblockhaus oder italienische Villa: Im Vorbeifahren können wir begutachten, welche architektonischen Träume sich manche am 2 / Halterner See erfüllt haben.

Zu Otter und Co, in die Steveraue

Für kurze Zeit verlassen wir den beschilderten Radweg und fahren zwischen Feldern und Wiesen parallel zur Stever, bis wir auf den Alten Postweg am Waldrand treffen. Kurz vor der Kreisstraße fahren wir links über eine neue Fahrradbrücke und das 4 / Naturschutzgebiet Steveraue empfängt uns mit einem Bilderbuchanblick: Vor uns liegt ein Rastplatz im Schatten einer mächtigen Eiche, dahinter fällt ein breiter Sandstrand zur Stever hin ab, am anderen Ufer steht die 700 Jahre alte Füchtelner Mühle. Eine Experimentierstation macht erlebbar, wie Flussrenaturierung funktioniert, und Infoschilder er-

---

➤ **rechts oben / Seebad Haltern am See**
➤ **rechts Mitte / Altes Rathaus in Haltern am See**

KM 2

2 / Haltern am See hält, was der Name verspricht: Das kühle Nass ist nah. Mehrere schöne Rad- und Fußwege führen von Bahnhof und Zentrum direkt zum See und rundherum. Zahlreiche Bänke, Spiel- und Sportplätze, Bootsanleger, Picknickplätze, Gastronomie und ein Strandbad säumen die rund 9 km lange Uferlinie.

KOSTBARE NATUR

Orte wie das **4 / Naturschutzgebiet Steveraue** sind im landwirtschaftlichen Raum besonders wichtig. Wie köstlich Ökologie sein kann, belegt der nahe Hofladen.

klären, was Eisvogel, Otter & Co, davon haben. Beim Naturschutz helfen einige Tiere auch direkt mit: Heckrinder, Konikpferde und Esel sind als vierbeinige Landschaftspfleger das ganze Jahr im Einsatz und halten den Unterwuchs in Grenzen. Wer möglichst nah ran mag, fährt ein paar hundert Meter am Südufer der Stever zum Sternbusch. Ansonsten haben wir vom Ausblicksturm an unserem nächsten Stopp auch einen guten Blick auf die Weide. Vorher bietet die Füchtelner Mühle noch eine Möglichkeit zur Einkehr (Mi–Fr 14–21, Sa–So, Fei 12–14, 17–21 Uhr, www.fuechtelner-muehle.de, Tel. 02595 430). Alternativ können wir uns auch im Selbstbedienungshäuschen des Biohofs Mehring mit allerlei Köstlichem versorgen (tgl. 8–20 Uhr, www.biohof-mehring.de).

FLOSSFAHRT IN DER AUE

Nach dem gemächlichen Dahinradeln an der Stever können wir nun der Entschleunigung noch die Krone aufsetzen: Mitten in der Aue finden wir den Floßanleger, von dem es regelmäßig öffentliche Floßfahrten durch das Naturschutzgebiet gibt – nach Vorbestellung sind auch Extrafahrten möglich (Details u. Anm. unter www.olfen.de/tourismus/flossfahren.html).

Über den Deich zum Wasserstraßenkreuz

Zu unserer entspannten Grundstimmung passt der weitere Weg: Wir kommen zunächst zum alten Bett des Dortmund-Ems-Kanals (der mittlerweile etwas weiter östlich und einige Meter tiefer verläuft), überqueren auf einer alten Steinbogenbrücke die Stever und fahren nun halb über, halb an Olfen vorbei. In die sehr ruhige 5 / Ortsmitte Olfen locken uns diverse Cafés und Eisdielen, oder wir halten uns gleich oben, auf dem Deich. Dieser wird bald zur 6 / Alten Fahrt: Hier verlief früher der Dortmund-Ems-Kanal, bis die Deichlage in den 1930ern keine Erweiterung zuließ und der ganze Kanal verlegt wurde. Es blieb ein lang gestrecktes Gewässer unter Bäumen, das zugleich ein Ort wundersamer Ruhe und ein toller Radweg in Nord-Süd-Richtung ist. Eine weitere Besonderheit eines hochgelegenen Kanals: Er muss andere Wege überqueren und auch Flüsse. Das erleben wir, wenn wir auf der alten 7 / Kanalbrücke die Lippe überqueren. Ebenso wie die Stever wird auch die Lippe in den letzten Jahren immer weiter renaturiert. Am Ende der alten Fahrt, nach weiteren 2 Kilometern, erreichen wir das 8 / Große Wasserkreuz von Datteln, die wichtigste Kreuzung der westdeutschen Binnenschifffahrt. Links von uns verläuft der Dortmund-Ems-Kanal (die Neue Fahrt), weiter vor uns erahnen

31 MIO. LITER

Gemeinsam sind der Halterner und 3 / Hullerner Stausee ein wichtiger Teil der Trinkwasserversorgung für Ruhrgebiet und Münsterland. Ein tolles Freizeitareal sind sie obendrein. Da das Trinkwasser durch Filtration gewonnen wird, ist auch Wassersport möglich.

‹ links / Floßanleger in der Steveraue
^ oben / Alte Kanalbrücke über die Lippe

wir den Anschluss des Hamm-Datteln-Kanals und nach rechts erstreckt sich der Wesel-Datteln-Kanal, dem wir ab hier folgen werden. Vom anderen Ufer grüßt das Ruhrgebiet, unter anderem in Form des Kohlekraftwerks Datteln 4, das 2020 trotz beschlossenem Kohleausstieg und unwirksamem Bebauungsplan neu ans Netz ging. Nachdenklich wenden wir uns nach Westen und fahren auf dem gut ausgebauten Kanaluferweg wieder Richtung Haltern.

Wenn bei Haltern …

… die rote Sonne im See versinkt, sollten wir ein kühles Getränk eingepackt und eine Bank am Ufer gefunden haben. Oder im nahen Biergarten Platz nehmen.

Den Wesel-Datteln-Kanal entlang zurück

Wir passieren eine Schleuse, danach hat die Fahrt am Kanalufer etwas meditatives, so sehr können wir uns dem gleichmäßigen Tritt und der langsam vorbeigleitenden grünen Landschaft hingeben. Hin und wieder begegnen wir einem Binnenschiff, aus Tschechien, den Niederlanden, Polen … Halb Europa scheint hier in ruhiger Fahrt vereint. Unmittelbar vor der nächsten Schleuse zweigen wir leicht rechts ab und gelangen zur 9 / Lippefähre. Die „Maifisch" ist zwischen April und Oktober quasi rund um die Uhr in Betrieb, dafür müssen wir allerdings selbst Hand anlegen: Per Kette und Kurbelrad ziehen wir uns über den Fluss. Auf dem anderen Ufer kurbeln wir mit den Beinen weiter, zum nächsten Highlight der Tour: Die

KM 22

Fast schon ein Radschnellweg ist der Uferweg der 5 / Alten Fahrt. Einige Meter über dem Niveau des Umlands führte hier bis 1937 der Dortmund-Ems-Kanal entlang. Heute ist das stehende Wasser mit seinen baumbestandenen Uferwegen auf 4,5 Kilometern ganz den Enten, Fischen und Menschen zu Fuß und zu Rad überlassen.

10 / Westruper Heide darf nur zu Fuß betreten werden, dafür lohnt es sich aber definitiv, das Rad auf dem nahgelegenen Parkplatz abzustellen (oder zu schieben). Gerade im Spätsommer und Herbst ist die weite, flach bewachsene Heidelandschaft ein farbenprächtiger Anblick, eingerahmt von sandigen Hügeln und Kiefernwald. Nun ist Haltern wieder nah und damit auch der See: Der breite Radweg an der Landstraße bringt uns zum Südufer, an dem wir Richtung Stadt radeln, auf der Ausschau nach dem perfekten Platz für die Abendsonne. Vielleicht finden wir ihn auch in 11 / Jupp's Biergarten (bei gutem Wetter geöffnet, Tel. 02364 5216, www.juppamsee.de). Vorbei am Seebad unterqueren wir die Bahnstrecke und kommen zu guter Letzt zum 12 / Halterner Marktplatz. Der perfekte Ort, um mit einem leckeren Eis von San Marco (tgl. 9–22 Uhr, www.sanmarco-haltern.de) den Tag ausklingen zu lassen.

TOURENINFO / Nahezu frei von Autoverkehr, befestigte Wege, zu 80 % am Fluss-, See- oder Kanalufer. Badesachen und Fernglas einpacken.

< links / Lippefähre ^ oben / Westruper Heide

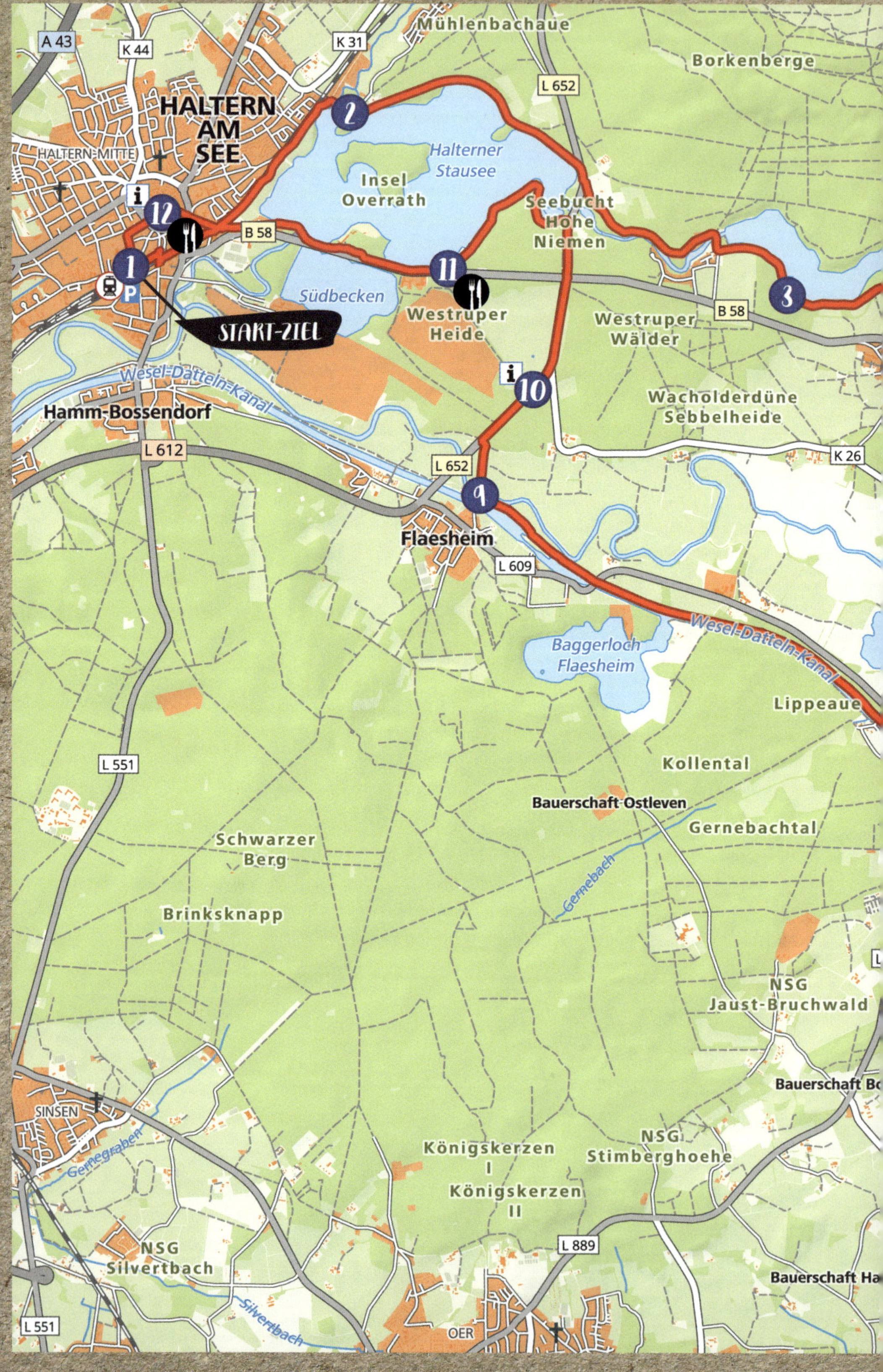

Mühlenbachaue
Borkenberge
A 43
K 44
K 31
L 652
HALTERN AM SEE
HALTERN-MITTE
Halterner Stausee
Insel Overrath
Seebucht Hohe Niemen
B 58
Südbecken
Westruper Heide
Westruper Wälder
START-ZIEL
Wesel-Datteln-Kanal
Hamm-Bossendorf
Wacholderdüne Sebbelheide
K 26
L 612
L 652
Flaesheim
L 609
Baggerloch Flaesheim
Lippeaue
Kollental
L 551
Bauerschaft Ostleven
Gernebachtal
Schwarzer Berg
Gernebach
Brinksknapp
NSG Jaust-Bruchwald
SINSEN
Gernegraben
Königskerzen I
Königskerzen II
NSG Stimberghoehe
L 889
NSG Silvertbach
Silvertbach
L 551
OER

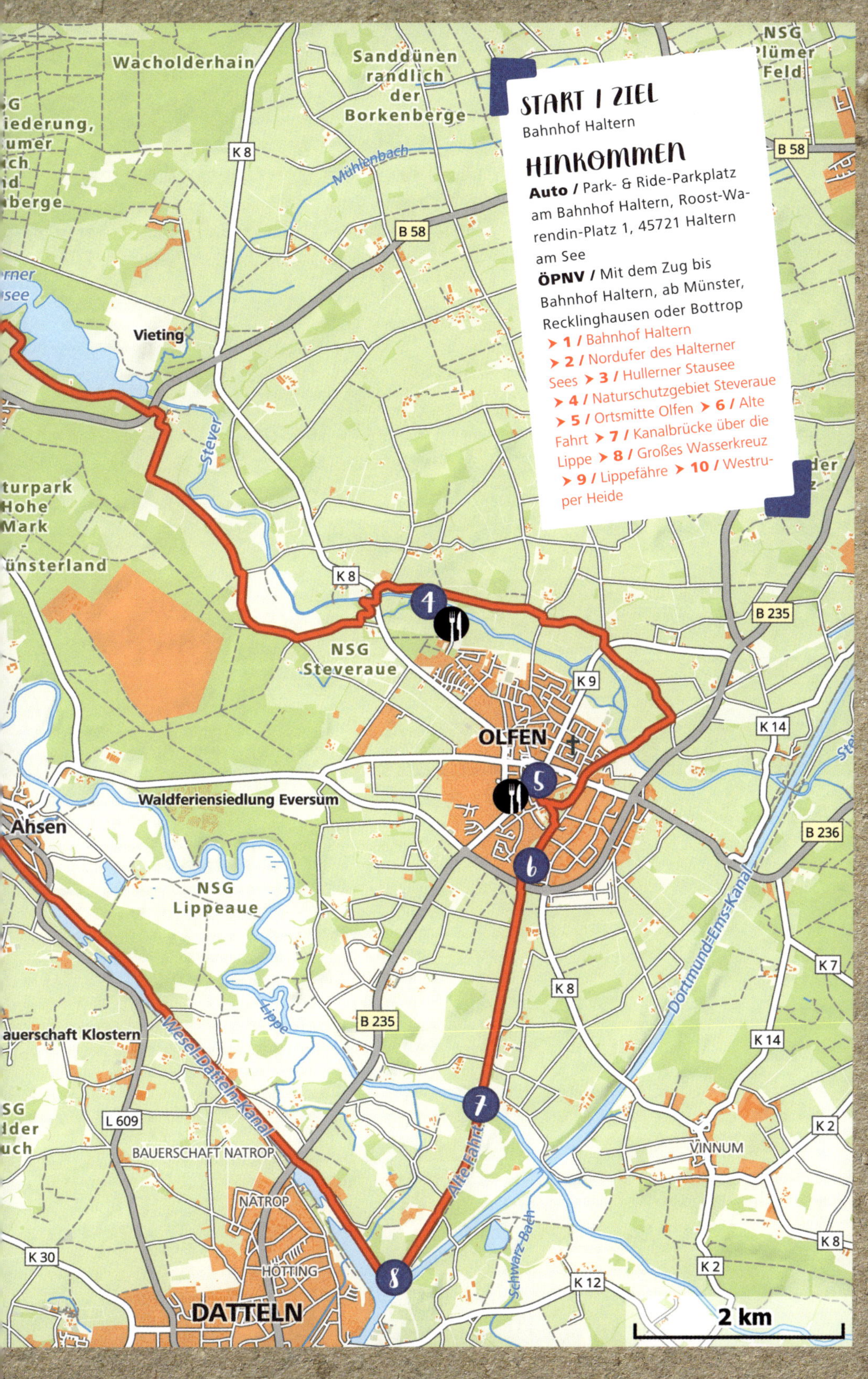
START / ZIEL
Bahnhof Haltern
HINKOMMEN
Auto / Park- & Ride-Parkplatz am Bahnhof Haltern, Roost-Warendin-Platz 1, 45721 Haltern am See
ÖPNV / Mit dem Zug bis Bahnhof Haltern, ab Münster, Recklinghausen oder Bottrop
➤ 1 / Bahnhof Haltern ➤ 2 / Nordufer des Halterner Sees ➤ 3 / Hullerner Stausee ➤ 4 / Naturschutzgebiet Steveraue ➤ 5 / Ortsmitte Olfen ➤ 6 / Alte Fahrt ➤ 7 / Kanalbrücke über die Lippe ➤ 8 / Großes Wasserkreuz ➤ 9 / Lippefähre ➤ 10 / Westruper Heide
Wacholderhain
Sanddünen randlich der Borkenberge
Mühlenbach
K 8
B 58
Vieting
Stever
NSG Steveraue
OLFEN
K 9
B 235
K 14
B 236
Waldferiensiedlung Eversum
Ahsen
NSG Lippeaue
Lippe
Wesel-Datteln-Kanal
Dortmund-Ems-Kanal
auerschaft Klostern
L 609
BAUERSCHAFT NATROP
NATROP
HÖTTING
DATTELN
K 30
Alte Fahrt
Schwarze Bach
K 12
K 2
K 7
VINNUM
2 km

IDEALE KULTUR-WASSER-KOMBI

Diese Tour empfehle ich als schönes und entspanntes Raderlebnis mit Kultur-Highlights, Münsterland(schafts)genuss und Entspannung am Wasser!

➤ **1 /** Malerische Burg Vischering: Eintauchen ins Mittelalter und tolle Einkehr zum Abschluss

➤ **2 /** Beine hochlegen am Aussichtspunkt an der „Eiche von Ichterloh"

➤ **3 /** Die wehrhaften Mauern und den Englischen Garten von Schloss Westerwinkel bestaunen

➤ **4 /** „Versailles in Westfalen" – französisch inspirierte Baukunst an Schloss Nordkirchen

➤ **5 /** Münsterländer Strandfeeling beim Abkühlen am Ternscher See

➤ **6 /** Von der Brücke über die Stever gibt's idyllische Flussansichten

➤ **7 /** Wir machen am Steverufer an der Brücke Tüllinghoff Rast

➤ **8 /** Die Borgmühle als schöne Kulisse für die Eispause kurz vorm Ziel

➤ **9 /** Einmal rund um die Renaissanceburg Lüdinghausen

Schloss, Land, Fluss

Wasserschlösser-Tour im Südmünsterland ab Lüdinghausen

Im südlichen Münsterland entdecken wir beeindruckende Wasserschlösser und -burgen sowie tolle Streckenabschnitte durch die typische Parklandschaft und an Flüssen entlang. Authentischer Landschafts- und Kulturgenuss ergänzen sich hier perfekt.

55 Kilometer
180 Höhenmeter
4:30 Stunden
Rundtour

Start im Mittelalter

In der „Stadt der Wasserburgen" Lüdinghausen starten wir an 1 / Burg Vischering (Di–So. Fei 10–18 Uhr, www.burg-vischering.de) direkt mit einem Highlight unserer Tour. Die Ursprünge der malerischen, wassergeschützten Rundburg reichen ins 13. Jh. zurück und seit dem Wiederaufbau nach einem Brand im 16. Jh. wurde sie fast nicht mehr verändert. Ob gleich jetzt oder zum Abschluss – den Rundgang solltest du dir nicht entgehen lassen! Denn sofort wird man beim Entdecken der historischen Gemäuer mit Zugbrücke, Türmchen und Nischen ins aufregende Mittelalter versetzt.

Charakter

Sportlich ●●●○○
Abkühlung ●●●●○
Schlemmen ●●○○○
Panorama ●●●●●

Landschaftskultur

Rauf aufs Rad, jetzt geht's am Rand der Altstadt vorbei und östlich raus aus der Stadt. Wir sind nun

---

◂ links / Spannende Ansichten von Burg Vischering gibt's aus unzähligen Blickwinkeln

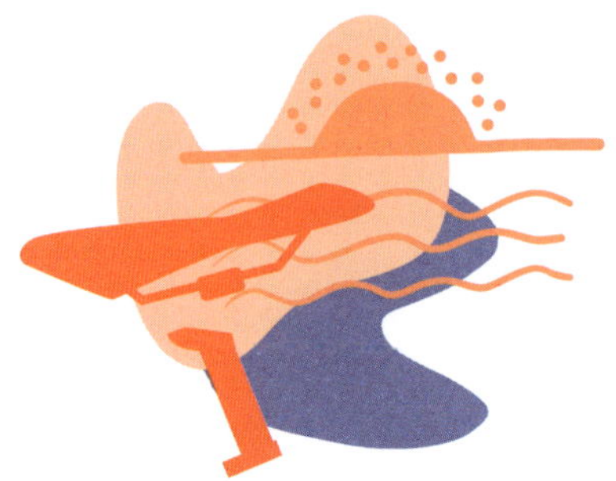

großteils im rot-weißen Wegweisungssystem in leichtem Zickzackkurs südöstlich unterwegs. Meist ungestört vom Autoverkehr geht es auf ruhigen Pättken voran. Entspannt im Sattel erfahren wir, warum die Münsterländer Parklandschaft so heißt, wie sie heißt. Langweilig für die Augen wird es jedenfalls nicht, denn wir erleben ein abwechslungsreiches Mosaik aus bunten Feldern, Weiden, saftigen Wiesen, grünen Wäldern und Hecken. Immer wieder lockern kleine Flüsse und baumbestandene Alleen das Bild auf. Dabei leuchten die hellen Birken in tollem Kontrast zum Grün der Landschaft. Am Wegesrand können wir ab und an urige Fachwerkhöfe mit knorrigen Eichen, alten Obstbäumen und dazwischen grasenden Pferden, Kühen und Schafen entdecken. Wirf an so einem alten Hof unbedingt einen Blick auf die Blumenpracht im traditionellen Bauerngarten – Münsterland pur! Fast streifen wir Nordkirchen am nördlichen Rand und fahren weiter Richtung Naturschutzgebiet Ichterloh. Noch ein Stopp an einer der idyllisch gelegenen Bänke am Wegesrand und weiter geht's, wir haben noch einiges vor.

GRÜNAKUSTIK

Rund um die 2 / „Eiche von Ichterloh" gibt's super Angebote für Familien, das Leben im Wald zu entdecken (z.B. akustischer Rundgang, www.schloesserachse.de).

Alte Eiche mit Aussicht

Nördlich von Capelle führt uns ein gewundener Weg durch artenreichen Waldmeister-Buchenwald. Zur Bärlauchblüte im Frühling ist das hier ein Fest für alle Sinne! Mit etwas Glück entdeckt man einen seltenen, farbenfrohen Schmetterling oder eine der fünf hier lebenden Spechtarten. Der erste Streckenteil ist geschafft, nun können wir uns am lauschigen Picknickplatz beim 2 / Aussichtspunkt an der „Eiche von Ichterloh" stärken und werden mit bequemen Liegen zum Beinehochlegen beim Genießen der weiten Aussicht belohnt.

➤ rechts oben / Auch im Liegen alles im Blick an der „Eiche von Ichterloh" ➤ rechts Mitte / Erntezeit in der Nähe von Lüdinghausen

100+

Auf dieser Tour radelst du zu grandiosen Highlights unter den mehr als 100 Wasserburgen, Schlössern und Gräftenhöfen, die, umgeben von imposanten Gärten und Parks, idyllisch im Münsterland verteilt liegen. Die 100-Schlösser-Route führt dich auf dem Rad zu vielen weiteren dieser beeindruckenden historischen Bauwerke!

Landschaftspark

Die charakeristische, vielfältige Struktur des Münsterlands entstand in Jahrhunderten der Landnutzung und ist heute Markenzeichen und regionale Identität.

Barocke Wasserschlosspracht mit englischem Garten

Ein Besonderes unter 100

Rechts raus aus dem Wald lassen wir es auf den nächsten abschüssigen Kilometern nun erstmal rollen (den Akku freut's!). Nach Querung der Bahnstrecke bei Capelle führt uns eine majestätische Eichenallee bald zum wunderschönen 3 / Schloss Westerwinkel bei Herbern (Außenanlagen frei zug., Kontakt für Führungen im Innenber. s. www.lhmarketing.de). Nimm dir Zeit, das im 17. Jh. als eines der ersten im Barockstil erbauten Wasserschlösser Westfalens zu entdecken. Und spaziere durch den blumengeschmückten Innenhof und den Englischen Garten. Geht's dir auch so, dass du trotz des direkt darin liegenden, gut besuchten Golfplatzes in der ganzen Schlossanlage eine besondere, ruhige Atmosphäre spüren kannst? Mit dem Schloss im Rücken geht's durch einen bewaldeten Bereich des Parks westlich weiter. Wir halten uns nun an die grünen Schloss-Wegweiser und folgen dem Südkurs der 100-Schlösser-Route. Tafeln am Wegesrand stellen hier kleine und große tierische Bewohner des heimischen Waldes vor.

Höchste Baukunst – im Wasser

Hinter Capelle kürzen wir rechts über Gorfelds Placken ein wenig ab (E-Biker können hier weiter der 100-Schlösser-Route folgen, um den Weg ein schönes Stück „durch die Felder" zu verlängern). Rechts ab auf den Grothüser Weg kehren wir bald auf die 100-Schlösser-Route zurück und werden schnurstracks zu einem echten Münsterland-Highlight geführt: Durch den Südeingang des Schlossparks erreichen wir über eine Eichenallee die imposante Kulisse von 4 / Schloss Nordkirchen (Infos & Führungen s. www.schloss.nordkirchen.net). Das Rad bleibt stehen und wir spazieren zu Fuß durch die weitläufige barocke Wasserschlossanlage. So kann man die fürstlichen Bauten von allen Seiten bestaunen und die interessanten Tierskulpturen im Park aus der Nähe anschauen. Entdeckst du das halb sitzende Wildschwein?

Strandfeeling, endlich!

Wir halten uns weiter an die grünen Schloss-Wegweiser und nehmen den westlichen Ausgang aus dem Schlosspark. Vorher kannst du in Nordkirchen kostenlos dein E-Bike laden (am Rathaus, Bohlenstr. 2 sowie am Ludwig-Becker Platz 19, 59394 Nordkirchen).

PARIS?!

Wusstest du, dass 4 / Schloss Nordkirchen auch „Westfälisches Versailles" genannt wird? Das außergewöhnliche, nach französischem Vorbild im 18. Jh. symmetrisch erbaute barocke Wasserschloss trägt den UNESCO-Titel „Gesamtkunstwerk von internationalem Rang".

< links / Die Zufahrt auf Schloss Nordkirchen – aus allen Richtungen spektakulär ^ oben / Entspannte Atmosphäre beim Entdecken von Schloss Westerwinkel

In Selm verlassen wir die 100-Schlösser-Route nach rechts. Bald haben wir erstmals wieder Flusskontakt und fahren ein schönes Pättken an der Funne entlang. Links ab kündigt der Strandweg dann den 5 / Ternscher See (Badestrand & Einkehr im Strandcafé, www.ternschersee.de) an – die perfekte Gelegenheit, sich noch eine Pause zu gönnen: Entspannt die Beine kühlen im Baumschatten am Nordufer oder aktiv eine Runde Stand-up-Paddeln am Südufer – ganz wie du magst.

KOMM PLÜMPSEN!

... so sagt man in Münster für „Ab ins Wasser!". Alles klar, der 5 / Ternscher See kommt zum perfekten Zeitpunkt für eine Abkühlung auf unserer Tour.

Flussbegleitet zur Wasserburgenstadt

Bevor wir uns dann nach Norden wenden, überqueren wir kurz hinter dem See eine 6 / Brücke über die Stever. Für diesen Blick auf die Flussbiegungen lohnt es abzusteigen! Wir befinden uns nun auf der familienfreundlichen SteverLandRoute. Von der Steverquelle in den Baumbergen bis zum Ziel in Haltern am See wird hier an interaktiven Stationen viel Interessantes zum Fluss als Lebensraum erklärt (eigenes Infomaterial für Kinder, www.steverlandroute.de). Kurz über Land und wir sind an der 7 / Brücke Tüllinghoff zurück an der Stever. Vom Rastplatz aus kann man gut die Flusslandschaft und das Treiben auf dem Uferweg beobachten. Den Fluss haben wir bis Lüdinghausen nun

3 WILDE

Nicht weit entfernt von der 6 / Brücke über die Stever liegen die Steverauen Olfen. An schönen Picknick- und Aussichtspunkten sieht man hier Riesenesel, Wildpferde und Heckrinder beim Pflegen des renaturierten Flusslandes. Tolle Natur-Fotomotive und ein schöner Abstecher, der auch Kindern viel Spaß macht.

immer an unserer Seite. Dort streifen wir die Altstadt mit ihren zahlreichen Gässchen und genießen ein Eis mit Blick auf die historische 8 / Borgmühle oder auf einer Bank an der idyllischen Mühlenstever. Nach einer Umrundung der 9 / Renaissanceburg Lüdinghausen (www.burg-luedinghausen.de) erreichen wir wieder Burg Vischering. Zur Stärkung mit Kaffee und Kuchen setzen wir uns hier ins Café Reitstall (www.cafe-terjung.de/café-reitstall). Sobald wir uns dem Burginnenhof nähern, weht uns schon der Duft von Frischgebackenem aus dem urigen Backhaus gegenüber entgegen, wo der erste Brotsommelier des Münsterlands seine Spezialitäten zum Probieren und sein Wissen über Brot mit uns teilt.

TOURENINFO / Die ausgedehnte Tour ist gut geeignet für Familien mit etwas größeren Kindern. Es gibt zahlreiche schöne Haltegelegenheiten, die Länge der Stopps an den Schlössern kann man gut variieren. Zwischendurch werden kurz geschotterte Waldwege befahren. Schöner Wasserstopp am See, also Badesachen einpacken! E-Bike-Ladestationen in Nordkirchen am Rathaus, Bohlenstr. 2 sowie am Ludwig-Becker Platz 19, 59394 Nordkirchen.

< links / Runder Abschluss: die Renaissanceburg Lüdinghausen ^ oben / Brücke über die Stever, unsere heutige Flussbegleitung bis Lüdinghausen

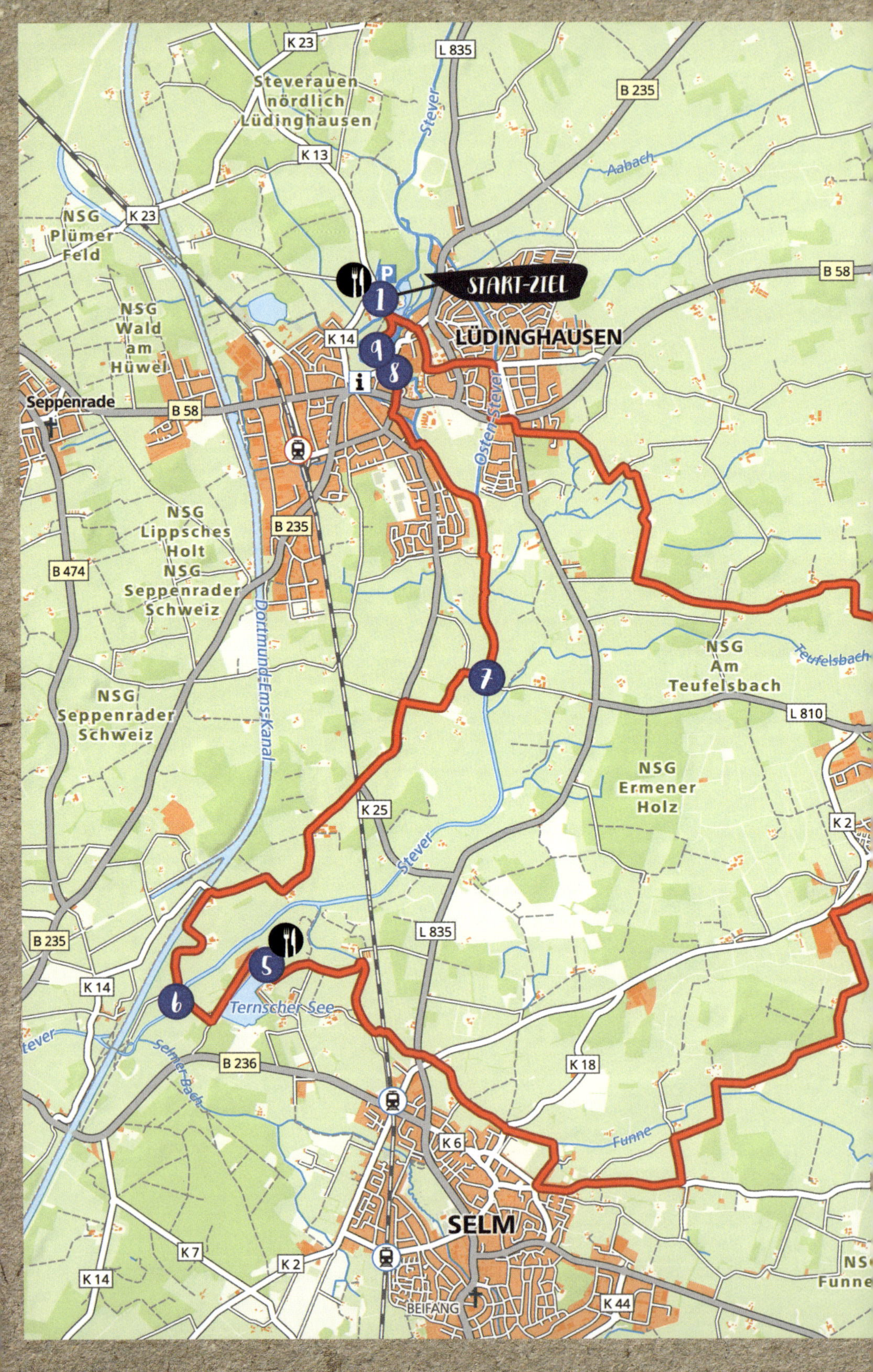
START-ZIEL
LÜDINGHAUSEN
SELM
Seppenrade
BEIFANG
Steverauen nördlich Lüdinghausen
NSG Plümer Feld
NSG Wald am Hüwel
NSG Lippsches Holt
NSG Seppenrader Schweiz
NSG Seppenrader Schweiz
NSG Am Teufelsbach
NSG Ermener Holz
Ternscher See
Dortmund-Ems-Kanal
Stever
Osten-Stever
Aabach
Teufelsbach
Selmer Bach
Funne
K 23
L 835
B 235
K 13
K 23
B 58
K 14
B 58
B 235
B 474
L 810
K 25
K 2
L 835
B 235
K 14
B 236
K 18
K 6
K 7
K 2
K 14
K 44

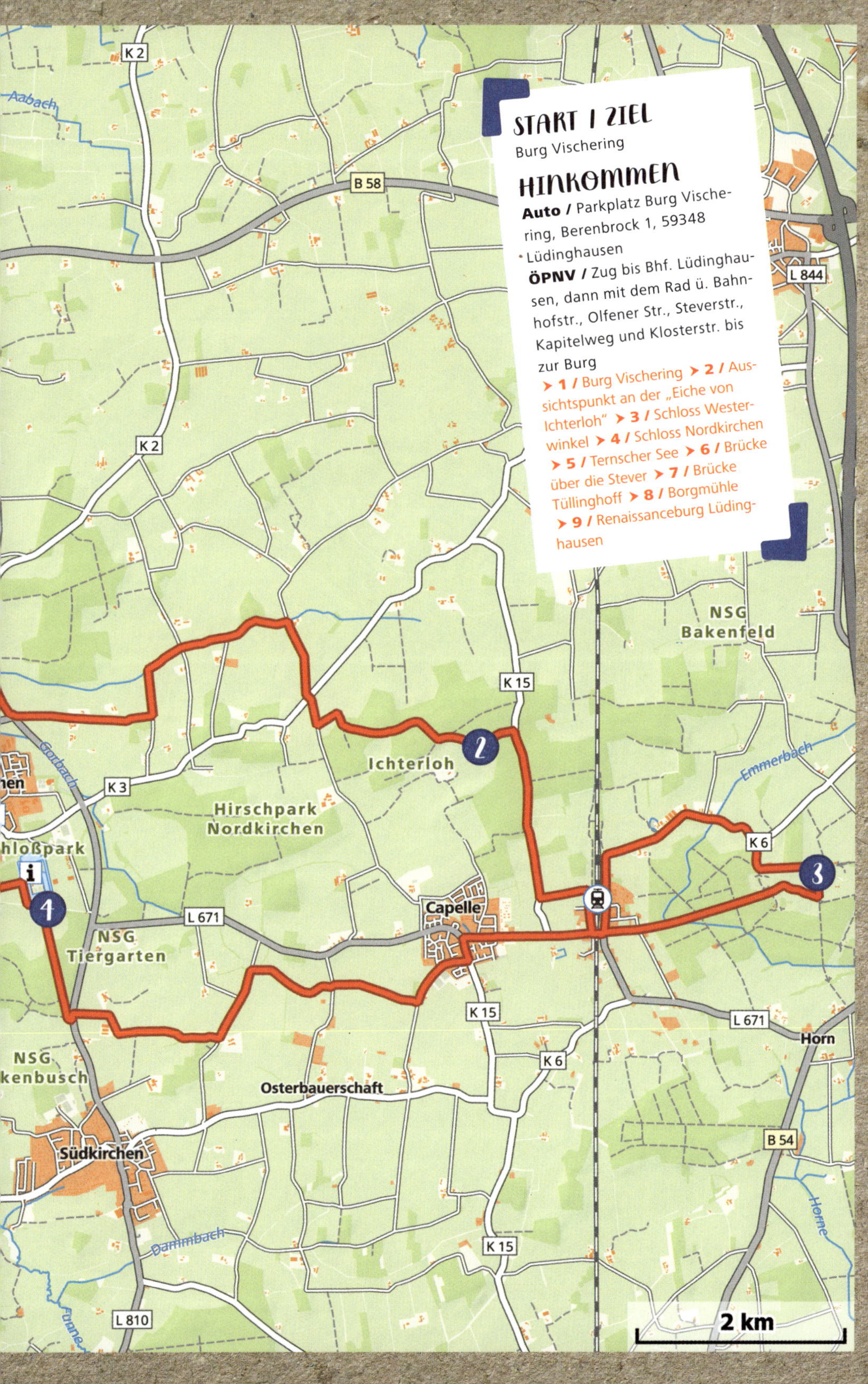
START I ZIEL
Burg Vischering
HINKOMMEN
Auto / Parkplatz Burg Vischering, Berenbrock 1, 59348 • Lüdinghausen
ÖPNV / Zug bis Bhf. Lüdinghausen, dann mit dem Rad ü. Bahnhofstr., Olfener Str., Steverstr., Kapitelweg und Klosterstr. bis zur Burg
➤ 1 / Burg Vischering ➤ 2 / Aussichtspunkt an der „Eiche von Ichterloh" ➤ 3 / Schloss Westerwinkel ➤ 4 / Schloss Nordkirchen ➤ 5 / Ternscher See ➤ 6 / Brücke über die Stever ➤ 7 / Brücke Tüllinghoff ➤ 8 / Borgmühle ➤ 9 / Renaissanceburg Lüdinghausen
K 2
Aabach
B 58
L 844
NSG Bakenfeld
K 15
Ichterloh
Emmerbach
K 3
Hirschpark Nordkirchen
K 6
hloßpark
L 671
Capelle
NSG Tiergarten
K 15
L 671
Horn
K 6
NSG
kenbusch
Osterbauerschaft
B 54
Südkirchen
Horne
Dammbach
K 15
L 810
2 km

PFERDERENNEN

gibt es am zweiten Sonntag im August auf der Drensteinfurter Trabrennbahn im Erlfeld. Für rennsportbegeisterte Pferdefans eine Veranstaltung, die mit roter Tinte im Kalender eingetragen wird.

➤ 1 / Am Bahnhof Drensteinfurt starten wir unsere Tour durch ostmünsterländisches Bauernland

➤ 2 / Beim Schloss Drensteinfurt können wir den Adel grüßen

➤ 3 / An der ehemaligen Synagoge erinnern wir uns der Nazi-Pogrome gegen Juden 1938

➤ 4 / Das St. Joseph-Stift in Sendenhorst grüßt uns – nicht zu übersehen – mit seinem hohen Turm

➤ 5 / Nahe der Pfarrkirche St. Martin entdecken wir den Schlabberpohl und das Fuselpättken

➤ 6 / An den Haardtteichen lassen wir uns gerne bemuttern

➤ 7 / Am Haus Vorhelm sagen wir uns: „Na klar, schon wieder ein Wasserschloss!"

➤ 8 / Beim Schacht Alwine sehen wir die Reste einer einstmaligen hitzigen Goldgräberstimmung

➤ 9 / Mit der Veringsmühle sehen wir den letzten Rest eines alten Rittergutes

➤ 10 / Die St. Lambertus-Kirche in Walstedde zeigt uns, wie man die Kirche im Dorf lässt

➤ 11 / In der Kneipe in Ameke gibt es die letzte Einkehrmöglichkeit vor dem Tourenende

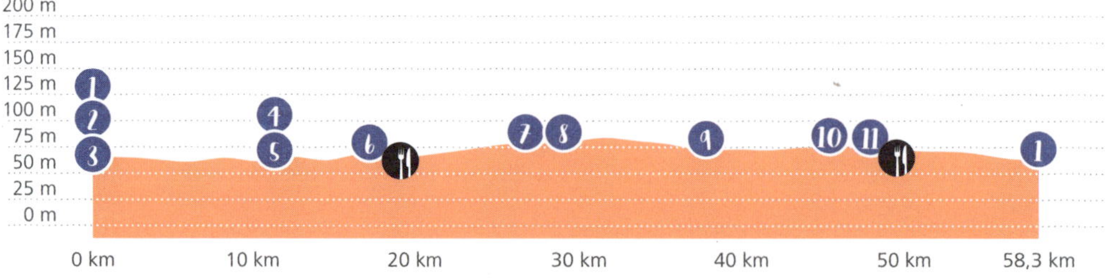

Münsterland, Bauernland

Viel Landwirtschaft um Drensteinfurt und hier und da ein Wasserschloss

Besonders im Kleimünsterland – Klei ist, im Unterschied zu sandigem Gelände, der sehr fruchtbare, schwere Boden – kann man sehen, dass das Münsterland seit jeher Bauernland war und es heute noch ist. Zwar haben sich die landwirtschaftlichen Produktionsbedingungen durch den Einsatz von Technik und Kunstdünger grundlegend gewandelt, die Strukturen der münsterländischen Parklandschaft aber sind so wie eh und je.

58 Kilometer
85 Höhenmeter
5:30 Stunden
Rundtour

CHARAKTER

Sportlich ●●○○○
Abkühlung ●●●○○
Schlemmen ●●●●○
Panorama ●●●●○

Durch Wiesen und Felder nach Sendenhorst

An der Ostseite des 1 / Bahnhofs Drensteinfurt starten wir und fahren beim Knotenpunkt 26 zum Haus Steinfurt, das wir nach 700 m erreichen. Haus Steinfurt bzw. 2 / Schloss Drensteinfurt sind synonyme Begriffe für dasselbe Bauwerk. Genau dort, wo schon im Jahr 1200 eine mittelalterliche Burg gestanden ist, wurde seit dem 16. Jahrhundert diese Adels-Anlage errichtet. Sie ist privat genutzt und nur von außen zu besichtigen. Der Name Steinfurt verweist uns darauf, dass hier zu Zeiten, als man kleinere Fließgewässer noch ohne Hilfe von Brücken queren musste, eine mit Steinen befestigte Furt durch die Werse

◀ links / Kulturlandschaft in Walstedde, einem Stadtteil von Drensteinfurt

und damit an dieser Stelle weit und breit die einzige Übergangsmöglichkeit vorhanden war. Wir fahren das kurze Stück zurück in den Ort und biegen nach links ab Richtung Sendenhorst. Nach wenigen Metern sind wir an der Alten Post. Am besten lassen wir unsere Räder hier stehen, um den alten Ortskern zu Fuß zu erkunden. In der schmalen Synagogengasse hinter der aus dem 18. Jahrhundert stammenden Pfarrkirche St. Regina – ihre Vorläufer reichen zurück bis ins Jahr 1170 – steht die 3 / ehemalige Synagoge von 1872. Das Gebäude, nicht aber das zeremonielle Inventar, hat die zerstörerischen Nazi-Brandstiftungen 1938 überstanden. Sie ist eine der wenigen noch originalgetreu erhaltenen Synagogen im Münsterland. Wir verlassen nun Drensteinfurt und fahren – viel Landwirtschaft um uns herum – nach Sendenhorst (➤ 62, 6). Nichts deutet bei unserer Fahrt durch die Felder darauf hin, dass hier, zwischen Drensteinfurt, Albersloh und Sendenhorst, Anfang der 1970er Jahre einmal der Westfalen-Airport entstehen sollte; es sollte ein internationaler Flughafen werden, projektiert waren 40 Millionen Fluggäste und 500.000 Flugbewegungen pro Jahr … Nein, dies ist keine Fake-Info! Gescheitert ist das Projekt letztendlich daran, dass die Briten aufgrund der seinerzeit noch geltenden Vorbehaltsrechte der Alliierten darauf beharrten, in diesem Gebiet – Ironie der Geschichte – militärische Tiefflugübungen durchführen zu können. Wieder zurück in die Jetztzeit: Wir fahren weiter durch Felder und Wiesen, alles Elemente der münsterländischen Parklandschaft, und kommen nach Sendenhorst. Am Westrand der Stadt liegt das 4 / St. Joseph-Stift, das durch seinen imposanten Turm kaum zu übersehen ist. Heute beherbergt der Gebäudekomplex eine in ganz Deutschland geschätzte Klinik für Orthopädie und Rheumatologie.

DREINGAU

So hieß vor 2000 Jahren das sächsische Gebiet, in dem sich Dre(i)nsteinfurt befindet. Und darauf besinnt man sich hier heute noch – so heißt, zum Beispiel, die lokale Zeitung Dreingau-Zeitung.

➤ rechts oben / Schloss Drensteinfurt
➤ rechts Mitte / Skulptur eines Rennpferds in Drensteinfurt

16.000

So viele Einwohner etwa hat Drensteinfurt mit seinen Ortsteilen Rinkerode und Walstedde. Das Städtchen liegt verkehrsgünstig zwischen den größeren Städten Münster im Norden und Hamm im Süden. Daher gibt es eine hohe Zahl von Drensteinfurterinnen und Drensteinfurtern, die zur Arbeit dorthin pendeln.

Kleibauern

So nannte man vor der Zeit der intensiven Behandlung der Böden mit Mineraldünger diejenigen Landwirte, die die fruchtbaren und ertragreichen (Klei-)Böden bewirtschafteten. Dagegen waren die Sandhasen, die Bauern mit sandigen Böden, arme Schlucker.

Strassen, die Geschichten erzählen

Schlabberpohl, Fuselpättken, Liebesgasse & Verlobungsweg

Über Weststraße und Kirchstraße kommen wir zum Wasserspiel hinter der neugotischen 5 / Pfarrkirche St. Martin. Hier können wir unsere Räder abstellen, eine Pause einlegen und die nähere Umgebung ein wenig zu Fuß erkunden. Die Größe der Kirche St. Martin zeigt uns, dass Sendenhorst, wenn auch eine kleine Stadt, eine herausgehobene Bedeutung hatte. Nun führt uns eine amüsante Schmunzel-Geh-Runde über das Fuselpättken – hier gab es früher mal zwei Schnapsbrennereien – und den Schlabberpohl – hier sammelte sich zu Zeiten unbefestigter Wege und nicht vorhandener Kanalisation gerne das Regenwasser – bis zum Kühl. Diese Straße liegt geringfügig tiefer als das Gelände der Kirche in einer mit bloßem Auge nicht sichtbaren Kuhle. Wir könnten auch noch durch die Liebesgasse gehen, an deren Ende früher ein lauschiges Gebüsch und ein Heuschober zu finden waren. Am Fuselpättken finden wir auch den einen oder anderen einladenden Biergarten. Wir setzen unsere Radtour fort und fahren auf der Kirchstraße zurück bis zur Westseite der St. Martin-Kirche; ab dort geht es über die

Nordstraße in Richtung Ennigerloh und 12. Wir erreichen das Naturschutzgebiet 6 / Haardtteiche, wo die Gaststätte „Waldmutter" liegt. Wenn wir wollen, können wir uns hier bemuttern lassen … Richtung 86 und 70 setzen wir unsere Fahrt fort und kommen in die Ortsmitte von Vorhelm. Über schmale Pättken, Richtung Enniger und 8, erreichen wir das Wasserschloss 7 / Haus Vorhelm. Die Ursprünge dieses Adelssitzes reichen bis ins 15. Jahrhundert. Wir begeben uns zurück Richtung Kirche und fahren über den Verlobungsweg bis 51. Verlobungsweg: Was für ein hübscher Name! Was will er uns sagen? Vielleicht dies: Im gut münsterländisch-katholisch sortierten Dorf Vorhelm endet eine Verlobung nach dem Gang durch den heimeligen Verlobungsweg zur St. Pankratius-Kirche ganz selbstverständlich mit der dort zu besiegelnden Hochzeit. Beim Knotenpunkt 51 fahren wir in Richtung Ahlen und 1 und kommen zum 8 / Schacht Alwine, einem sehr interessanten Punkt: Seit 1875 herrschte hier und an etlichen weiteren Stellen in diesem Teil des Münsterlands für einige Jahre Goldgräberstimmung. Man hatte unter den Äckern das seltene Mineral Strontianit gefunden und baute es ab. Strontianit wurde bei der Herstellung von Zucker aus Rüben benötigt und war begehrt. 1883 war der Spuk allerdings bereits zu Ende: Man hatte herausgefunden, dass das

1837

wurde der aus dem 7 / Haus Vorhelm stammende Clemens August von Droste Vischering, seit 1835 Erzbischof von Köln, verhaftet. Der Grund: Er weigerte sich beharrlich, von den – protestantischen – Preußen als Landesherren erlassene Gesetze und Vorschriften zur konfessionellen Mischehe zu befolgen.

< links / Fuselpättken in Sendenhorst ^ oben / Haus Vorhelm

wesentliche billigere Coelestin verfahrenstechnisch bei der Zuckergewinnung den gleichen Zweck erfüllte.

Kirche, Kneipe, Kornbrennerei

Wir fahren über die Strontianitstraße in westliche Richtung, nach links auf die Dorffelder Straße und gelangen über den Vorhelmer Weg zur Warendorfer Straße. Wir wenden uns nach links bis zum Konrad-Adenauer-Ring und folgen diesem bis zur Werse. Am Flüsschen fahren wir nordwestlich Richtung Walstedde und 45. Wir erreichen die 9 / Veringsmühle. Die Mühle stammt aus der zweiten Hälfte des 17. Jahrhunderts und gehörte einstmals zum Rittergut Seppenhagen, von dem heute keine Gebäude mehr erhalten sind. Weiter radeln wir in Richtung 58 und kommen nach Walstedde. In der Dorfmitte, an der 10 / St. Lambertus-Kirche und um sie herum, sollten wir etwas verweilen. In der Kirche, die ihren Ursprung in romanischer Zeit hat, gibt es ein Triumphkreuz mit einem lebensgroßen aus Eichenholz geschnitzten Korpus aus dem 12. Jahrhundert. In unmittelbarer Nähe der Kirche finden wir auch noch das, was für die alten münsterländischen Dörfer so typisch ist: Mindestens eine Kneipe

HAUS VENNE

Das Wasserschloss ist einen kleinen Abstecher wert. Wir fahren nach Überqueren der Bahn und Erreichen des Punkts in Mersch, an dem wir nach rechts abbiegen, einfach noch 500 m weiter geradeaus. Rechts der Straße liegt das heute der Adelsfamilie von Ascheberg gehörende Anwesen.

In diesem Jahr wurde die Kornbrennerei Eckmann in Walstedde gegründet. Nach wie vor wird sie als Familienbetrieb geführt. In der Brennerei gibt es einen dazugehörenden Laden (Mo–Fr 10–17, Sa 9–12 Uhr, www.brennerei-eckmann.de)

im Schatten des Kirchturms. Und im Falle Walstedde kommt noch ein drittes „K" hinzu, die Kornbrennerei nämlich. Wir fahren weiter nach Westen (➤ 71). In 11 / Ameke kommen wir erneut an zwei „Ks" vorbei: Kirche links, Kneipe rechts vom Weg. Hier besteht für uns die Möglichkeit – letztmalig, bevor wir wieder in Drensteinfurt ankommen –, eine Einkehrpause zu machen. Vor der Bahnlinie Münster–Hamm wenden wir uns nördlich (➤ 93) und kommen in die Bauerschaft Mersch. Diese Bauerschaft, eine Ansammlung von einigen Bauernhöfen, hebt sich von anderen Bauerschaften dadurch ab, dass sie einen Bahnhof (genauer: einen Haltepunkt) an der Bahnlinie hat. Dass es hier auch ein Wasserschloss gibt, das Haus Venne nämlich, ist in der Schlösser-Hochburg Münsterland eher weniger ungewöhnlich. Wir queren die Bahnlinie und absolvieren nun noch das letzte Stück des Wegs bis zum 1 / Bahnhof in Drensteinfurt.

TOURENINFO / Komplett flache Strecke. Wir fahren zum größten Teil auf ruhigen Bauerschaftswegen mit geringem Anliegerverkehr, hin und wieder auf straßenbegleitenden Radwegen.

‹ links / Kornbrennerei Eckmann ^ oben / St. Lambertus-Kirche

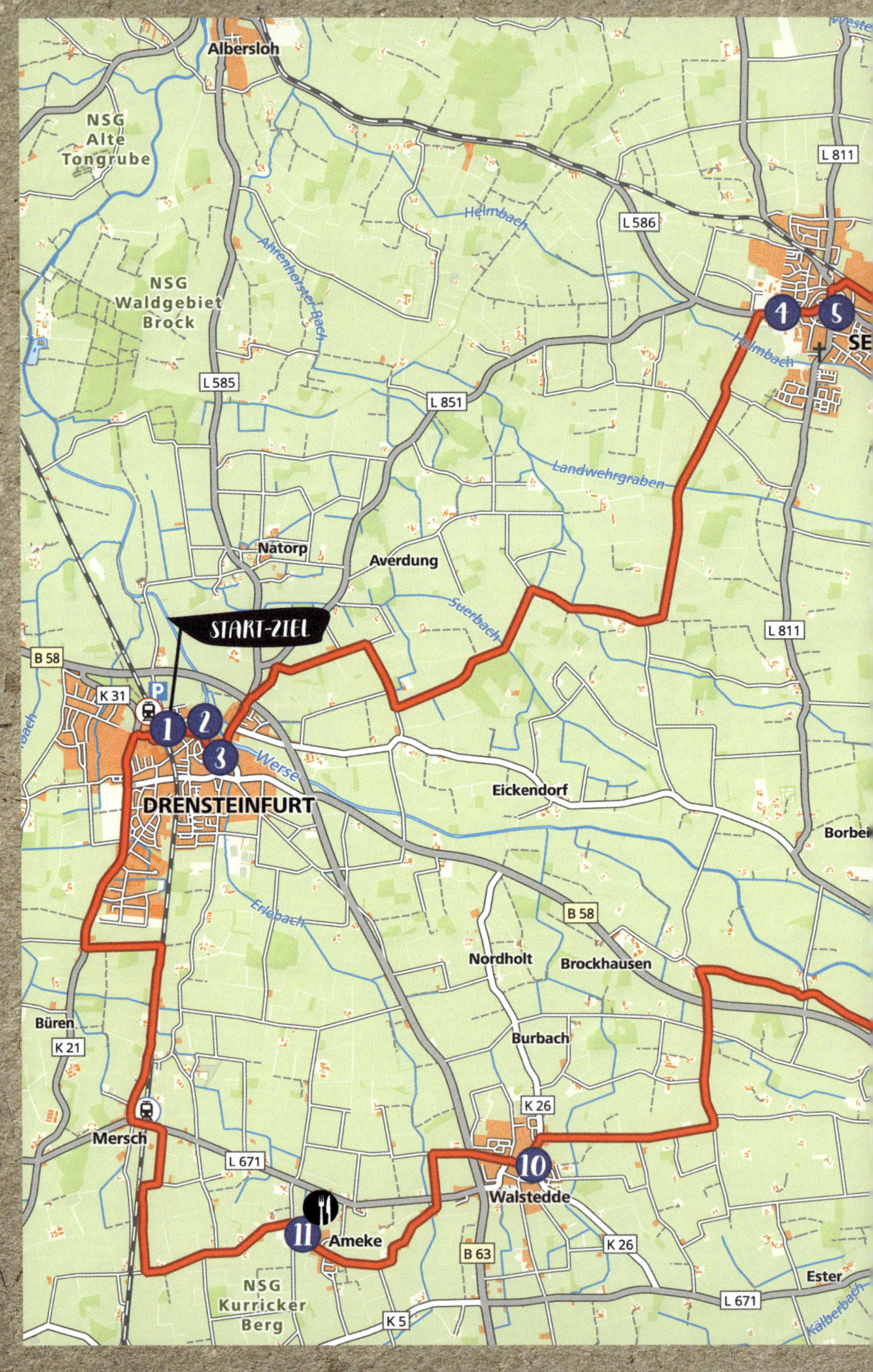

Albersloh
NSG
Alte
Tongrube
NSG
Waldgebiet
Brock
Helmbach
Ahrenhorster Bach
L 585
L 851
L 586
L 811
Helmbach
SE
Landwehrgraben
Natorp
Averdung
Suerbach
START-ZIEL
B 58
K 31
P
L 811
Werse
Eickendorf
DRENSTEINFURT
Borbe
Erlebach
B 58
Nordholt
Brockhausen
Büren
K 21
Burbach
K 26
Mersch
L 671
Walstedde
Ameke
B 63
K 26
NSG
Kurricker
Berg
K 5
L 671
Ester
Kälberbach

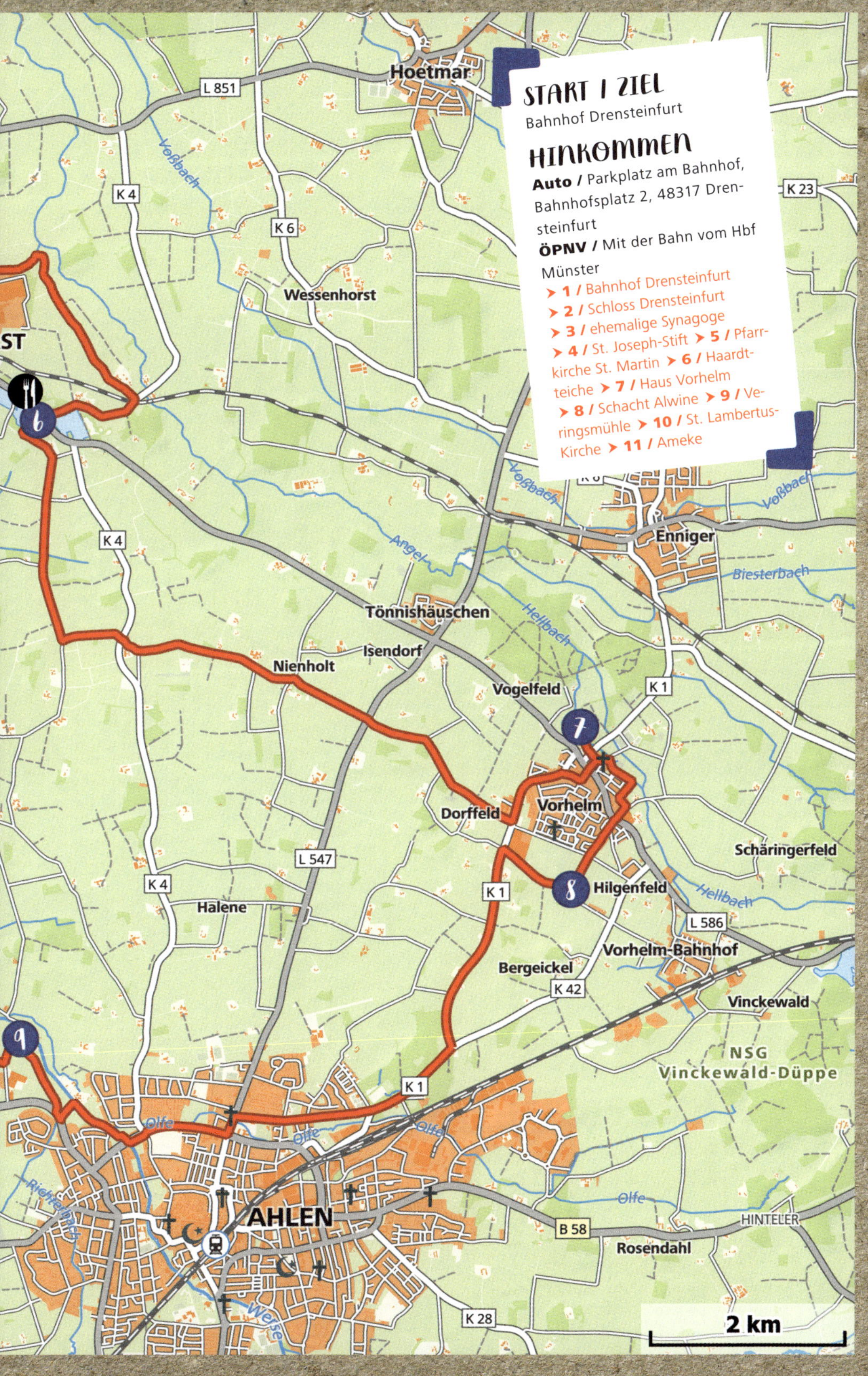
START / ZIEL
Bahnhof Drensteinfurt
HINKOMMEN
Auto / Parkplatz am Bahnhof, Bahnhofsplatz 2, 48317 Drensteinfurt
ÖPNV / Mit der Bahn vom Hbf Münster
➤ 1 / Bahnhof Drensteinfurt
➤ 2 / Schloss Drensteinfurt
➤ 3 / ehemalige Synagoge
➤ 4 / St. Joseph-Stift ➤ 5 / Pfarrkirche St. Martin ➤ 6 / Haardtteiche ➤ 7 / Haus Vorhelm
➤ 8 / Schacht Alwine ➤ 9 / Veringsmühle ➤ 10 / St. Lambertus-Kirche ➤ 11 / Ameke
Hoetmar
L 851
K 23
K 4
K 6
Wessenhorst
RST
Voßbach
Angel
Enniger
Biesterbach
Tönnishäuschen
Hellbach
Isendorf
Nienholt
Vogelfeld
K 1
Dorffeld
Vorhelm
Schäringerfeld
L 547
Halene
Hilgenfeld
L 586
Vorhelm-Bahnhof
Bergeickel
K 42
Vinckewald
NSG
Vinckewald-Düppe
Olfe
Richterbach
AHLEN
B 58
HINTELER
Rosendahl
Werse
K 28
2 km

INNEHALTEN

Mein Highlight ist die Idylle der Ems, die sich besonders am Emswehr oder der Hermanns-Brücke bei einer kurzen Verschnaufpause genießen lässt. Das Plätschern des Wassers und die Geräusche der Tierwelt lassen mich vom Alltag abschalten.

➤ **1 /** Unsere Tour startet und endet am Bahnhof Warendorf

➤ **2 /** Am Marktplatz Warendorf beeindrucken die historischen Hausfronten

➤ **3 /** Die Idylle des Emsseeparks in Warendorf erzählt von Hochwasserschutz und Renaturierung

➤ **4 /** Wir radeln durch die renaturierten Emsauen

➤ **5 /** Ein Motorrad von 1898? Zu sehen im Motorradmuseum Beckmann

➤ **6 /** Im Restaurant Heidehof können wir eine Pause einlegen

➤ **7 /** Wir queren die Ems am Emswehr Kuhstraße

➤ **8 /** Kuchen schlemmen im Café & Konditorei Tortenliebe in Harsewinkel

➤ **9 /** Entspannen am Schwanenteich in Harsewinkel

➤ **10 /** Frösche quaken hören im Naturschutzgebiet Am Sundern

➤ **11 /** Von der Brücke in Sassenberg den Blick auf den Kirchturm von St. Johannes genießen

➤ **12 /** Letzte Emsquerung über die Hermanns-Brücke

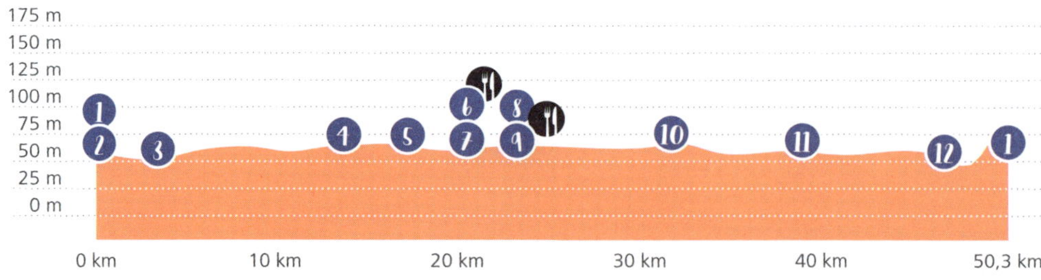

EMSERFAHRUNG

Von Warendorf entlang der Ems in die Stadt der Mähdrescher

Unsere Runde startet in Warendorf, der Stadt der Pferde. Im nordöstlichen Teil des Münsterlands gelegen, ist sie bekannt für ihre Reitgestüte und Reitsportveranstaltungen, wie beispielsweise das Bundeschampionat oder die Hengstparade. Je nachdem in welchem Zeitraum man diese Tour macht, muss man sich nicht über die Vielzahl der Pferde auf den Weiden und Koppeln wundern.

50 Kilometer
80 Höhenmeter
3 Stunden
Rundtour

Start in der Stadt an der Ems

Wir beginnen unsere Fahrt am 1 / Bahnhof Warendorf. Dieser lässt sich mit der Regionalbahn im Stundentakt aus Münster oder aus Richtung Rheda-Wiedenbrück anfahren. Für die Anreise mit dem Auto gibt es einen großen kostenlosen Park+Ride-Parkplatz in direkter Nähe. Schwingen wir uns also aufs Rad und machen uns auf den Weg. Durchs mittelalterliche Straßen- und Stadtbild der ehemaligen Hansestadt erreichen wir bereits nach wenigen Metern den 2 / Marktplatz Warendorf, den Bauwerke aus sechs verschiedenen Jahrhunderten flankieren. Falls noch Wegzehrung notwendig ist: Samstags ab 8 Uhr ist Wochenmarkt.

CHARAKTER

Sportlich ●○○○○
Abkühlung ●●●○○
Schlemmen ●●○○○
Panorama ●●○○○

‹ links / Warendorf an der Ems

Durch die Emsauen

Versorgt mit regionalen Köstlichkeiten fahren wir geradeaus weiter ans Emsseeufer. Eingebettet in eine großzügige Parkanlage wurde der Emssee 1974 zur Absicherung gegen Hochwasser fertiggestellt. Nach rechts durch den 3 / Emsseepark geht es zuerst am Seeufer und dann am nördlichen Flussufer in Richtung Osten. Gerade am frühen Morgen an einem wolkenfreien Tag ein wunderschöner Auftakt in Richtung Sonne. Da die Ems und ihre 4 / Emsauen in den letzten zwei Jahrzehnten aufwendig renaturiert wurden, können wir unsere Radtour nicht direkt am Ufer entlang fortführen, sondern haben stets ein klein wenig Abstand zum Gewässer. Die dazwischenliegenden Flächen werden zum Hochwasserschutz und als Rückzugsort für Flora und Fauna freigehalten.

DRACHEN UND HIRSCHE

Neben dem historischen Rathaus ragen am 2 / Marktplatz Treppen- und Blendgiebel in den Himmel. Drachenköppe und ein prunkvoller Hirsch auf den Häuserfasaden erzählen vom Reichtum der alten Hansestadt Warendorf.

Von Pferdestärken

Immer weiter entlang des Warendorfer Landwegs radeln wir nach Osten. Vorbei am Gut Emstal, einem beeindruckenden Pferdehof, der allerdings im Privatbesitz ist und nicht besichtigt werden kann. Der Blick von außen lohnt dennoch. Kurz bevor wir den Ort Greffen erreichen, wechseln wir auf die südliche Uferseite der Ems. Während wir kurzfristig den Radweg entlang der Beelener Straße nutzen, erreichen wir etwa bei Kilometer 13 das 5 / Motorradmuseum Beckmann (Ostern–Okt. So 11–17 Uhr, Beelener Straße 32, 33428 Harsewinkel, Tel. 02588 1381). Für Interessierte ist dies ein schöner Rückblick in die Geschichte motorisierter Zweiräder. Das Ehepaar Beckmann hat 200 Motorräder aus der ersten Hälfte des 20. Jahrhunderts zusammengetragen. Wer das Museum besichtigen möchte, kann dies außerhalb der regulären Öffnungszeiten auch nach telefonischer Vereinbarung tun.

➤ **rechts oben / Der Emssee bei Warendorf**
➤ **rechts Mitte / Motorradmuseum Beckmann**

371 km

Die Ems, die „Hauptwasserader" des Münsterlands, legt von ihrer Quelle in der Senne in Westfalen bis zur Mündung in die Nordsee 371 km zurück, davon sind 206 km schiffbar. In den 1930ern wurde sie stark begradigt und ihr Bett befestigt, um durch die schnellere Fließgeschwindigkeit Überschwemmungen zu verhindern. Mittlerweile geht man den umgekehrten Weg mit Renaturierungsprojekten.

LUFTZIRKUS

Jedes Jahr zu Pfingsten findet am **Modellflugplatz Ikarus Harswinkel** der internationle Luftzirkus statt, eine der größten Modellflugveranstaltungen in Europa. Mehrere Tausend Besucherinnen und Besucher erleben Flugshows aller Modellflugsparten.

DEN MODELLFLIEGERN NACH ÜBER DIE EMS

Wir rollen übers Land

Über den Haar- erreichen wir den Körkesweg, der uns in einiger Entfernung parallel zum Emsverlauf führt. Wir passieren die Felder, kleinen Waldstreifen und Wiesen des Gebiets Überems und können im 6 / Restaurant Heidehof (Unterried 67, 6444 Oberried) einkehren. Vor dem nächsten Wechsel der Uferseite kommen wir über Kortenhegge und Kuhstraße zum Modellflugplatz Ikarus Harsewinkel. Bei gutem Wetter und nicht zu starken Windböen lassen sich hier Hobbybastler und Pilotinnen dabei beobachten, wie sie ihre Miniaturen über die Start- und Landebahn und durch die Lüfte schicken. Bereits wenige Meter nach dem Modellflugplatz überqueren wir mit dem 7 / Emswehr Kuhstraße, einer Staustufe mit Fischtreppe, abermals den Fluss. Die ruhige Lage ist ein passender Platz für eine kurze Verschnaufpause mit Blick auf das plätschernde Wasser.

In die Stadt der Mähdrescher

Rund einen Kilometer nach der Emsüberfahrt biegen wir rechts in den Mühlenwinkel ab und gelangen in eines der Industriegebie-

te Harsewinkels. Wir radeln weiter in Richtung Stadtzentrum von Harsewinkel, das für einen großen Hersteller von Landmaschinen bekannt ist. Falls nun der Appetit für ein Stück Kuchen mit Kaffee kommt, finden wir in der Innenstadt nur wenige hundert Meter vor dem Kirchplatz das kleine Café 8 / Tortenliebe (Do–So 12–17 Uhr, Brentrups Garten 1, 33428 Harsewinkel, Tel. 05247 4061890, tortenliebe-cafe.de), das nicht umsonst so heißt. Donnerstags bis Sonntags lassen sich dort ab der Mittagszeit Köstlichkeiten aus der Welt der Konditorei genießen. Alternativ (oder zusätzlich?) können wir im Eiscafé Dammann direkt an der Kirche zuschlagen und uns noch ein Eis holen. Gestärkt von Kuchen oder Eis geht es auf unserer Emserfahrung zum 9 / Schwanenteich. Dieser liegt in den städtischen Parkanlagen Harsewinkels, die sich entlang der Ems durch die Stadt ziehen.

Halbzeit

Etwa die Hälfte unserer Route haben wir nun bereits geschafft und setzen die Fahrt in Richtung Westen fort. Abermals steuern wir Greffen an, umfahren den Ort aber nördlich. Dafür können wir sowohl vor als auch nach Greffen mit zwei schönen Seen, dem Baggersee Fehlesee, einem beliebten Anglerspot, und dem im gleich-

KM 22

Gegenüber vom 8 / Café Tortenliebe in die Straße hinein kommen wir zum Rathaus, vor dem das Spökenkierkerdenkmal an den legendenumwobenen Spökenkierker Anton Westermann erinnert, die Symbolfigur Harsewinkels. Mehr zu Spökenkieker erfährst du auf Tour 4.

< links / Schutzhütte bei Überems
^ oben / Café Tortenliebe in Harsewinkel

namigen Natuschutzgebiet liegenden Baggersee Greffener Mark, die Natur genießen. Zudem durchkreuzen wir das 10 / Naturschutzgebiet Am Sundern, das beidseitig neben unserer Route verläuft und vor allem dem Grasfrosch und dem Graureiher ein Zuhause bietet. Zwischen Feldern hindurch kommen wir in den Ort Sassenberg. Wer zu diesem Zeitpunkt die Radtour noch ein Stück weit strecken möchte und eine Badestelle sucht, dem sei das Erholungsgebiet Feldmark mit dem dazugehörigen Strandbad Feldmarksee zu empfehlen. Dieses liegt rund einen Kilometer abseits der Route in nordöstlicher Richtung. Zu erreichen ist der Feldmarksee über die Straße Klingenhagen, die vom Kreisverkehr abzweigt, der direkt nach Überquerung des Flusses Hessel im Innenstadtgebiet von Sassenberg auf uns wartet. Die 11 / Brücke über die Hessel mit dem Blick auf den Kirchturm von St. Johannes ist ebenfalls für eine kurze Verschnaufpause geeignet.

FROSCH QUERT!

Jedes Frühjahr wandert eine große Anzahl von Erdkröten, Grasfröschen, Wasserfröschen und Teichmolchen aus der Umgebung zu den Gewässern im 10 / NSG Am Sundern, um dort zu laichen. Zu dieser Zeit wird die durch das Gebiet führende Straße nachts gesperrt.

Zurück zur Ems und nach Warendorf

Unabhängig von einem Stopp am See geht unsere Tour weiter in Richtung Westen zurück nach Warendorf. Dabei umkreisen wir das Waldgebiet Tönneburg und fahren vorbei am Schieß-

Der im Jahr 1121 als Motte, als Erdhügelburg, errichtete Sassenberg war von etwa 1300 bis zur Säkularisation 1803 Landesburg, Amtssitz und für die letzten 150 Jahre sogar Nebenresidenz der Fürstbischöfe von Münster.

platz des Bogensportvereins Warendorf nach Süden wieder auf die Ems zu. Über die 12 / Hermanns-Brücke kommen wir auf die südliche Seite des Emsufers. Dort finden wir für ein paar wenige Meter einen schmalen Pfad anstelle eines gut ausgebauten Radwegs vor. Im Zweifel schiebt man das Rad hier für ein kurzes Stück. Sobald die Rückseite des dortigen Campingplatzes erreicht ist, beginnt wieder der breite Radweg und wir können die letzten Meter entlang der Ems auf dem Weg zurück zum Startpunkt genießen. Wer nicht zurück zum 1 / Bahnhof Warendorf möchte, findet in unmittelbarer Nähe der Ems an der Straße Wiesengrund einen Wohnmobilstellplatz oder kehrt zum Abschluss der Tour noch in einem der Gastronomiebetriebe in der Warendorfer Innenstadt ein.

TOURENINFO / Die Tour verläuft zu ungefähr 2/3 auf glattem Asphalt oder glatter Straßenoberfläche, zu 1/3 auf Waldboden oder geschotterten bzw. wassergebundenen Decken. Ein sehr schmaler Fahrradreifen, wie bei einem Rennrad, ist hier weniger optimal.

< links / Hermanns-Brücke über die Ems
^ oben / Landschaft bei Sassenberg

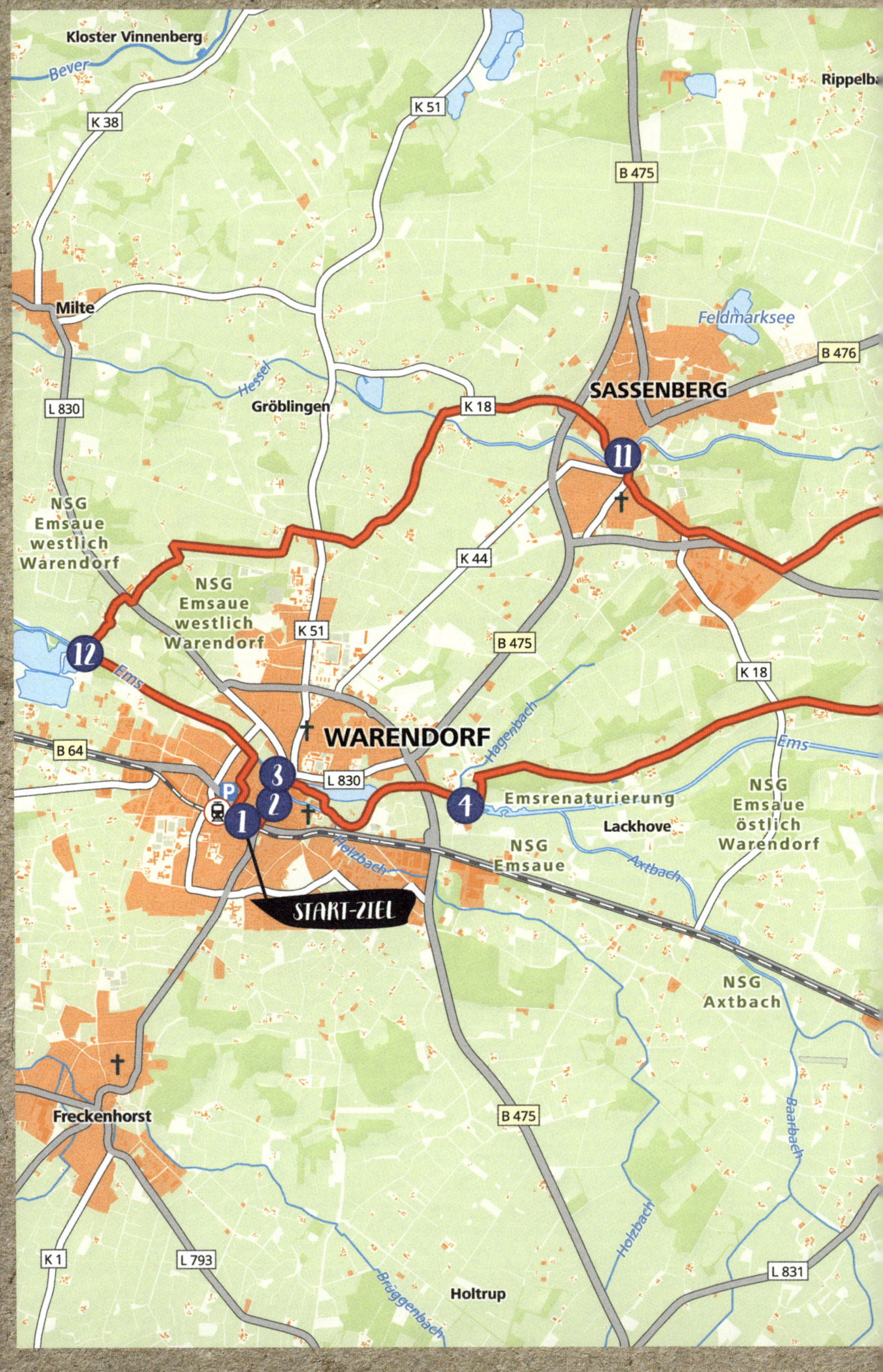

Kloster Vinnenberg
Bever
K 38
K 51
Rippelba
B 475
Milte
Feldmarksee
B 476
Hessel
SASSENBERG
Gröblingen
K 18
L 830
11
NSG
Emsaue
westlich
Warendorf
K 44
NSG
Emsaue
westlich
Warendorf
K 51
B 475
12
K 18
Ems
Hagenbach
WARENDORF
B 64
Ems
3
L 830
P
2
4
Emsrenaturierung
NSG
Emsaue
östlich
Warendorf
1
Lackhove
NSG
Emsaue
Holzbach
Axtbach
START-ZIEL
NSG
Axtbach
Freckenhorst
B 475
Baarbach
Holzbach
K 1
L 793
L 831
Holtrup
Brüggenbach

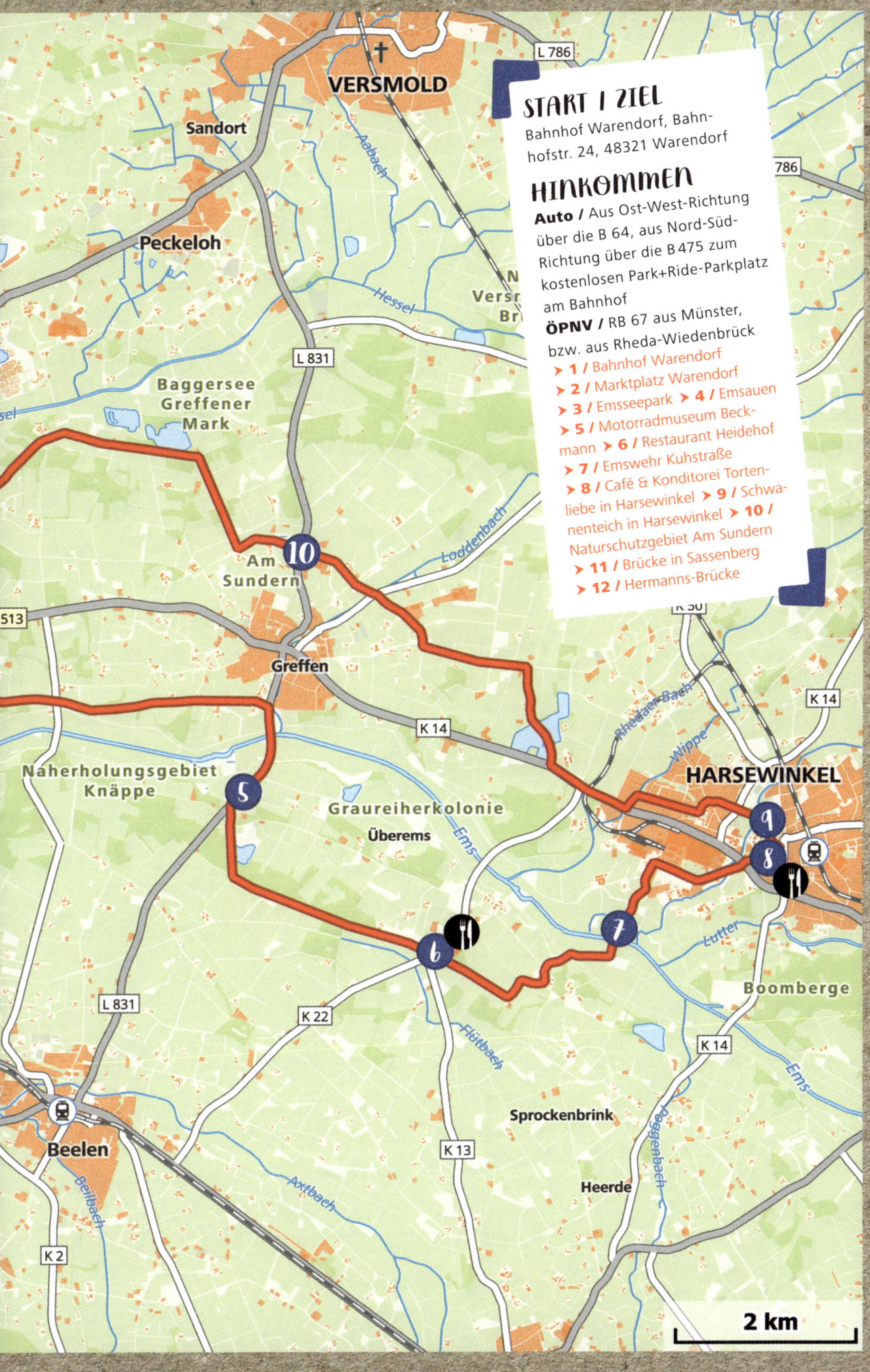
START / ZIEL
Bahnhof Warendorf, Bahnhofstr. 24, 48321 Warendorf
HINKOMMEN
Auto / Aus Ost-West-Richtung über die B 64, aus Nord-Süd-Richtung über die B 475 zum kostenlosen Park+Ride-Parkplatz am Bahnhof
ÖPNV / RB 67 aus Münster, bzw. aus Rheda-Wiedenbrück
➤ 1 / Bahnhof Warendorf
➤ 2 / Marktplatz Warendorf
➤ 3 / Emsseepark ➤ 4 / Emsauen
➤ 5 / Motorradmuseum Beckmann ➤ 6 / Restaurant Heidehof
➤ 7 / Emswehr Kuhstraße
➤ 8 / Café & Konditorei Tortenliebe in Harsewinkel ➤ 9 / Schwaneteich in Harsewinkel ➤ 10 / Naturschutzgebiet Am Sundern
➤ 11 / Brücke in Sassenberg
➤ 12 / Hermanns-Brücke
VERSMOLD
Sandort
Peckeloh
L 786
786
Aabach
Hessel
L 831
Baggersee Greffener Mark
Loddenbach
Am Sundern
513
Greffen
K 14
Rhedaer Bach
Wippe
HARSEWINKEL
Naherholungsgebiet Knäppe
Graureiherkolonie
Überems
Ems
Lutter
Boomberge
L 831
K 22
Flütbach
K 14
Beelen
Sprockenbrink
K 13
Axtbach
Beilbach
Poggenbach
Heerde
K 2
2 km

KUCHENZEIT!

Gerade zur Erdbeerzeit freue ich mich darauf, mich gegen Ende der Radtour am Hofcafé Löbke mit Kuchen zu belohnen.

➤ **1 /** Wir starten auf unsere Rundtour am Bahnhof Ibbenbüren

➤ **2 /** Überregional für zeitgenössische Kunst bekannt: DA, Kunsthaus Kloster Garvenhorst

➤ **3 /** Besuch bei den Alpakas auf der Smiley Eyes Alpaka Ranch

➤ **4 /** Wir queren das Nasse Dreieck mit schönem Ausblick auf Mittellandkanal und DEK

➤ **5 /** Klein, aber fein: Schloss Surenburg mit schöner Gartenanlage

➤ **6 /** Durch Teichlandschaften wandeln in den Naturagart Landschaftsgärten

➤ **7 /** Dörenther Klippen: die Aussicht vom Hockenden Weib genießen oder im Biergarten einkehren

➤ **8 /** Für einen Adrenalinkick in den Freizeitpark Sommerrodelbahn

➤ **9 /** Die Zehen in den Sand stecken bei der Strandbar Ibbgoesbeach am Aasee

➤ **10 /** Für Kaffee und Kuchen ins Hofcafé Löbke

➤ **11 /** Das ehemalige Bergwerk Ibbenbüren dominiert die Landschaft

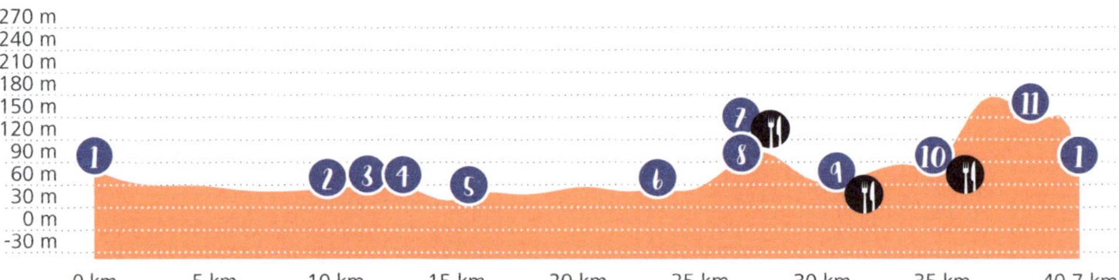

Bergwerk & Kanal-dreieck

Entlang der großen Wasserstraßen zum ehemaligen Bergwerk Ibbenbüren

Wasserwege und steile Steine: An Aa und Kanal entlang zu den Dörenther Klippen erkunden wir die Ausläufer des Teutoburger Walds und begutachten das vom ehemaligen Bergbau geprägte Tecklenburger Land. Rund um den Naturpark TERRA.vita wird man für die sportlichen Anstrengungen mit schönen Panoramablicken belohnt.

41 Kilometer
350 Höhenmeter
3 Stunden
Rundtour

Entlang der Dreiwalder Aa

Den Auftakt macht der 1 / Bahnhof in Ibbenbüren. Wir starten auf seiner Nordseite, abgewandt von der Innenstadt. Wahlweise kommen wir mit dem Rad aus dem Zug oder vom kostenlosen Park+Ride-Parkplatz. Wir starten nach rechts, umrunden den Bahnhof, kreuzen die Gleise und radeln entlang der Innenstadt in Richtung des grünen Bands von Aasee und Ibbenbürener Aa, das die Stadt von der A 30 trennt. Beim Aasee, nur wenige hundert Meter nachdem wir den Knotenpunkt der Münsterstraße gekreuzt haben, lassen wir die Hektik der Stadt hinter uns und können ab nun gemütlich entlang der Dreiwalder Aa, deren Abschnitt hier Ibbenbürener Aa heißt, frei von Kfz-Verkehr den Tourenverlauf genießen. Anfangs fah-

Charakter

Sportlich	●●●●○
Abkühlung	●●●○○
Schlemmen	●●○○○
Panorama	●●●●○

◂ links / Vorbei am ehemaligen Bergwerk Ibbenbüren

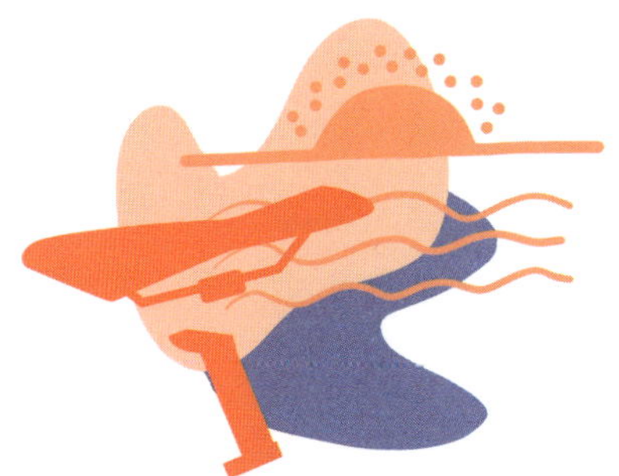

ren wir noch durch Wohngebiet, doch nach und nach lichtet sich das städtische Umfeld und wir gelangen naturnah immer weiter gen Westen. So schlängeln wir uns entlang des Flusslaufs – die schönen Ausblicke aufs Wasser der Aa begleiten uns.

Kunst in alten Gemäuern

Wo es auf unserer Flussseite nicht mehr weitergeht, queren wir auf die andere. Hier geht die Ibbenbürener in die Hörsteler Aa über, die nun rechts von uns fließt. Wir verlassen das Wasser, wenn wir links in die Straße Mühlenbrook einbiegen, um zum 2 / DA, Kunsthaus Kloster Gravenhorst gegenüber des gleichnamigen Sees zu gelangen (Di–Sa 14–18, So, Fei 11–18 Uhr, Außenanlagen jederzeit, Klosterstraße 10, 48477 Hörstel, da-kunsthaus.de; Tour 21 verläuft zwischen hier und Nassem Dreieck sowie entlang des DEK in Gegenrichtung beinahe parallel). DA steht für „Denkmal + Atelier". Für Interessierte gibt es hier eine Galerie, die zeitgenössische Kunst nicht nur regionaler Kunstschaffender fördert. Für leichtere Kost kehren wir im Anschluss im Café Clara des Klosters (Tel. 05459 9069310) ein, wo Tee und Kaffee, hausgebackenes Brot und regionale Speisen auf uns warten.

RADELSONNTAG

In Ibbenbüren findet drei Mal im Jahr der Radelsonntag mit einer Familientour, einer mittleren Tour und einer großen Tour statt. Alle Strecken wurden in den vergangenen Jahren speziell für die Radelsonntage ausgearbeitet und für die Veranstaltung temporär beschildert.

Zu den Alpakas

Wir fahren auf der Klosterstraße weiter, biegen vor der A30 rechts in den Wald ein und unterqueren die Autobahn bei nächster Gelegenheit links. Es geht nun parallel zum Mittellandkanal in südliche Richtung weiter. Auf dem Weg in Richtung des Nassen Dreiecks, dem Abzweig des Mittellandkanals vom Dortmund-Ems-Kanal (DEK), passieren wir die 3 / Smiley Eyes Alpaka Ranch, die mit den niedlichen Tieren eines der Highlights ist und zudem einen kleinen Hofladen hat (Mittelbergweg, Abzweig St.-Bernhard Straße, 48477

➤ **rechts oben / An der Ibbenbürener Aa**
➤ **rechts Mitte / Café Clara im Kunsthaus Kloster Gravenhorst**

KM 1

Ibbenbüren ist nach Rheine die zweitgrößte Stadt im Kreis Steinfurt und die größte Stadt in der Region Tecklenburger Land. Überregional erlangte es Bekanntheit durch seinen ehemaligen Steinkohleabbau von Anthrazit und als Kraftwerksstandort. Zeitweilig hatte das Bergwerk Ibbenbüren mit 1545 Metern europaweit die tiefste Steinkohlezeche.

Vlies der Götter

oder „Gold der Anden" wird Alpakawolle auch genannt, weil sie bei den Inkas den Königshäusern vorbehalten war. Wir können uns mit Strick- und Webgarn, Schals, Handschuhen und Socken im Alpaka-Shop der 3 / Ranch eindecken.

Flauschige Andentiere

Hörstel, Tel. 05459 9068823, alpaka-smiley-eyes.de). Alpaka-Wanderungen dauern eineinhalb Stunden und werden ab zwei Erwachsenen mit freier Terminauswahl angeboten (35 € Erw.). Daneben werden die Tiere für die Fasergewinnung zur Weiterverarbeitung in Textilien gezüchtet.

Trockenen Fußes das Nasse Dreieck überqueren

Nach der Farm überqueren wir den Mittellandkanal und kommen in seinem Bogen zum Dortmund-Ems-Kanal. Über eine historische Fußgängerbrücke (Fahrräder müssen geschoben werden!), den Bergeshöveder Steg von 1914, gibt es neben einem Blick in die Schleusenanlage Bevergern auch eine schöne Aussicht auf das 4 / Nasse Dreieck. Eine Holzliege nach der Brücke links lädt zur Rast ein.

Von alten und neuen Gartenanlagen

Auf dem Weg weiter in Richtung Süden kommen wir zum 5 / Schloss Surenburg (Surenburg 1, 48477 Hörstel-Riesenbeck), einer kleinen, aber malerischen Wasserburg, die man zwar nicht

von innen besichtigen kann, deren Lage in einer schönen nach englischem Vorbild gestalteten Grünanlage aber einen Besuch wert ist. Wir verlassen das Schloss über die Sagenroute, wechseln auf den Radweg neben der Emsdettener Straße und durchfahren auf dieser und der Straße Gelsbach Riesenbeck, wo wir wieder an den DEK stoßen. Dabei kommen wir an einem Bauernhof mit großem Hofladen vorbei, der je nach Jahreszeit zum Beispiel eine große Auswahl an Kürbissen bereithält. Wer in den Packtaschen nach dem Alpaka-Shop noch Platz hat, kann hier für regionale Produkte zugreifen. In Riesenbeck wechseln wir auf die nördliche Seite des DEK und rollen entlang des gut ausgebauten Seitenwegs 4 km in östliche Richtung. Je nach Interesse und Zeitplan lassen sich die 6 / Naturagart Landschaftsgärten besichtigen (5 €, Riesenbecker Str. 63–65, 49479 Ibbenbüren, naturagart.de). Dieser Verkäufer von Gartenteichen zeigt in seinem Park alle möglichen Teichvarianten vom Schwimmteich bis zum Unterwasserpark und Kaltwasseraquarium. Stärkung kann man sich im Café Seerose oder Palmen-Bistro holen.

KM 23

Kaum zu glauben, aber in den 6 / Naturagart Landschaftsgärten kann man nicht nur zwischen den Teichen lustwandeln, sondern in der Tauchbasis des Unterwasserparks auch abtauchen.

Gipfelbesteigung und Rodelbahn

Bevor wir entlang des Kanals zu weit in den Süden geraten, zweigen wir an dieser Stelle links ab zu den 7 / Dörenther Klippen, einer

< links / Bergeshöveder Steg beim Nassen Dreieck ^ oben / Auf der Smiley Eyes Alpaka Ranch: Wer schaut hier so neugierig?

Felsformation aus Sandstein, die zu den Ausläufern des Teutoburger Walds gehört. Für durstige und hungrige Radelnde lässt sich die Almhütte und das Hockende Weib für eine schöne Aussicht ins Tal in etwa 10 Minuten Fußmarsch erklimmen: Herausforderung sind dabei nicht die weniger als 1 km Fußmarsch, sondern die mehr als 100 Höhenmeter, die zu bewältigen sind. Bei akuter Wanderslust lässt sich diese Route entlang des Hermannswegs in Richtung Westen erweitern. Für Freunde des Adrenalins bietet auch der naheliegende 8 / Freizeitpark Sommerrodelbahn einen Kick (Münsterstraße 265, 49479 Ibbenbüren, sommerrodelbahn.de). Auf Holzschlitten können wir ca. hundert Meter den Berg hinabsausen. Die Idee für die älteste noch bestehende Sommerradelbahn in Deutschland hatte 1926 ein Bergmann.

BIKE & HIKE – ODER PAUSE

Für eine etwas längere Wanderung zum Hockenden Weib können wir alternativ am Parkplatz Dörenther Klippen starten und von dort über den Kletterweg aufsteigen (siehe Tour 21 ½). Für die Ausgepowerten gibt es aber auch am Fuße einen Gasthof (gasthof-doerenther-klippen.de).

Bergwerkgeschichte am Rückweg

Nach Norden radelnd fahren wir ins Stadtgebiet von Ibbenbüren ein und gelangen über die Grünflächen unter anderem der Kleingartensiedlung zum 9 / Ibbenbürener Aasee. Wir können hier bei einem Zwischenstopp in der Strandbar Ibbgoesbeach die Ze-

KM 38

Mit dem Ende des deutschen Steinkohlebergbaus 2018 wurde auch im 11 / Bergwerk Ibbenbüren die Förderung eingestellt, einem der letzten zwei Steinkohlebergwerke, die damals noch in Betrieb waren. Die letzte Schachtverfüllung war im März 2021 abgeschlossen. Nun laufen Baumaßnahmen für die erforderliche langfristige Wasserhaltung.

hen im Sand vergraben (Mo–Fr ab 14, Sa–So, Fei ab 11 Uhr, An der Umfluth 84, 49479 Ibbenbüren). Wem noch nicht nach einer Pause ist, der kann auch ein paar Kilometer später das 10 / Hofcafé Löbke für Kaffee und Kuchen ansteuern. Den Rückweg zurück zum Ausgangspunkt nutzen wir, um am 11 / ehemaligen Bergwerk Ibbenbüren vorbeizuradeln. Heute ist nur noch das Kraftwerk der der RAG Anthrazit Ibbenbüren in Betrieb. Bereits aus der Ferne erkennt man Schornstein und Kühlturm der RAG, die über Jahrzehnte einer der größten Arbeitgeber der Region war und Deutschlands nördlichstes Abbaugebiet von Steinkohle markierte. Über die Zechenstraße geht es über die Abfahrt des „Treppkesbergs" zurück zum 1 / Bahnhof in Ibbenbüren.

TOURENINFO / Die Tour verläuft fast komplett auf befestigten Routen. Sofern es in den Tagen zuvor keine übermäßigen Regenfälle gab, sollte mit nahezu jedem Reifenprofil die Strecke zu meistern sein. Durch die Ausläufer des Teutoburger Walds kommen aber an ein paar Stellen spürbar Höhenmeter hinzu.

‹ links / Kraftwerk der RAG Anthrazit Ibbenbüren
^ oben / Biergarten auf den Dörenther Klippen

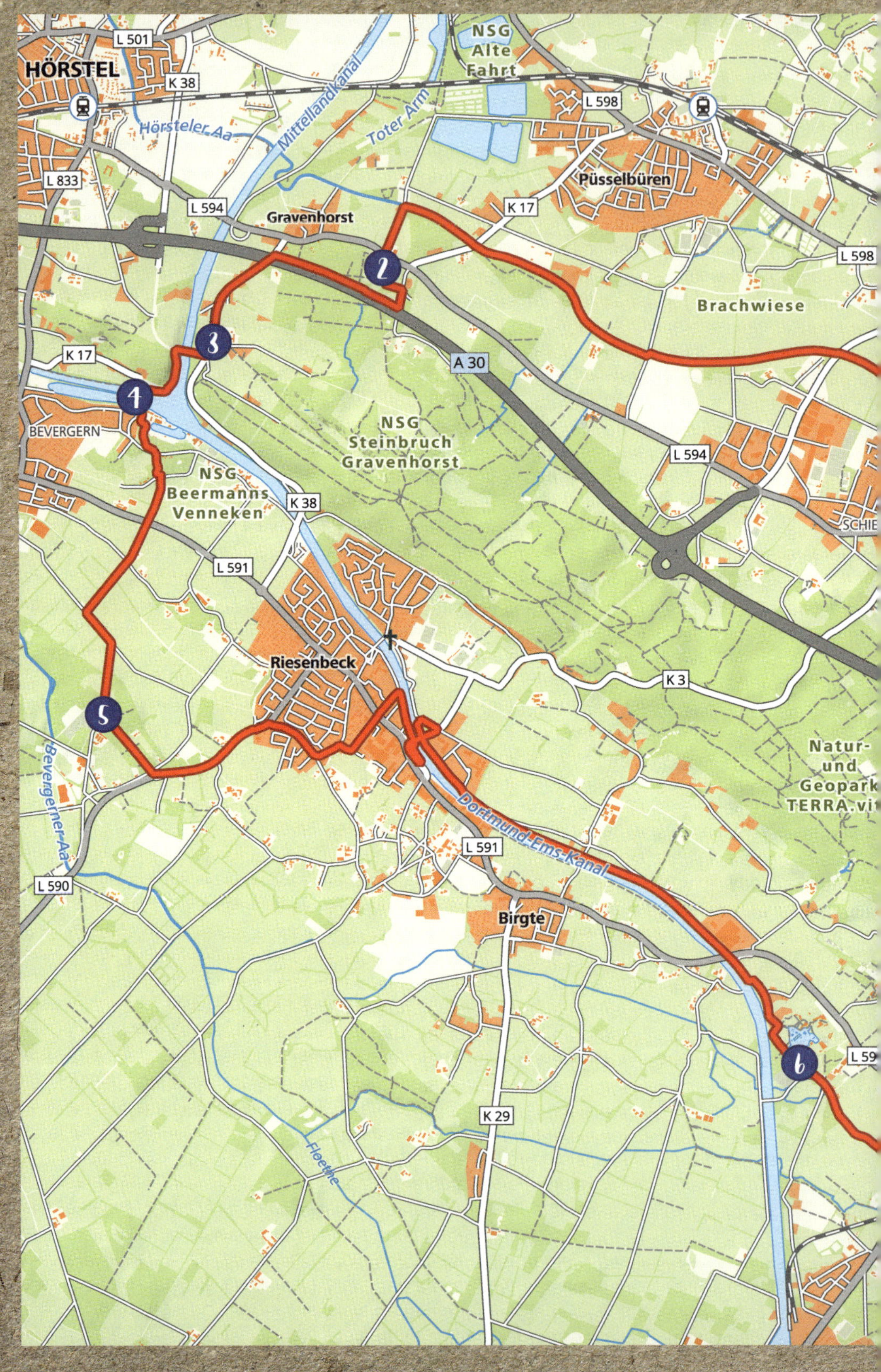

HÖRSTEL
L 501
K 38
NSG
Alte
Fahrt
L 598
Hörsteler Aa
Mittellandkanal
Toter Arm
Püsselbüren
L 833
L 594
Gravenhorst
K 17
L 598
Brachwiese
K 17
A 30
BEVERGERN
NSG
Steinbruch
Gravenhorst
L 594
NSG
Beermanns
Venneken
K 38
L 591
Riesenbeck
K 3
Natur-
und
Geopark
TERRA.vi
Bevergerner Aa
Dortmund-Ems-Kanal
L 591
L 590
Birgte
K 29
Floethe

L 501
K 39
L 832
K 40
K 6
Fahlbach
Ölmühlenbach
BOCKRADEN
K 41
L 504
IBBENBÜREN
START-ZIEL
L 501
LANGEWIESE
K 41
K 19
Aasee
L 832
K 24
LAGGENBECK
K 44
L 594
219
NSG Dörenther Klippen
K 24
L 591
Brochterbeck
2 km
START / ZIEL
Bahnhof Ibbenbüren, Wilhelmstr. 11, 49477 Ibbenbüren
HINKOMMEN
Auto / Über die A30 zum kostenlosen Park+Ride-Parkplatz am Bhf.
ÖPNV / Anfahrt aus Münster mit einem Umstieg in Rheine oder Osnabrück in 48 Minuten; von Osnabrück oder Rheine halbstündlich mit RB 61 oder RE 60
➤ 1 / Bahnhof Ibbenbüren ➤ 2 / DA, Kunsthaus Kloster Garvenhorst ➤ 3 / Smiley Eyes Alpaka Ranch ➤ 4 / Nasses Dreieck ➤ 5 / Schloss Surenburg ➤ 6 / Naturagart Landschaftsgärten ➤ 7 / Dörenther Klippen ➤ 8 / Freizeitpark Sommerrodelbahn ➤ 9 / Beach Club am Aasee ➤ 10 / Hofcafé Löbke ➤ 11 / ehemaliges Bergwerk Ibbenbüren

KÜNSTLERDORF

Die im Künstlerdorf Schöppingen arbeitenden Künstlerinnen und Künstler leben hier beileibe nicht im Elfenbeinturm: Immer wieder gibt es Veranstaltungen, Lesungen, Ausstellungen und Konzerte, zu denen wir kommen können.

➤ **1 /** Am Bahnhof setzen wir uns auf die Leeze – und lassen Legden erst mal links liegen

➤ **2 /** Wir sehen Haus Egelborg – das Wasserschloss entzückt uns gleich zu Beginn der Tour

➤ **3 /** Bei der Düstermühle hören wir von alter Geschichte, die bis heute fortdauert

➤ **4 /** Im Naturschutzgebiet Oldemölls Venneken ahnen wir, wie die Dinkel naturbelassen fließt

➤ **5 /** In der Pfarrkirche St. Ludgerus in Heek sehen wir einen romanischen Taufstein

➤ **6 /** Das Hohe Haus erzählt uns die Nienborger Burggeschichte

➤ **7 /** Im Künstlerdorf Schöppingen verspüren wir einen Hauch von Weltläufigkeit

➤ **8 /** Im Dormitorium Asbeck können wir sehen, wo die adeligen Fräuleins ruhten

➤ **9 /** Im Busshook in Legden könnte es eng werden für uns

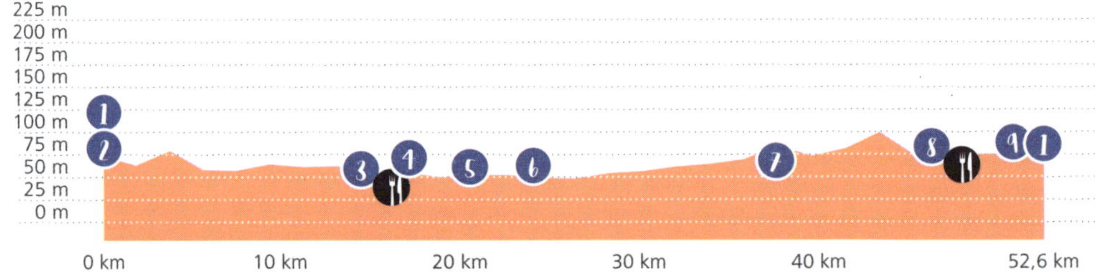

DURCH ALTE DÖRFER

Viel historisches Gemäuer zwischen Legden und Nienborg

Von wegen, im flachen Westmünsterland ist nichts los! Eine ganze Menge ist hier los. Hervorstechend ist dabei sicherlich der Düstermühlenmarkt, einmal im Jahr das bäuerliche Event in der Region und darüber hinaus. Und dazu vielleicht ein bisschen als Kontrapunkt: das Künstlerdorf Schöppingen.

53 Kilometer
115 Höhenmeter
5 Stunden
Rundtour

Adelssitz und Bauernmarkt

Wir starten am schön im Grünen liegenden 1 / Bahnhof in Legden und lassen das Dorf erst einmal links liegen. Am Ende unserer Tour werden wir uns hier genauer umschauen. Wir fahren nach rechts, überqueren die Bahntrasse und sind schon bald beim 2 / Haus Egelborg. Das privat bewohnte Wasserschloss – ein typisch münsterländischer, auf zwei Inseln angelegter Adelssitz – hat seine Anfänge um 1400. Das Schloss liegt idyllisch in einem kleinen Wald und beeindruckt durch seine rot-weiß-rote Backsteingliederung. Wir unterqueren die Autobahn 31, auch Ostfriesenspieß genannt. Sie beginnt im Ruhrgebiet bei Bottrop und führt bis nach Emden und damit bis zur Nordsee. Nur am Beginn und Ende der Urlaubssaison herrscht hier reger Auto-

CHARAKTER

Sportlich ●●●○○
Abkühlung ●●○○○
Schlemmen ●●●●○
Panorama ●●●●○

◂ **links / Dahliengarten bei der Kirche in Legden**

verkehr, ansonsten hat der Automobilist viel Straße für sich. An der folgenden Wegekreuzung halten wir uns rechts und kommen zum Knotenpunkt 50, an dem wir geradeaus fahren. Später biegen wir nach rechts ab auf den Gescherdamm, halten uns am Kreisverkehr geradeaus (Schumacherring), überqueren die Bahnlinie und fahren nach rechts auf die Tegelstegge, in der Fortsetzung den Düstermühlenweg. An der folgenden T-Kreuzung halten wir uns nach links und folgen den Knotenpunkten 2, 92 und später 95. Wir erreichen die 3 / Düstermühle. Schon seit dem 12. Jahrhundert wird die Wasserkraft der Dinkel genutzt, um Korn zu mahlen und Öl zu pressen. Diese Mühle gehört zu den ältesten in der Region. Die Ursprünge des hier stattfindenden – und weit über die Region hinaus bekannten – Düstermühlenmarkts liegen ebenfalls tief in der Vergangenheit. Alljährlich entfaltet der traditionelle Pferde-, Kram- und Kleintiermarkt ein buntes Treiben kaum glaublichen Ausmaßes. Der Kauf eines Pferds (oder einer Ziege oder eines Kaninchens oder …) wird, wie von Alters her, per Handschlag besiegelt. Um den Durst der vielen Besuchenden einigermaßen stillen zu können, haben an diesem Tag – und nur an diesem Tag – drei angrenzende Bauernhöfe zusätzlich zur Düstermühlen-Kneipe Schankrecht; das ist ein jahrhundertealtes Sonderrecht, ehemals in weiser Einschätzung des unbedingt Notwendigen erteilt und bis heute gerne genutzt. Wir freuen uns, dass das Gasthaus „Düstermühle" ein dauerhaftes Schankrecht besitzt. So brauchen wir bei unserer Pause im schönen Biergarten nicht zu verdursten (und Hunger leiden müssen wir auch nicht).

DIE DINKEL

ist ein wahres Grenzhopper-Flüsschen. Die Quelle ist bei Rosendahl-Holtwick (D), nördlich von Gronau geht's in die Niederlande, dann nach rechts über die Grenze nach Niedersachsen, zwischen De Lutte und Lattrop plätschert die Dinkel wieder in den Niederlanden, um schließlich bei Neuenhaus (D) in die Vechte zu münden.

Dinkelaue, Burggemäuer und Schöppinger Weltläufigkeit

Wir fahren weiter in Richtung 95 und kommen ins Naturschutzgebiet 4 / Oldemölls Venneken. Venneken ist ein kleines Venn,

---

➤ rechts oben / Düstermühle ➤ rechts Mitte / Haus Egelborg

1670

erbte Ritter Jobst von Oer-Nottbeck das 2 / Haus Egelborg durch Heirat. Dessen Nachfahren bewohnen den bewirtschafteten Gutshof des Wasserschlosses noch heute.

Musik

liegt in der Luft ... Und mitunter hört man sie, wenn man sich in Nienborg zum Beispiel in der Nähe des Langen Hauses befindet. Hier – wie in weiteren Gebäuden des Orts – ist nämlich die Landesmusikakademie NRW untergebracht.

Vom Venn zu noch mehr alten Gemäuern

eine sumpfige Niederung also. Oldemöll heißt alte Mühle – die es hier, benannt nach dem gleichnamigen Hof, vor 600 Jahren gegeben hat. Die in früheren Zeiten erfolgten Flussbegradigungen werden hier in der idyllischen Dinkelaue Stück für Stück wieder rückgängig gemacht, so kann sich die vormals vorhandene vielfältige und urtümliche Flora und Fauna wieder entwickeln. Wir erreichen Heek und fahren dort bis 63. Auf der anderen Straßenseite liegt die 5 / Pfarrkirche St. Ludgerus. Sie stammt im Kern aus dem 13. Jahrhundert, Chor und Turm sind aber wesentlich jünger. Bei der Innenausstattung sticht das romanische Taufbecken besonders hervor. Wir fahren nun über Ludgeristraße und Bahnhofstraße zu 1 und haben dort Nienborg erreicht. 1198 ließ der münstersche Bischof hier zur Sicherung seines Territoriums und des Handelswegs von Münster nach Deventer eine Burg – die neue Burg, Nienborg – errichten. Burgmänner, die mit Familie und Gesinde in benachbarten Burgmannshöfen lebten, hatten dafür zu sorgen, dass Feinde von Nienborg ferngehalten wurden. Aus dieser alten Zeit stammen noch das 6 / Hohe Haus, das Lange Haus und Haus Kep-

pelborg – drei von ehemals 30 Burgmannshöfen. Eine Legende aus jenen Zeiten erzählt vom Wilden Bernd. Der bekannte Nienborger Wilddieb hatte durch seinen beherzten bewaffneten Einsatz die Burg vor der Einnahme durch Feinde gerettet. Zur Belohnung gaben ihm die Burgmänner drei Wünsche frei. Der Wilde Bernd wünschte sich: „Frie fisken, frie jagen und frie schieten in Grawen." Die Fortsetzung unserer Route verläuft über 45, 8 und 9 bis nach Schöppingen. Vorher kommen wir am Baggersee Strönfeld sowie beim Naturschutzgebiet Samberg vorbei. Ab Knotenpunkt 9 fahren wir in Richtung 10, schwenken aber schon vorher nach rechts auf den Radweg an der Steinfurter Straße, passieren den Kreisverkehr geradeaus und fahren im Ort nach links auf die Hauptstraße und dann nach rechts auf die Feuerstiege. Die rechter Hand der Straße liegenden denkmalgeschützten Bauernhöfe, gebaut aus hellem Baumberger Sandstein, gehören zum 7 / Künstlerdorf Schöppingen (www.stiftung-kuenstlerdorf.de, s. auch Tour 6). Hier leben und arbeiten in der ruhigen – und vielleicht auch anregenden – münsterländisch-dörflichen Atmosphäre etwa 40 Literatinnen, Bildende Künstler und Musikerinnen aus aller Welt, für ein Jahr durch ein Stipendium ihrer ökonomischen Sorgen entledigt. Träger des Künstlerdorfs ist eine Stiftung, in der die Gemeinde Schöppingen,

1998

wurde das Künstlerdorf Schöppingen eröffnet. Ideengeber, unablässiger Antreiber für die Realisierung des Projekts und erster Hausherr war Rolfrafael Schröer. Er schuf hier in münsterländisch-bescheidener Form das, was anderswo die Villa Massimo ist.

< links / Die Dinkel bei Nienborg ^ oben / Das Hohe Haus in Nienborg

der Kreis Borken, ein privater Förderverein und vor allem das Land NRW ihre Beiträge einbringen. Das Künstlerdorf – ein echter Gewinn für Schöppingen, mit einem Hauch von Weltläufigkeit.

Von Stiftsfräuleins in Asbeck und Kattenköppen in Legden

Vom Künstlerdorf aus fahren wir über die Amtsstraße und die Von-Galen-Straße in Richtung 91, 90, dann 89. Durch die Bauerschaften Ramsberg und Frettholt kommen wir auf ruhigen Wegen nach Asbeck. Hier stellen wir am besten unsere Räder an der Kirche ab und durchstreifen das schmucke Örtchen zu Fuß. Asbecks Historie ist untrennbar mit dem hier im 12. Jahrhundert gegründeten Kloster und Damenstift verbunden. Durch diverse Schenkungen kam das Kloster schon früh zu beträchtlichem Reichtum, wovon Bauten aus jener Zeit zeugen. Am auffälligsten darunter ist sicherlich das 8 / Dormitorium Asbeck, das ehemalige Schlafhaus der adeligen Stiftsfräulein. Um 1200 wurde das romanische Gebäude mit der zweistöckigen Arkadengalerie des Kreuzgangs errichtet. Etwas älter ist die benachbarte Kirche St. Margareta, unverkennbar der romanische Baustil. Die Hunnenporte – der frühere Eingang zum Stiftsbezirk –,

DAHLIEN

Eine wahre Blütenpracht erleben wir ab Mitte Juli im Dahliengarten Legden. Etwas versteckt liegt dieses 4.500 m² große Kleinod südlich der Kirche St. Brigida mitten im Dorf. Zugänglich ist der Dahliengarten vom Kirchplatz und von der Kirchstraße aus.

1340

In diesem Jahr wurde im früheren Wohnhaus der Äbtissinnen des 8 / Klosters Asbeck der Fachwerkraum errichtet, der heute noch zu sehen ist. Eine Fülle weiterer historischer Details kann im Haus bestaunt werden. Im Gebäude befindet sich ein Laden für gehobene Souvenirs (www.im-kreuzgang.de).

die Stiftsmühle, das frühere Äbtissinnenhaus und weitere Gebäude geben Zeugnis von der früheren Blüte Asbecks als Stiftsdorf. Nicht zu verachten ist auch die unter Linden und im Schatten der Kirche liegende Gastwirtschaft, die uns zu einer Pause einlädt. Anschließend fahren wir Richtung 88 und kommen in den historischen Ortskern von Legden. Auch hier stellen wir unser Rad am besten wieder an der Kirche ab und erkunden das historische Häusergeknubbel am 9 / Busshook zu Fuß. In dem benachbarten Sträßchen Hahnenhook können wir über das denkmalgeschützte Kopfsteinpflaster (sogenannte Kattenköppe) aus früheren Jahrhunderten laufen. Am Nordrand des Kirchplatzes ist noch gut sichtbar, wie früher eine Kirchhofsburg, ein Schutzring um die Kirche, angelegt wurde. Wir verlassen den Dorfkern in westliche Richtung und kommen zum Ziel unserer Tour, dem 1 / Bahnhof in Legden.

TOURENINFO / Weitgehend flaches Profil. Wir bewegen uns meist autofrei bzw. mit nur geringem Anliegerverkehr auf in der Regel asphaltierten Wegen. Kürzere Passagen fahren wir auf straßenbegleitenden Radwegen.

< links / Dormitorium Asbeck ^ oben / Hunnenpforte in Asbeck

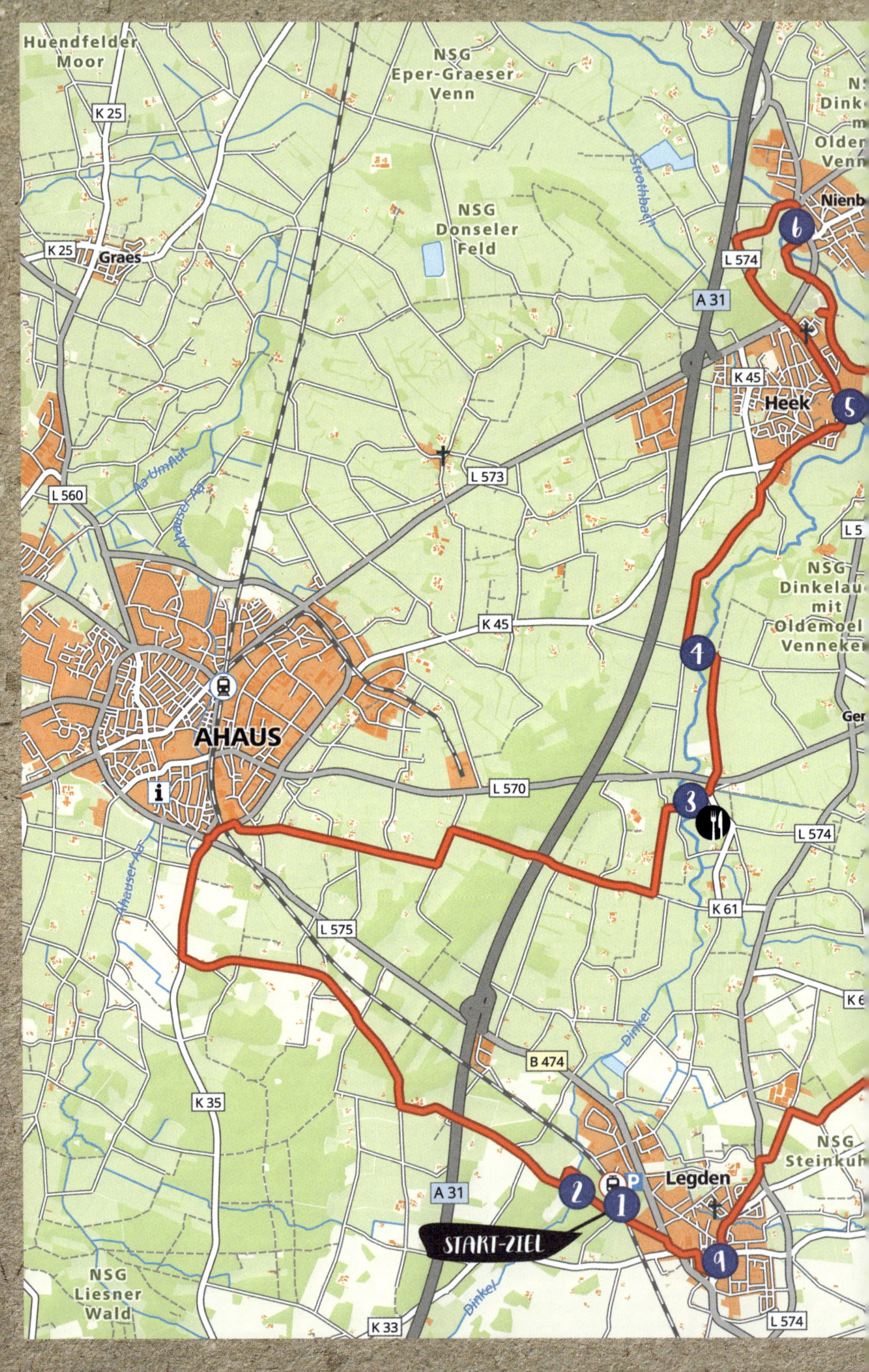

Huendfelder Moor
NSG Eper-Graeser Venn
K 25
NSG Donseler Feld
Strothbach
Graes
L 574
A 31
K 45
Heek
L 573
Aa-Umflut
Ahauser Aa
L 560
NSG Dinkelaue mit Oldemoel Venneker
K 45
AHAUS
L 570
L 574
K 61
L 575
Ahauser Aa
Dinkel
B 474
K 35
Legden
NSG Steinkuh
A 31
START-ZIEL
NSG Liesner Wald
Dinkel
K 33
L 574

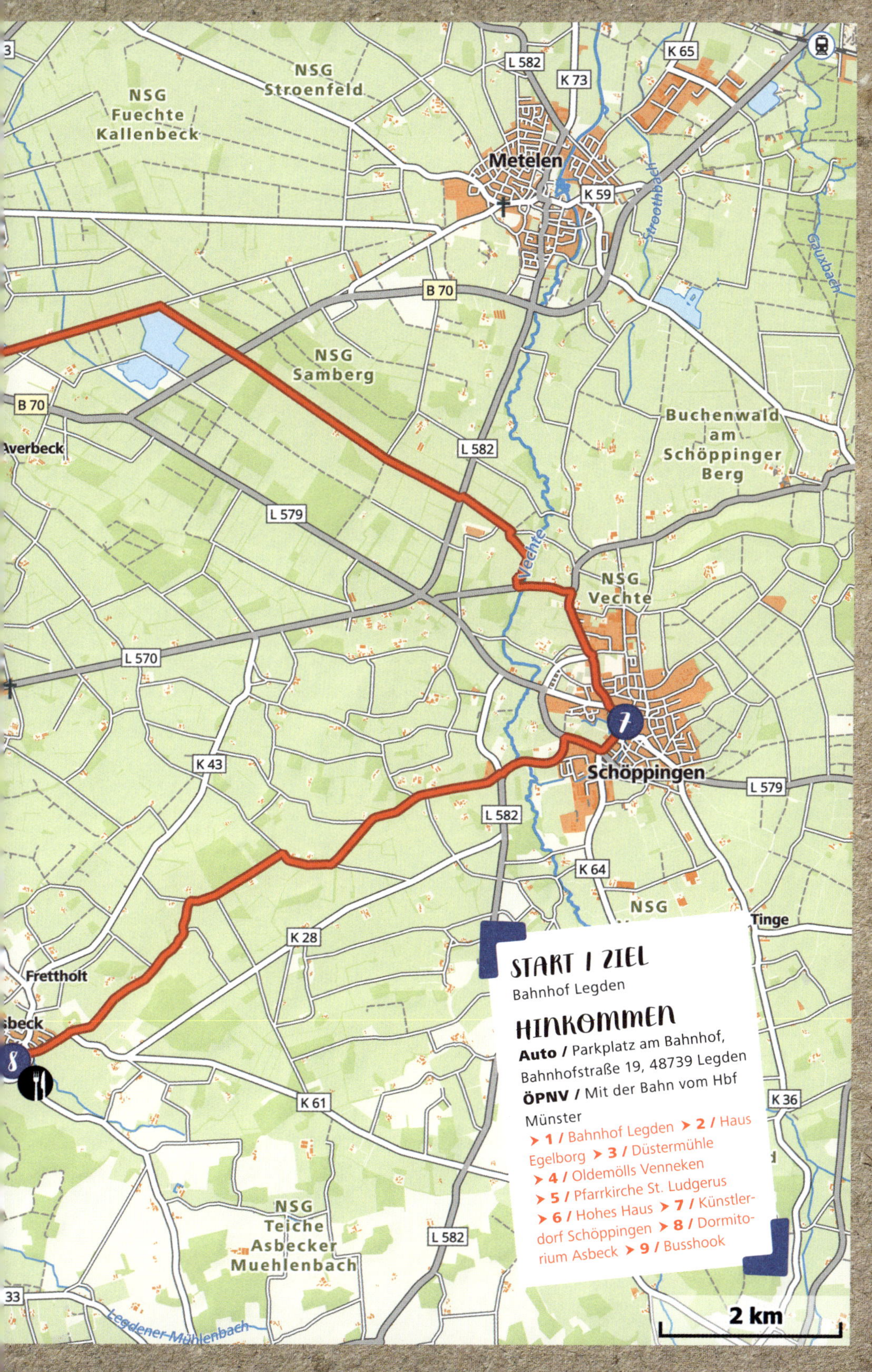
NSG Fuechte Kallenbeck
NSG Stroenfeld
L 582
K 73
K 65
Metelen
K 59
Stroothbach
Gauxbach
B 70
NSG Samberg
B 70
Averbeck
L 582
Buchenwald am Schöppinger Berg
L 579
Vechte
NSG Vechte
L 570
Schöppingen
L 579
K 43
L 582
K 64
NSG
Tinge
K 28
Fretthoit
sbeck
K 61
K 36
NSG Teiche Asbecker Muehlenbach
L 582
33
Legdener Mühlenbach
2 km
START | ZIEL
Bahnhof Legden
HINKOMMEN
Auto / Parkplatz am Bahnhof, Bahnhofstraße 19, 48739 Legden
ÖPNV / Mit der Bahn vom Hbf Münster
➤ 1 / Bahnhof Legden ➤ 2 / Haus Egelborg ➤ 3 / Düstermühle ➤ 4 / Oldemölls Venneken ➤ 5 / Pfarrkirche St. Ludgerus ➤ 6 / Hohes Haus ➤ 7 / Künstlerdorf Schöppingen ➤ 8 / Dormitorium Asbeck ➤ 9 / Busshook

NACH LUST UND LAUNE

Die Gegend hält viele tolle Wege bereit, sodass ich die Tour gerne variiere. Mal sportlicher, mal gemütlicher mit Zeit für einen guten Kaffee oder einen Galerien-Bummel.

➤ 1 / Start und Ziel ist der Bahnhof Havixbeck

➤ 2 / Auf dem Longinusturm steigen wir dem Münsterland aufs Dach

➤ 3 / Im Kulturbahnhof Billerbeck über einem guten Buch seinen Zug vertrödeln

➤ 4 / Rund um den Billerbecker Dom Kunst und Handwerk entdecken

➤ 5 / An der Berkelquelle die Füße ins Wasser tauchen

➤ 6 / Im Nonnenbachtal genießen wir die Abfahrt

➤ 7 / Sandsteinarchitektur bewundern am Stiftsplatz in Nottuln

➤ 8 / Köstliches frisch vom Hof gibt es im Stevertal reichlich

➤ 9 / Auf Stift Tilbeck kommt der Kaffee frisch geröstet in die Tasse

➤ 10 / Noch Fragen offen? Das Sandsteinmuseum Havixbeck hat die Antwort

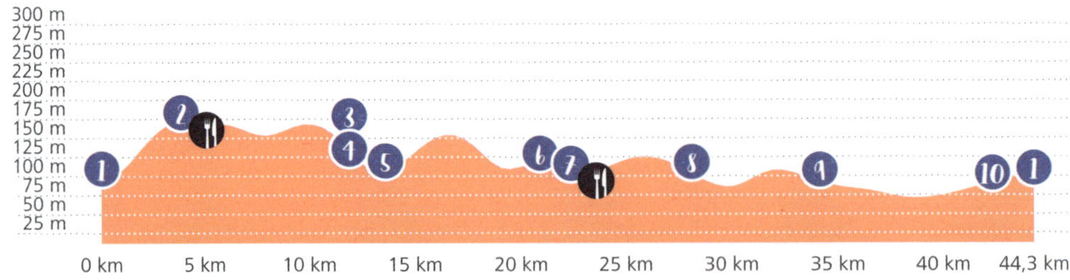

IM STEINREICH

Das Herz der Baumberge

TOUR, DIE DU SO NIE GEMACHT HÄTTEST

44 Kilometern
235 Höhenmeter
4 Stunden
Rundtour

Steinen auf der Spur? Und Bergetappen im Münsterland? Beides erwartet dich in den Baumbergen, einem landschaftlichen Höhepunkt zwischen Münster und Coesfeld. Die drei Anstiege können wir auch langsam angehen. Und die tollen Ausblicke über das Münsterland und die vielen hübschen Orte in dem kleinen Sandsteingebirge lohnen die Mühe allemal. Am Wegesrand begegnen wir vielen Hoflädchen und immer wieder dem Sandstein und seiner Geschichte, mal als Baustoff, mal als Material für die Bildhauerei oder als Exportware.

CHARAKTER
Sportlich ●●●●●
Abkühlung ●●○○○
Schlemmen ●●●○○
Panorama ●●●●●

Hoch hinaus

Am 1 / Bahnhof Havixbeck fahren wir zunächst parallel zu den Gleisen, überqueren diese dann und folgen der Landstraße für 200 Meter. Zwischen den schönen Höfen der Bauerschaft Lasbeck führt ein gewundener Weg hindurch und bald als Hohlweg unter hohen Bäumen bergauf. Zur Belohnung gibt es oben am Querweg den ersten weiten Blick nach Norden auf Altenberge und bei guter Sicht bis zum Teutoburger Wald. Weiter geht es nach rechts, bergab vorbei am Pannkokenhus Teitekerl (Mi–Mo 11–20

◂ links / Longinusturm auf dem Westerberg, dem höchsten Punkt im Münsterland

TOUR, DIE DU SO NIE GEMACHT HÄTTEST

Uhr, Tel. 02507 1270, www.teitekerl.de) bis zur Landstraße, der wir nach links bergauf in den Wald folgen. Die Straße überqueren wir am Scheitelpunkt der Serpentine und fahren weiter Richtung Billerbeck. Hoch geht es auf den Westerberg, dessen „Gipfel" mit dem 2 / Longinusturm links von uns liegt. Der Longinus mit seinem Café 18|97 (Sommer Di–Sa 14:30–18, So 11–18 Uhr od. nach Reservierung, Tel. 02502 4837190, longinusturm.com) ist ein beliebter Treffpunkt und gerade am Wochenende ist der Parkplatz immer voller Zweiräder, mit und ohne Auspuff. Auch thematisch weist der aus Sandstein erbaute Longinusturm uns den weiteren Weg: Zurück auf der Landstraße passieren wir einen Steinbruch, biegen rechts ab und umfahren die sogenannte Domkuhle. Von der Straße aus ist von beiden allerdings wenig zu sehen. Trotzdem hat der hiesige Sandstein einige Menschen sprichwörtlich steinreich gemacht. Während man sich in vielen Regionen früher nur Lehmfachwerk oder Ziegel leisten konnte, haben hier dank der kurzen Transportwege selbst Bauernhäuser Fassaden aus Stein. Und freilich wurden viele Kirchen aus Baumberger Sandstein erbaut, wie der massive Münsteraner Paulus-Dom – daher der Name „Domkuhle". Andere Steine reisten in die wohlhabenden Niederlande oder wurden im Kölner Dom verbaut.

DER LANGE DOKTOR

Seinen Namen verdankt der 1900 eingeweihte 2 / Longinusturm dem Gründer des Baumberge-Vereins: dem hochgewachsenen Naturforscher Friedrich Westhoff.

Kunst am Weg und Kunst in Stein

Die rot beschilderte Radroute führt auf ruhigen Wirtschaftswegen und Obstbaumalleen bis nach Billerbeck. Nur einmal ist besondere Vorsicht gefragt – zum Glück warnt uns rechtzeitig ein Holzschild auf Münstersch Platt vor der steilen Abfahrt. In Billerbeck stoßen wir bald auf den 3 / Kulturbahnhof (Mo–Fr 6–18, Sa–So 8–18 Uhr u. nach Vereinbarung, Tel. 02543 238707, billerbecks-bahnhof.de). Abgesehen von zwei bis vier Zügen pro Stunde finden wir an die-

---

➤ **rechts oben / Billerbecker Dom**
➤ **rechts Mitte / Auf dem Weg nach Billerbeck**

188 m ü. NN

Im flachen Münsterland reicht das aus, um den Westerberg zum höchsten Punkt zu machen. Durch den Longinus kommen weitere 32 Meter hinzu. Dessen Stufen müssen wir noch nehmen, um über die umliegenden Baumreihen hinaus und ins Land blicken zu können (Öffnungszeiten wie das Café 18|97, 2,50 €).

Kunstvolles Billerbeck

Ob es an der malerischen Lage liegt oder am begehrten Werkstoff Sandstein gleich vor der Haustür? **Billerbeck** ist reich an Kunstwerken und -stätten.

Tour, die du so nie gemacht hättest

sem lebendigen Ort einen Regionalladen mit Bistro, eine Radstation und Ausstellungsräume mit wechselnden Ausstellungen. Ein Kunstweg begleitet uns von hier hinab bis in die Altstadt mit ihren Cafés, Ateliers und Kunsthandwerksläden. In deren Mitte ragt der stattliche 4 / Billerbecker Dom auf – ein perfektes Beispiel, wie der Steinreichtum gepaart mit dem stolzen Katholizismus des Münsterlands auch kleinen und kleinsten Gemeinden stattliche Pfarrkirchen bescherte. Die Kirche ist St. Ludgerus geweiht, dem ersten Bischof des Münsterlands. Heute erinnert in den Baumbergen vieles an „Sankt Lürs", beispielsweise ein Wanderweg, der seiner letzten Reise von Coesfeld nach Münster folgt. Billerbecks zweiter Kirchplatz, St. Johannes, ist ein schmuckes grünes und ruhiges Fleckchen, das zum Verweilen einlädt, wie auch das dortige Das kleine Café (Mi–Mo 12–18 Uhr, Tel. 02543 4630, www.daskleinecafe.de).

Baumberge-Überquerung

Hinter dem Torbogen des Kirchplatzes stoßen wir schnell auf die Berkel. Wir folgen ihr stromaufwärts, einem abwechslungsreichen

Weg durchs Grüne, vorbei an Spielplätzen und Kneippbecken, bis zur 5 / Berkelquelle mit der ehemaligen Badeanstalt. Dann geht es auf dem rot beschilderten Radweg nach Nottuln zunächst länger bergauf. Diesmal überqueren wir die Baumberge einmal komplett. Vorbei am Ferienpark mit Gastronomie und großem Spielplatz folgen wir anschließend der etwas stärker befahrenen, aber schönen, leicht abschüssigen Landstraße für 1,5 km – bei der weiten, gewellten Landschaft mit Kuhweiden kommt Allgäu-Flair auf. Dann biegen wir, dem roten Radweg weiter folgend, rechts ab und beim nächsten Hof wieder links. Der Landstraße, die wir überqueren, folgen wir nach links, queren sie aber bald wieder, um auf den 6 / Weg im Nonnenbachtal zu wechseln. Dieser idyllische Pfad mit toller Aussicht führt uns fast ohne Kreuzung und Verkehr hinunter nach Nottuln und bis zum zentralen 7 / Stiftsplatz. Die prächtige Sandsteinkirche umringen einige Cafés und Restaurants, gegenüber steht das bescheidene Nottulner Schloss. Und nebendran, auf einem gemauerten Sockel und in Lebensgröße, steht einer, der die Architektur im Münsterland ähnlich stark geprägt hat wie der Sandstein: Johann Conrad Schlaun, unter anderem Schöpfer des Münsterschen Schlosses, des Erbdrostenhofs und Teilen des gewaltigen Schlosses Nordkirchen.

120

So viele Bauwerke hat Johann Conrad Schlaun insgesamt geschaffen. Auch für den Radverkehr in der Region legte Schlaun einen wichtigen Grundstein, wenn auch unwissentlich: Er plante die Umwandlung von Münsters Stadtbefestigung in einen Promenadenweg.

‹ links / Unterwegs im Nonnenbachtal
^ oben / Kulturbahnhof Billerbeck

Auf den Rückweg

Wir wenden uns wieder den Baumbergen zu, unterqueren die Umgehungsstraße und halten uns auf dem Asphaltweg, der nach einer Kurve gleichmäßig bergan führt. Auf Wegen, gesäumt von Obstbäumen, haben wir freien Blick aufs südöstliche Münsterland bis zur Soester Börde und zum Rothaargebirge. Dann geht es leicht bergab und wir finden uns im schönen 8 / Tal der Stever wieder, direkt an ihrer Quelle. Dem Flussverlauf folgen wir nun über 4 km, vorbei an zahlreichen Höfen, einem Gasthof und einer alten Mühle mit Rastplatz und Wassertretstelle. Schließlich weist uns der rote Pfeil den Weg nach links, durch das kleine Schapdetten und über eine letzte moderate Steigung. Die folgende Abfahrt zieht sich lang hin und wird oft von geparkten Autos von Wanderern gesäumt, daher ist Vorsicht geboten. Wir gelangen zu 9 / Stift Tilbeck, dessen Stiftskirche und achteckiger Wasserturm mächtig aufragen, beide – wie könnte es anders sein – erbaut aus Sandstein. Von der hauseigenen Kaffeerösterei können wir ein Päckchen für zu Hause mitnehmen oder uns gleich frisch aufbrühen lassen, gleich nebenan gibt es dazu große Stücke Blechkuchen (Mo–Fr 9–18, Sa–So 10–18 Uhr, Tel. 02507 981550,

IM TAL, WO WASSER UND HONIG FLIEST

Entlang der Stever begegnen uns viele kleine Verkaufsstellen für Marmelade, Gemüse oder auch Kaffee und Waffelröllchen.

TOUR, DIE DU SO NIE GEMACHT HÄTTEST

1881

wurde das 9 / Hofgut Tilbeck zu sozialen Zwecken gestiftet. Heute beherbergt es unter anderem eine Gärtnerei, Wohnangebote für Menschen mit Behinderung und ein Antiquariat im Turm. Draußen finden wir einen Barfußpfad, einen Streichelzoo, einen Spielplatz und Streuobstwiesen.

stift-tilbeck.de/tilbecks). Noch größer ist nur die Terrasse, die den ganzen Nachmittag Sonne bietet. Nun geht's auf die letzten Kilometer, zunächst auf dem Radweg parallel zur Münsterstraße, dann den roten Schildern folgend nach rechts, wo wir die Gleise überqueren und uns links halten. Wir queren die nächste Landstraße, fahren weiter bis zum Schlautbach, dem wir ins Zentrum von Havixbeck folgen. Wer noch mehr über den Sandstein, seine Geologie, Abbau und Nutzung in Handwerk und Kunst lernen will, findet nördlich vom Marktplatz das 10 / Sandsteinmuseum (Di–So 11–18 Uhr, sandsteinmuseum.de). Zurück zum 1 / Bahnhof sind es nur noch wenige Meter. Kurz davor begegnet uns noch Schloss Haus Havixbeck (in Privatbesitz): ein abschließendes beeindruckendes Zeugnis der – vermutlich nicht so bald endenden – Sandsteinzeit.

TOURENINFO / Teils kräftige Steigungen, stets auf ruhigen Wegen ohne Autoverkehr. Wege stets breit und meist asphaltiert oder gut befestigt. Zwei Passagen mit vermehrtem Autoverkehr.

< links / Erinnerungen an St. Ludgerus, den ersten Bischof des Münsterlands ^ oben / Stift Tilbeck

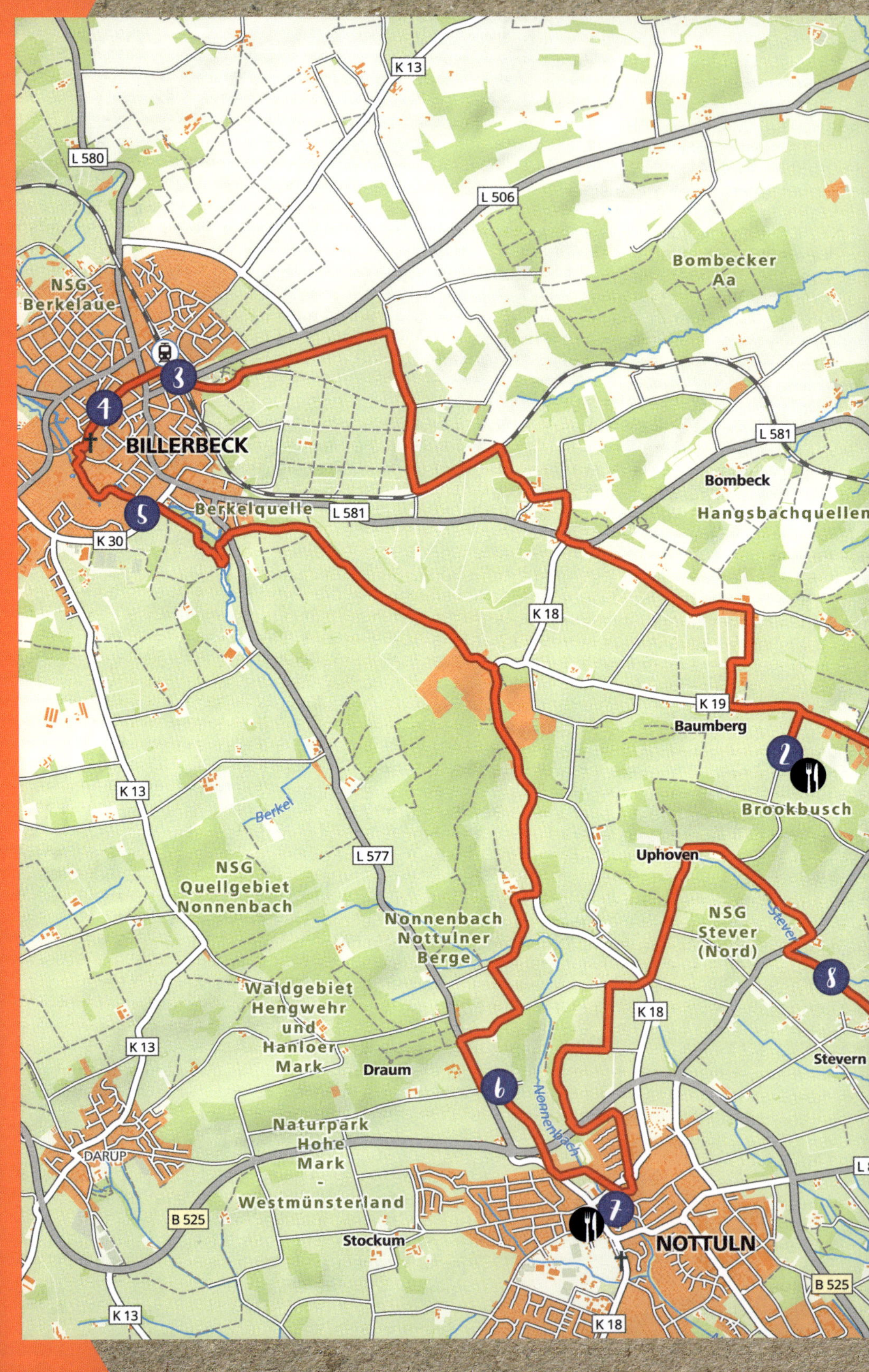

K 13
L 580
L 506
Bombecker
Aa
NSG
Berkelaue
BILLERBECK
Berkelquelle
L 581
K 30
L 581
Bombeck
Hangsbachquellen
K 18
K 19
Baumberg
Brookbusch
K 13
Berkel
L 577
NSG
Quellgebiet
Nonnenbach
Uphoven
Nonnenbach
Nottulner
Berge
NSG
Stever
(Nord)
Stever
Waldgebiet
Hengwehr
und
Hanloer
Mark
K 18
K 13
Draum
Stevern
Nonnenbach
Naturpark
Hohe
Mark
-
Westmünsterland
DARUP
B 525
Stockum
NOTTULN
B 525
K 13
K 18

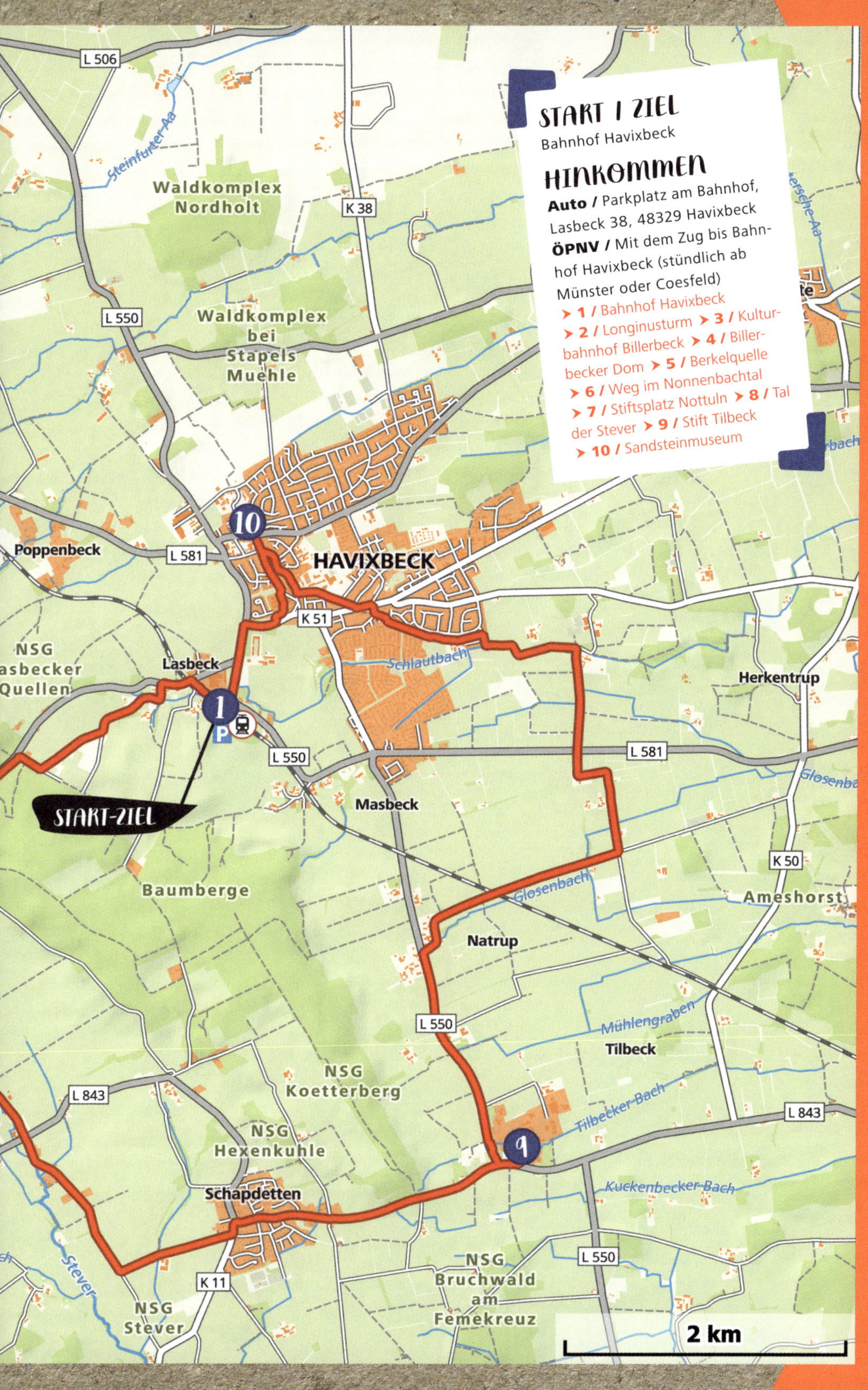
START / ZIEL
Bahnhof Havixbeck
HINKOMMEN
Auto / Parkplatz am Bahnhof, Lasbeck 38, 48329 Havixbeck
ÖPNV / Mit dem Zug bis Bahnhof Havixbeck (stündlich ab Münster oder Coesfeld)
› 1 / Bahnhof Havixbeck › 2 / Longinusturm › 3 / Kulturbahnhof Billerbeck › 4 / Billerbecker Dom › 5 / Berkelquelle › 6 / Weg im Nonnenbachtal › 7 / Stiftsplatz Nottuln › 8 / Tal der Stever › 9 / Stift Tilbeck › 10 / Sandsteinmuseum
L 506
Steinfurter Aa
Waldkomplex Nordholt
K 38
L 550
Waldkomplex bei Stapels Muehle
HAVIXBECK
Poppenbeck
L 581
K 51
NSG asbecker Quellen
Lasbeck
Schlautbach
Herkentrup
L 550
L 581
START-ZIEL
Masbeck
K 50
Baumberge
Glosenbach
Ameshorst
Natrup
L 550
Mühlengraben
Tilbeck
NSG Koetterberg
L 843
Tilbecker Bach
L 843
NSG Hexenkuhle
Schapdetten
Kuckenbecker Bach
Stever
L 550
NSG Bruchwald am Femekreuz
K 11
NSG Stever
2 km

WEGTRÄUMEN
Auf einem Tagesausflug kommt Urlaubsstimmung auf, wie hier am Terschner See auf Tour 13

WOCHENEND-BIKEAWAYS

MINI-URLAUBS-TOUREN MIT ÜBERNACHTUNG

19 | VIERMAL AA

Auf Flusspfaden durchs westliche Münsterland

➤ **2 Tage / 5:45 + 4:15 Stunden // Seite 179**

20 | AUF SCHMUGGLERPFADEN

Grenzenlos unterwegs zwischen Münsterland, Achterhoek und Twente

➤ **2 Tage / 5 + 6 Stunden // Seite 193**

TOUR, DIE DU SO NIE GEMACHT HÄTTEST

21 | NAH AM WASSER

Die Ems, zwei Kanäle, Nasses Dreieck, Heiliges Meer – und noch mehr

➤ **2 Tage / 5:30 + 6:30 Stunden // Seite 207**

21 1/2 | NAH AM ABGRUND

Klippen-Kraxeln beim Hockenden Weib

➤ **1:30 Stunden (zu Fuß), 20 Minuten (Rad) // Seite 218**

FREIE FAHRT FÜRS RAD

Allein die toll ausgebaute Radbahn Münsterland, eine frühere Eisenbahnstrecke, der wir 20 km folgen, lockt mich immer wieder in die schönen Städtchen Coesfeld und Burgsteinfurt.

➤ 1 / Zu Beginn begrüßt uns der moderne (Bus-) Bahnhof Borken

➤ 2 / Auf dem Pröbstingsee in die Boots-Pedale treten

➤ 3 / Die Jugendburg Gemen und ihre mächtige Gräfte bewundern

➤ 4 / Im Lebendigen Museum die Kartoffelernte wie anno 1900 erleben

➤ 5 / Im Schlosspark Velen im Schatten hoher Bäume ausruhen

➤ 6 / Geschichte(n) vom Torf im (D)Torfmuseum in Hochmoor erfahren

➤ 7 / Die Dünenlandschaft rund um die Sandkuhle am Hünsberg erkunden

➤ 8 / Dem Treiben auf dem Marktplatz von Coesfeld zuschauen

➤ 9 / Auf der Radbahn Münsterland dahinfliegen

➤ 10 / Wir übernachten in Horstmar

➤ 11 / Zum ältesten Wasserschloss des Münsterlands in Burgsteinfurt

➤ 12 / Am Rathausteich in Laer ein Eis schlecken

➤ 13 / Im hübschen Hohenholte aus dem Kuchenangebot wählen

➤ 14 / Münsters Aasee vom Lande bis in die Großstadt folgen

➤ 15 / Das Gesehene im Freilichtmuseum Mühlenhof Revue passieren lassen

➤ 16 / Bei den „Aasee Kugeln" am Seeufer die Tour ausklingen lassen

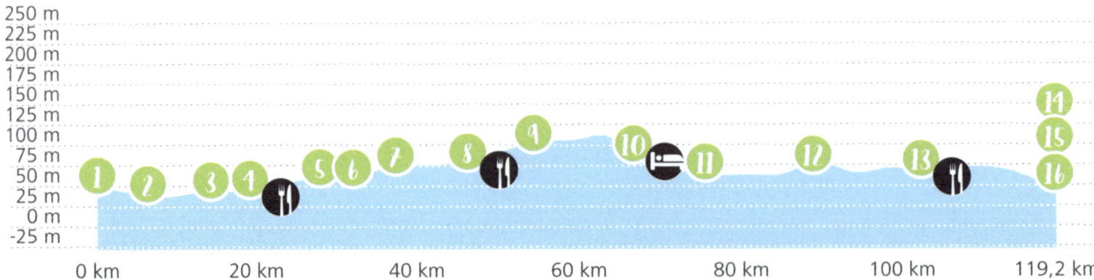

VIERMAL AA

Auf Flusspfaden durchs westliche Münsterland

Im Münsterland bekommt man leicht den Eindruck, jede Stadt und jedes Dorf habe ihre eigene „Aa". Bei so viel Auswahl können wir tatsächlich das halbe Münsterland durchqueren, indem wir uns einfach an vier Wasserläufen orientieren: Borkener Aa, Bocholter Aa, Steinfurter Aa und Münstersche Aa. So gleich die Namen sind, so unterschiedlich die Landschaft, die wir dabei durchfahren: Wiesen und Wälder im Naturpark Hohe Mark, Heide- und Moorlandstriche, Sanddünen und Hügelketten. Zuletzt finden wir uns an Münsters Aasee mitten in der City wieder.

67 + 52 Kilometer
85 + 15 Höhenmeter
5:45 + 4:15 Stunden
Streckentour

CHARAKTER

Sportlich ●●○○○
Abkühlung ●●●○○
Schlemmen ●●●●○
Panorama ●●●●○

TAG 1: Start in Borken

Borken nennt sich „Türmestadt" wegen ihrer fünf mittelalterlichen Stadttürme. Das erste Exemplar, ein Überbleibsel der alten Stadtmauer, sichten wir unweit von unserm Start, dem 1 / Bahnhof Borken, noch bevor wir den Marktplatz erreichen. Statt direkt eines der schönen Cafés anzusteuern, setzen wir uns vermutlich erst einmal in Bewegung und verlassen die Innenstadt Richtung Norden. Hier begegnen wir Turm Nummer zwei (Diebesturm) sowie Aa Nummer eins, der sehr kurzen Borkener Aa.

◂ **links / Über die Steinfurter Aa bei Laer**

Aa für einen kleinen Fluss leitet sich wie die Süddeutsche „Ache" oder die Aue vom lateinischen „Aqua" für Wasser ab.

Abstecher zum See

Noch bevor sie in die Bocholter Aa mündet, biegen wir am Knotenpunkt 56 nach links ab. Denn der 2 / Pröbstingsee lohnt einen etwa 11 km langen Abstecher. (Wer sich diesen sparen möchte, fährt direkt von hier nach Gemen.) Nach Westen bringt uns ein schnurgerader ruhiger Radweg unter Apfel- und Pflaumenbäumen direkt zum See, der eigentlich ein ganzer Erholungspark ist. Am Bootsanleger mit schönem Blick finden wir auch eine Außengastronomie (März–Okt. Mo–Mi, Fr–So, Fei 10–18 Uhr, www.bootshaus-proebstingsee.de). Nördlich des Sees stoßen wir auf die Bocholter Aa (Aa Nummer zwei). An ihrem Ufer verläuft ein gut ausgeschilderter Radweg, dem wir nun für längere Zeit folgen werden. Wir gelangen wieder an die Mündung der Borkener Aa, fahren vorbei an Wiesen, Wasserflächen und Kopfweiden.

PLATZ FÜR DIE JUGEND

Das bietet die 3 / Jugendburg Gemen in einem tollen mittelalterlichen Gemäuer. Menschen jeden Alters können sich gerne auf dem Gelände umschauen.

Jugendliche alte Wasserburg

Schon sind wir in Gemen, seit 1969 Stadtteil von Borken, und bald an der Wasserburg Gemen, deren blumengeschmückte Zufahrtsbrücke sich neben dem alten Mühlrad im Wasser spiegelt. Gemen entwickelte sich aus der westlich der Wasserburg gelegenen „Freiheit". Damit wird seit dem Mittelalter ein Ort bezeichnet, über den der Landesherr keine Gewalt hatte und der somit einen besonderen Rechtsstatus besaß. Mit ihrer imposanten Erscheinung ist die 3 / Jugendburg Gemen eines der wichtigsten katholischen Bildungszentren in Deutschland. Fast immer trifft man hier auf kleine Gruppen junger Menschen, die auf einer Freizeit oder Bildungsreise zu Gast sind. Wer mag, kann den Burghof

---

➤ **rechts oben / Jugendburg Gemen** ➤ **rechts Mitte / Pröbstingsee**

KM 8

Bootsverleih, Planetenweg, Spielplätze, Liegewiesen und nebenan ein extra Badesee. Am 2 / Pröbstingsee könnte man auch leicht den ganzen Tag verbringen.

schiebenderweise durchqueren, anschließend umfahren wir den breiten Wassergraben und folgen den Schildern der Radroute Bocholter Aa. Zahlreiche Infotafeln informieren über die ökologische Bedeutung des Flusses und das Leben in dieser Gegend, die klar von Landwirtschaft geprägt ist. Wie passend, dass unser nächster Stopp einer der fünf Standorte des 4 / Lebendigen Museums ist, das sich historischem Handwerk und Landwirtschaftstechnik widmet. Wir halten am Ortseingang von Ramsdorf für das Dorfgemeinschaftshaus – Hof Tenk-Dröning zur Geschichte des Kartoffelanbaus. Dank Drönings Landcafé ist das außerdem der perfekte Ort für eine Rast (Mo, Mi–Fr 14–18, Sa 14–19, So, Fei 10–19 Uhr, Ramsdorfer Straße 19, 46342 Velen-Ramsdorf, Tel. 02863 5471, www.droenings-landcafe.de).

LEBENDIGE GESCHICHTE

Vom Moor zur Sanddüne

Die ausgeschilderte Radroute führt uns durch Ramsdorf und weiter Richtung Velen, wo die Bocholter Aa ihren Ursprung hat. Dabei geht es südlich der Landstraße leicht bergan zum Waldrand und

vorbei an einigen Höfen, bis wir uns wieder nach Norden wenden. Entlang des alten Tiergartens mit seinen hohen Bäumen kommen wir an der alten Bleiche, einer Waschstelle, vorbei und finden uns im 5 / Schlosspark Velen wieder. Mit Orangerie, Forsthaus, Fasanerie und Tiergarten zeichnet sich der Park durch seine alten und vielfältigen Baumbestände aus. Wie nahezu alle Häuser in Velen ist auch das Schloss ganz aus Backsteinen erbaut, heute beherbergt es ein Sporthotel. Nun fahren wir, für längere Zeit Aa-los, auf breitem Radweg parallel zur Landstraße nach Osten. Wir überqueren die A31, biegen dann direkt links ab und passieren am Ortsrand von Hochmoor – der Name ist Programm – das 6 / (D)Torfmuseum (Zugang nach Vorabsprache, Landsbergstraße, 48712 Gescher, Tel. 02542 7144, www.heimatverein-hochmoor.info/tdorfmuseum/index.php). Der Ort Hochmoor ist gerade einmal 110 Jahre jung und war früher ganz dem Torfabbau gewidmet. Auf den nächsten Kilometern wird die Moorlandschaft auch für uns deutlich erkennbar. Mittlerweile stehen Kuhlenvenn & Co, unter Naturschutz und bieten Lebensraum für Amphibien, Fische und Vögel, die man von Schutzhütten aus beobachten kann. Nur hundert Meter weiter wandelt sich die Landschaft dann gänzlich: Statt feuchter Wiesen liegt vor uns ein sandiger Höhenzug, der Hünsberg. Ebenso wie der

(D)TORF

Das 6 / (D)Torfmuseum heißt nicht umsonst so. Anschaulich und gar nicht verschnarcht wird die schwere Arbeit im Moor von den Anfängen des Torfstichs bis zur industriellen Arbeit deutlich – und gleichzeitig, wie sich aus einem Torfwerk mit Siedlung der heutige Ort Hochmoor entwickelt hat.

< links / Lebendiges Museum ^ oben / Schloss Velen

Torf wurde auch Sand abgebaut und wird es teils auch heute noch. Ein eindrucksvolles Zeugnis davon ist die farbenprächtige 7 / Sandkuhle direkt am Wegesrand. Hier kann man das Rad auch mal stehen lassen und einem der Wanderwege in die Dünenlandschaft folgen, natürlich immer mit genügend Abstand zur Grubenkante. Weiter geht es auf teils sandigem Weg, alte Buchen zur einen, weite Felder und ein Golf-platz zur anderen Seite. Am Wochenende ist hier ein Abstecher von 2 km sehr zu empfehlen. Bei Gelato Mio gibt es das vielleicht beste Eis des Münsterlands. Hergestellt wird es in eigentümlicher Kulisse: Das Gelände einer früheren Kaserne ist heute eine Mischung aus Naturschutz- und Gewerbegebiet. Dabei wurden manche alten Gebäude stehengelassen, um als „Animal Inn" Fledermäusen und anderen Tieren Unterschlupf zu bieten. Eis-selig kehren wir zurück auf unseren Weg und fahren weiter, bis wir auf die Berkel treffen, und folgen ihr ins Zentrum Coesfelds. Die Altstadt umfahren wir zunächst entlang des alten

NUR AM WOCHENENDE!

Das vielleicht beste Eis im Münsterland ist den Abstecher zu Gelato Mio kurz vor Coesfeld garantiert wert.

⮝ oben / Radbahn Münsterland ➤ rechts / Sandkuhle

Stadtgrabens, genannt „Umflut“, und nähern uns dem 8 / Marktplatz von Coesfeld quasi durch die Hintertür. Die letzten Meter durch die Fußgängerzone müssen wir schieben. Dafür finden wir hier auch direkt eine Vielzahl an Cafés und Restaurants, wo wir das Rad für eine Zeit mal ganz stehen lassen können.

Bahntrassen-Radeln

Auf den nun folgenden 20 km müssen wir uns über Route oder Verkehr fast keine Gedanken machen. Grund ist die sogenannte 9 / Radbahn Münsterland, früher eine Bahnstrecke, heute ein Spitzenradweg. Zeit und Landschaft fliegen nur so vorbei, da möchte man manche Abschnitte gleich zweimal fahren. Unser Blick geht weit über die gewellte Landschaft, mal sehen wir die mächtigen Kirchtürme des Billerbecker Doms, dann wieder heben sich links und rechts steile bewaldete Hänge empor, wenn unser Weg einen Hügel regelrecht durchschneidet. Gerade bei Abendlicht eine faszinierende Landschaft! Entlang der Strecke finden wir einige Möglichkeiten für ein Nachtquartier, zum Beispiel in 10 / Horstmar, vom rustikalen Gasthof (Landgasthaus Meis-Gratz, Alst 13, 48612 Horstmar, Tel. 02558 7368, meis-gratz.de) bis zum schmucken kleinen Privathotel (Hotel Da' Amici, Schöppinger Str. 6, 48612

Selbst bei trübem Wetter leuchten uns die Hänge der 6 / Sandkuhle bei Coesfeld entgegen. Den umliegenden Fichten- und Eichenwald können wir auf sandigen Wanderwegen erkunden. Da scheint das Meer ganz nah zu sein.

DIE GANZE WELT IN EINEM PARK

Im **Bagnopark** finden sich nicht nur Wasserspiele und ein großer See mit Booten, sondern auch außergewöhnliche Gebäude wie ein ägyptischer Turm, eine türkische Moschee und ein chinesicher Salon.

Horstmar, Tel. 02558 9028179, daamici-horstmar.de). Und dank der toll ausgebauten Radbahn spielen auch ein paar Kilometer mehr oder weniger kaum eine Rolle.

TAG 2: Von Burgsteinfurt nach Münster

DAS ÄLTESTE WASSERSCHLOSS DES MÜNSTERLANDS

Am nächsten Morgen starten wir wieder mit frischen Kräften auf der Radbahn durch und sind flugs in Burgsteinfurt. Hier begegnen wir der Steinfurter Aa (Aa Nummer drei), in deren Mitte das kreisrunde 11 / Wasserschloss Burgsteinfurt thront (s. auch Tour 6). Zur einen Seite dieses Prachtstücks bildet eine Schar schmucker Häuser die Altstadt. Zur anderen Seite erstreckt sich der unmerklich in den Wald übergehende Bagnopark, der bereits seit 250 Jahren für Besuchende offensteht. Dieser frühe Freizeitpark wurde seit seinen barocken Anfängen vielfach umgestaltet. Heute finden wir hier zum Beispiel die alte Konzertgalerie, in der häufig Kammermusik gespielt wird. Von nun an fahren wir südwärts, überqueren die Aa und folgen zunächst der großzügig angelegten Fahrradstraße, dann Wirtschaftswegen und gelegentlich Landstraßen. Die Ge-

gend ist ruhig und zwischen Feldern und Baumreihen begegnet uns außer einigen Höfen nicht viel. Wir durchqueren Laer – oder gönnen uns eine kurze Rast am 12 / Rathausteich mit Windmühle – und es geht weiter, auf nun schmaleren Wegen. Die Höfe am Wegesrand bieten nun öfters ihre Produkte an, darunter auch Bauerneis. Vor uns am Horizont wird ein Höhenzug sichtbar, obendrauf der spitze Kirchturm von Altenberge, davor eine Reihe von Windrädern und immer wieder einzeln stehende mächtige Eichen oder Ulmen. Wo wir der Steinfurter Aa begegnen, spiegeln sich Felder, Wiesen und manch eine Kuh im klaren Wasser. Uns begleitet das pure Landleben, bis zur kopfsteingepflasterten Ortsmitte des wunderschönen 13 / Hohenholte. Gleich zwei Cafés (Speicher 3, April–Sept. Fr 14–21:30, Sa 12–21:30, So, Fei 12–18 Uhr, Zur Aabrücke 2, 48329 Havixbeck, Tel. 0173 5859105, www.speicher3.com; Café Oeding Erdel, Mi–So 14:30–21 Uhr, Roxeler Str. 6, 48329 Havixbeck, Tel. 02507 1235) und eine E-Bike-Tankstelle kommen uns wie gerufen. Auf die vierte und für diese Tour letzte Aa, die Münstersche Aa, stoßen wir gleich am Ortsausgang in einem kleinen Wäldchen. Hier ist sie nur ein kleines Rinnsal, aber in Münster, wo wir nun hinfahren, speist sie einen ganzen See. Wo wir sie kreuzen, kreuzt auch Tour 2. Vom nahenden Stadtleben ist auf unserer Route aber noch

1129

Damals wurde das 10 / Wasserschloss Burgsteinfurt zum erste Mal erwähnt und ist damit die älteste Wasserburganlage Westfalens. Die ringförmige Burganlage steht auf einer Insel, die von der Steinfurter Aa umflossen wird.

< links / Altstadt Burgsteinfurt ^ oben / Hohenholte

KM 119

Wollen wir das Wochenende verlängern, bietet sich Münster dafür hervorragend an. Die Stadt hat viel zu erzählen: vom Westfälischen Frieden, der 1648 zur Beendigung des Dreißigjährigen Kriegs geschlossen wurde, dem ersten Zoo Westfalens, der Geburtsstunde des Westdeutschen Rundfunks, dem Wiederaufbau nach dem Zweiten Weltkrieg bis zu den seit 1977 alle zehn Jahre stattfindenden „Skulptur Projekten Münster".

lange nichts zu spüren, selbst nachdem wir die A 1 überquert haben und an den ersten Wohngebieten vorbeifahren. Immer häufiger sind Pferdekoppeln unsere Begleiter, hin und wieder auch eine alte Wassermühle. Wir umfahren ein letztes Wäldchen, hinter dem sich Münsters Allwetterzoo verbirgt, und finden uns an der Südspitze des 14 / Aasees wieder (s. auch Tour 2). Am fernen Ende des 1934 aufgestauten flachen Sees können wir schon die ersten Kirchtürme erspähen. Dieser Blick wurde auch bereits von Otto Modersohn gemalt, dem zu Ehren die nahe Brücke und der östliche Uferweg benannt wurden. Wir halten uns aber auf dieser Seite, den See zur Rechten, und fahren mit schönem Ausblick Richtung Stadt.

Nachdem wir das halbe Münsterland durchquert haben, wirkt das 15 / Freilichtmuseum Mühlenhof wie ein Best-of (Theo-Breider-Weg 1, 48149 Münster, muehlenhof-muenster.org). Hier wurden seit den 1960ern zahlreiche originale Fachwerkhäuser aus verschiedenen Ortschaften wieder aufgebaut, inklusive der namensgebenden Mühle, mehrerer Handwerksbetriebe, Gärten und einer Tierweide – und natürlich einer Dorfschenke. Rundherum haben die alle 10 Jahre stattfindenden, international berühmten „Skulptur Projekte" (zuletzt 2017) ihre Spuren hinterlassen: Zahlreiche Kunstwerke säumen das Seeufer. Das wohl bekannteste darunter markiert den Abschluss unserer Tour: Claes Oldenburgs „Giant Pool Balls", auch 16 / „Aasee Kugeln", liegen schwer und ruhig auf der Wiese an der Nordspitze des Sees (auch Tourenziel von Tour 2). Wir setzen uns ein Weilchen dazu und genießen den Blick zurück, über die Aa und ihren See. Oder wir tauchen ein in Münsters lebendige und moderne historische Innenstadt, ganz wie es uns beliebt.

AUF ZEITREISE GEHEN

Im 15 / Freilichtmuseum Mühlenhof erfahren wir, wie die Menschen im Münsterland und Emsland früher lebten, wohnten und arbeiteten. Veranstaltungen wie Bienenkorb-Flechtkurse oder eine Rallye für Kinder ergänzen das Programm.

TOURENINFO / Meist flache Tour auf durchweg sehr verkehrsarmen Wegen oder Radwegen, gut befestigt und meist asphaltiert. Oft längere Abschnitte ohne Einkehr, genügend Wasser und Snacks einpacken. E-Bike-Ladestelle in Hohenholte.

◂ links oben / Aasee ◂ links Mitte / Bank am Wegesrand

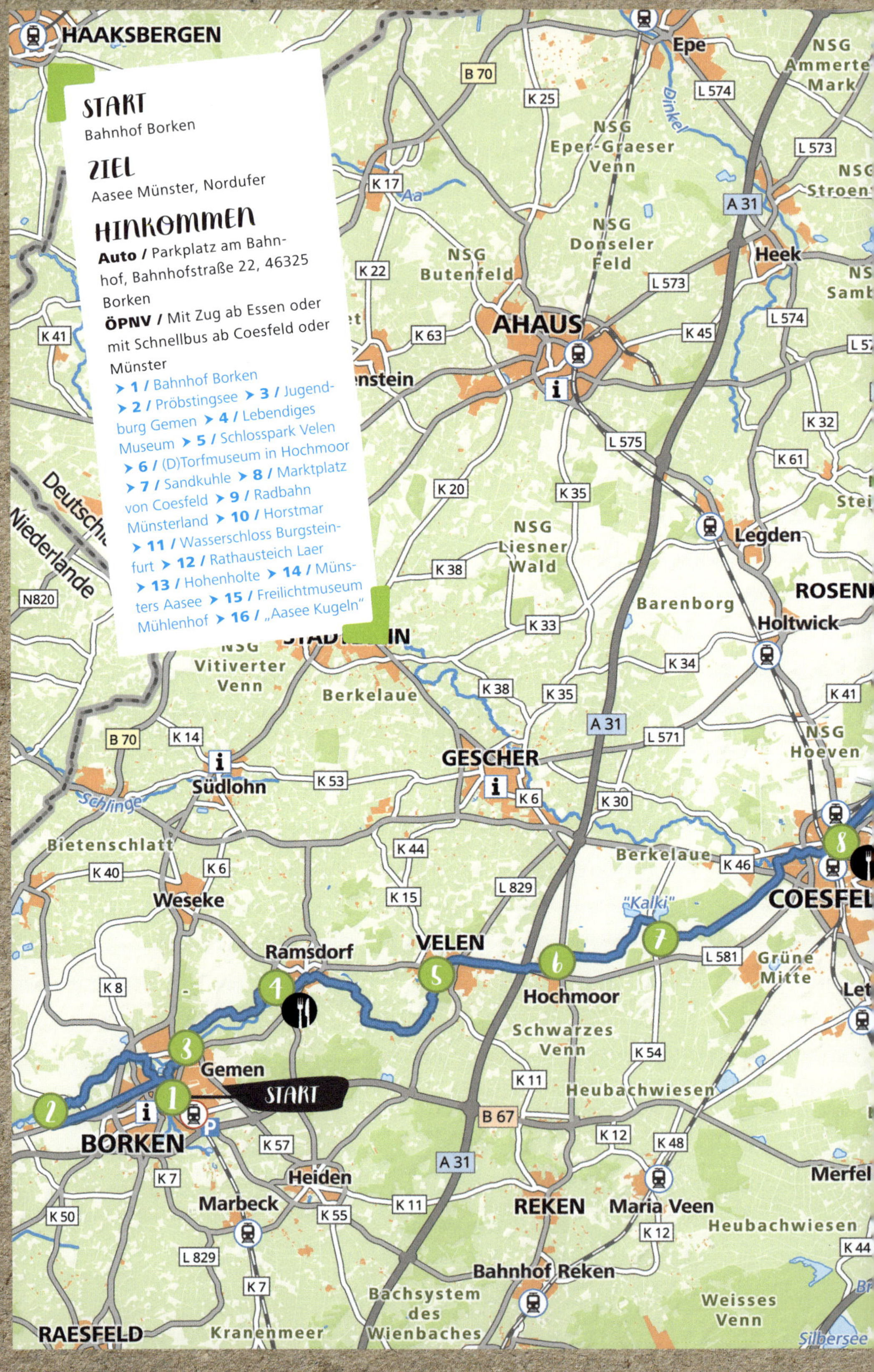
START
Bahnhof Borken
ZIEL
Aasee Münster, Nordufer
HINKOMMEN
Auto / Parkplatz am Bahnhof, Bahnhofstraße 22, 46325 Borken
ÖPNV / Mit Zug ab Essen oder mit Schnellbus ab Coesfeld oder Münster
➤ 1 / Bahnhof Borken ➤ 2 / Pröbstingsee ➤ 3 / Jugendburg Gemen ➤ 4 / Lebendiges Museum ➤ 5 / Schlosspark Velen ➤ 6 / (D)Torfmuseum in Hochmoor ➤ 7 / Sandkuhle ➤ 8 / Marktplatz von Coesfeld ➤ 9 / Radbahn Münsterland ➤ 10 / Horstmar ➤ 11 / Wasserschloss Burgsteinfurt ➤ 12 / Rathausteich Laer ➤ 13 / Hohenholte ➤ 14 / Münsters Aasee ➤ 15 / Freilichtmuseum Mühlenhof ➤ 16 / „Aasee Kugeln"
HAAKSBERGEN
Epe
NSG Ammerter Mark
B 70
K 25
L 574
Dinkel
NSG Eper-Graeser Venn
L 573
K 17
Aa
A 31
NSG Donseler Feld
Heek
NSG Butenfeld
K 22
L 573
AHAUS
L 574
K 41
K 63
K 45
K 32
L 575
K 61
K 20
K 35
NSG Liesner Wald
Legden
Deutschland
Niederlande
K 38
Barenborg
ROSEN
N820
Holtwick
K 33
NSG Vitiverter Venn
K 34
Berkelaue
K 38
K 35
K 41
A 31
B 70
K 14
L 571
NSG Hoeven
GESCHER
Südlohn
K 53
K 6
K 30
Schlinge
Bietenschlatt
K 44
Berkelaue
K 46
K 40
K 6
Weseke
K 15
L 829
"Kalki"
COESFEL
VELEN
Ramsdorf
L 581
Grüne Mitte
K 8
Hochmoor
Schwarzes Venn
K 54
Gemen
K 11
Heubachwiesen
START
B 67
BORKEN
K 57
K 12
K 48
K 7
Heiden
A 31
Merfel
Marbeck
K 50
K 55
K 11
REKEN
Maria Veen
Heubachwiesen
K 12
L 829
K 44
Bahnhof Reken
K 7
Bachsystem des Wienbaches
Weisses Venn
RAESFELD
Kranenmeer
Silbersee

Burgsteinfurt
STEINFURT
EMSDETTEN
Borghorster Venn
Mesumer Mark
Emsdettener Venn
NSG Elter Duenen
NSG Sinninger Veen
NSG Emsaue
NSG Am Waldhof
Metelen
Contestgruppe Schöppinger Berg e.V.
Leer
Schöppingen
HORSTMAR
NSG Rockeler Wald
Laer
NSG Bockler Berg
Nordwalde
GREVEN
Westeroder See
Altenberge
Rottbusch
Darfeld
NSG Vechtequelle
NSG Berkelaue
BILLERBECK
Berkelquelle
Bombecker Aa
HAVIXBECK
Ameshorst
ZIEL
NSG Stever (Sued)
NOTTULN
NSG Holler Kley
Bösensell
MÜNSTER
Kestenbusch
Rorup
Welter Bach
Buldener See
Buldern
Stever
DÜLMEN
Hiddingsel
SENDEN
Venner Moor
Warendorfer Davert
NSG Brinshok
Coesfelder Davert
Ottmarsbocholt
Vechte
5 km
9
10
11
12
13
14
15
16

GRENZENLOS

Die grüne Grenze frei von Beschränkungen passieren zu können, wie, wo und wann man will – das mag ich besonders an dieser Tour im Grenzgebiet ohne Grenze. Und dazu gibt's noch schöne Landschaft und viele nette Menschen (holländische und deutsche)!

- **1 /** Wir starten und beenden unsere Tour am Bahnhof Ahaus
- **2 /** Am Ahauser Schloss, einer Zweitwohnung der münsterschen Fürstbischöfe
- **3 /** Bei der Quantwicker Windmühle auf Holland einstimmen
- **4 /** Die Stiftskirche St. Felizitas zeugt vom Beginn der Stadt Vreden
- **5 /** Fast unbemerkt die grüne Grenze zu den Niederlanden überqueren
- **6 /** Am Freizeitsee `t Hilgelo einen holländischen Pannenkoeken probieren
- **7 /** Auf dem Markt in Winterswijk genießen wir einen Hollandse Nieuwe
- **8 /** Wir vertrauen aufs Glück, die Flamingos im Zwillbrocker Venn zu sehen
- **9 /** Die St. Franziskus-Kirche in Zwillbrock kannte frühere Grenzgänger
- **10 /** Der Naturpark de Leemputten ist ein Erlebnisparadies für Kinder
- **11 /** Die Stadtbefestigung erinnert an die Schlacht von Groenlo
- **12 /** An der Berkel fahren wir auf schönen Wegen in der Natur
- **13 /** An der grünen Grenze in Oldenkotte kommen wir auf den Hund
- **14 /** Im Haaksbergerveen ein Stück zu Fuß gehen
- **15 /** Auf dem Kommiezenpad treffen wir keine Kommiezen mehr
- **16 /** In der Haarmühle die letzte Pause vor dem Ziel in Ahaus

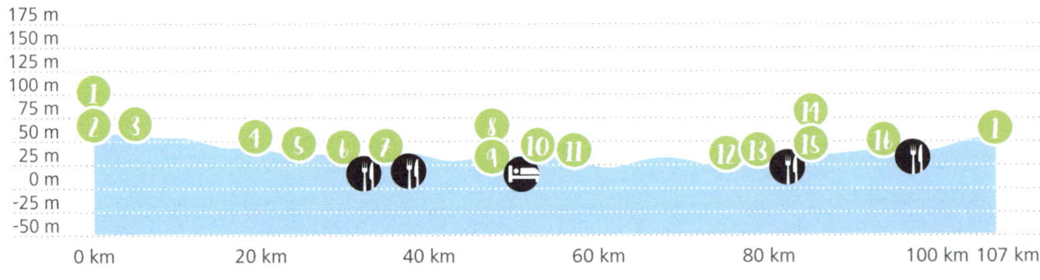

AUF SCHMUGGLERPFADEN

Grenzenlos unterwegs zwischen Münsterland, Achterhoek und Twente

Schmuggelpfade kann man nur dann, wenn man ganz genau hinschaut, hier und da im deutsch-niederländischen Grenzgebiet von Achterhoek, Twente und Westmünsterland noch erkennen. Schmuggeln muss man nicht mehr. In Zeiten der Europäischen Union funktioniert das Radeln hier grenzenlos, und da stellt sich ebensolche Freude auf dem Sattel fast von selbst ein.

49 + 58 Kilometer
45 + 80 Höhenmeter
5 + 6 Stunden
Rundtour

CHARAKTER

Sportlich ●●●○○
Abkühlung ●●●●○
Schlemmen ●●●●○
Panorama ●●●●○

TAG 1: Go West – von Ahaus nach Vreden

Wir starten unsere zweitägige Tour am 1 / Bahnhof in Ahaus, unser Programm für Tag eins heißt: Von A bis Z, von Ahaus bis Zwillbrock. Wir beginnen bei A: Über die Bahnhofstraße fahren wir ca. 1 km in südwestliche Richtung, biegen nach links in den Domhof ab und sind bald am 2 / Ahauser Schloss. 1120 wurde hier schon eine Burg errichtet, später folgte das Schloss. Das war seit Beginn des 15. Jahrhunderts eine beliebte Residenz der münsterschen Fürstbischöfe – vor allem, wenn die in ihrer Stadt Münster mal wieder Stress mit den selbstbewussten Bürgern hatten. Heute haben das Amtsgericht und die Technische Akademie Ahaus hier ihren Sitz. Über Am Schlossgra-

---

< links / Mühle bei Winterswijk

ben, Hindenburgallee und Coesfelder Straße fahren wir bis zum Adenauerring und dem Knotenpunkt 86.

SANKT HORTEN

(nach dem Kaufhaus-Namen) nennen manche Menschen in Ahaus ironisierend die katholische Stadtkirche St. Mariä Himmelfahrt. 1966 wurde das moderne neue Kirchenschiff geweiht. Gleichwohl: Im Inneren des Betonwürfels entfalten insbesondere die bunten Glasfenster von Georg Meistermann ihren Reiz.

Einstimmung auf die Niederlande

Wir fahren nun Richtung 87, dann 52 entlang der Ahauser Aa und werden wenig später an der 3 / Quantwicker Windmühle aus dem frühen 19. Jahrhundert auf den holländischen Teil des Programms eingestimmt. Die Mühle ist nicht nur nach holländischer Art gebaut, sondern – den Restaurateuren und ihrer Arbeit sei Dank – auch wieder voll funktionstüchtig. Über 29, 9 und 8 kommen wir in die Innenstadt von Vreden. Am Marktplatz können wir in angenehmer Atmosphäre eine Pause einlegen. Der Kurzname für das Kulturhistorische Zentrum Westmünsterland in Vreden ist „kult". Unter seinem Dach befinden sich nicht nur die kulturellen Institutionen des Kreises Borken und der Stadt Vreden, sondern auch ein interessantes Museum (www.kult-westmuensterland.de).

Eben mal schnell nach Holland ...

Die Anfänge Vredens reichen bis in die Zeit um 800 zurück, als am Übergang der Berkel ein reichsunmittelbares Damenstift errichtet wurde. Die 4 / Stiftskirche St. Felizitas zeugt von der Entstehungsgeschichte der Stadt. Heute ist Vreden mit seinen 22.000 Einwohnern eine kleine Mittelstadt. Eine reichhaltige Palette von Handwerk und kleinen bis mittelgroßen Industrieunternehmen bildet eine gesunde wirtschaftliche Basis. Wir fahren Richtung 50 durch den attraktiven Stadtpark entlang der Berkel, verlassen das Stadtgebiet (➤ 33) und überqueren bald – ohne es wirklich zu merken – die 5 / grüne Grenze in die Niederlande. Vielleicht merken wir es am ehesten noch an der Farbe der Knotenpunkt-Schilder:

➤ rechts oben / „St. Horten" in Ahaus ➤ rechts Mitte / Schloss Ahaus

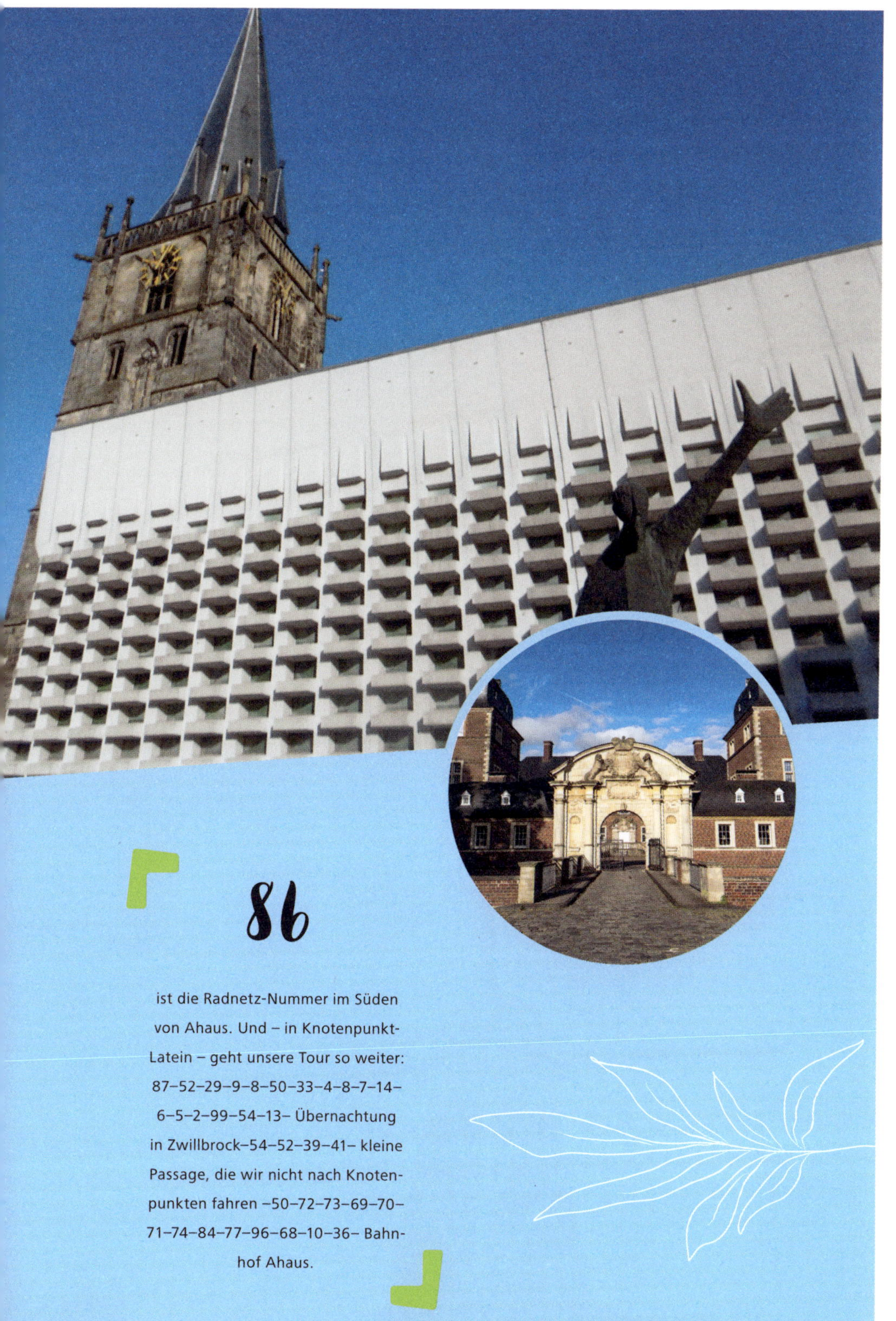

86

ist die Radnetz-Nummer im Süden von Ahaus. Und – in Knotenpunkt-Latein – geht unsere Tour so weiter: 87–52–29–9–8–50–33–4–8–7–14–6–5–2–99–54–13– Übernachtung in Zwillbrock–54–52–39–41– kleine Passage, die wir nicht nach Knotenpunkten fahren –50–72–73–69–70–71–74–84–77–96–68–10–36– Bahnhof Ahaus.

PIET MONDRIAAN

Der 1872 geborene Künstler und Mitbegründer der abstrakten Malerei lebte in jungen Jahren mit seinen Eltern im Zonnebrink 4 in Winterswijk, wo seine Leidenschaft für das Malen entstand. Dort gibt es ein kleines feines Museum, die Villa Mondriaan.

SICH DEN BAUCH MIT PANNEKOEKEN VOLLSCHLAGEN

In Deutschland waren sie rot, jetzt sind sie grün. Ach ja, da gibt es doch noch ein weiteres untrügliches Indiz: In den Fenstern der holländischen Häuser gibt es deutlich weniger Gardinen zu sehen als auf der anderen Seite der Grenze. Wir fahren weiter die Knotenpunkte 4, 8 und 7 an. Am Freizeitgelände 6 / `t Hilgelo, früher ein Baggersee, können wir, wenn uns danach ist, einen üppigen holländischen Pannekoeken verspeisen; der macht richtig satt und reicht für längere Zeit. Wir fahren jetzt auf Knooppunt 14 in Winterswijk zu und noch das kurze Stück weiter bis zum 7 / Markt an der Jacobskerk. Mittwochs (8–14 Uhr) und samstags (8–17 Uhr) ist hier der Wochenmarkt; er gilt als einer der schönsten weit und breit. Wir lassen uns den Genuss auch auf der Zunge zergehen: Einen Hollandse Nieuwe (das ist ein junger Matjeshering) am Stand kaufen, an der Schwanzflosse fassen, langsam senkrecht von oben in den geöffneten Mund senken und mit geschlossenen Augen verspeisen – köstlich!

… und wieder zurück ins Münsterland, zu den Flamingos in Zwillbrock

Vom Markt in Winterswijk fahren wir wieder zum Punkt 14 und dann über den poetischen Morgenzonweg (Morgensonnenweg) (➤ 6, 5) in westliche Richtung. Wir kommen durch das attraktive Waldgebiet `t Rommelgebergte und streifen die Moorlandschaft Korenburgerveen. Ansonsten sehen wir viele Felder und Wiesen, ganz ähnlich, wie wir es auch schon auf deutscher Seite gesehen haben. Wir fahren nach ➤ 2, 99 und 54, queren zum zweiten Mal an diesem Tag die unsichtbare grüne Grenze und kommen ins Venn (➤56) auf deutscher Seite. Bald sind wir an der westlichen Aussichtskanzel. Vielleicht haben wir Glück und können von hier aus die 8 / Flamingos im Zwillbrocker Venn sehen. Es ist die nördlichste Flamingo-Brutkolonie Europas und ein absolutes Highlight der Region. Sollten wir die rosafarbenen Vögel von unserem Standort an der Westseite des Venns aus nicht sehen können, müssen wir einen kleinen Abstecher machen und unser Glück von der Kanzel am nördlichen Rand aus versuchen. Unser Hauptweg führt uns weiter in nördliche Richtung bis in den Ort Zwillbrock. Der besteht eigentlich nur aus ein paar verstreut liegenden Bauernhöfen,

1938

bereits wurde das 8 / Zwillbrocker Venn als Vogelschutzgebiet unter Naturschutz gestellt. Die Flamingos sind die absoluten Stars hier. Nicht vergessen werden sollten aber auch weitere seltene Bewohner, wie zum Beispiel Schwarzkopfmöwe, Knäkente, Blaukehlchen und Pirol.

< links / Windmühle t'Hilgelo
^ oben / Flamingos im Zwillbrocker Venn

einem Hotel (in dem wir übernachten) – und einer ziemlich großen Kirche. Die barocke 9 / St. Franziskus-Kirche gibt beredtes Zeugnis über die Konflikte aus der Zeit der Reformation und Gegenreformation. Nach dem Westfälischen Frieden 1648 verlief – und verläuft bis heute – die Grenze zwischen dem katholischen Münsterland und den calvinistisch-reformierten Niederlanden genau hier, zwischen Zwillbrock (D) und Zwillbroek (NL). Und da ließ der münstersche Bischof hier diese Kirche bauen, damit die katholischen Holländer von der anderen Seite der Grenze, die dort keine eigene Kirche haben durften, ihrem Glauben nachgehen konnten. Die Grenze war damals wie heute kein Hindernis.

ST. FRANZISKUS-KIRCHE

Die 1717 bis 1720 erbaute Kirche des ehemaligen Minoritenklosters in Zwillbrock wirkt von außen eher bescheiden, im Inneren aber ist sie ein barockes Kleinod, wie man kein kostbareres im ganzen Münsterland finden kann. Also: auf jeden Fall hereinschauen!

TAG 2: Auf nach Groenlo!

Am Morgen sind wir gut erholt, nach dem Frühstück frisch gestärkt und voller Erwartung, was wir am zweiten Tourtag sehen werden. Bevor wir aufs Rad steigen, machen wir noch einen klei-

---

⮝ oben / Groenlo: Radweg hat Vorrang ➤ rechts / Kanone in Groenlo

nen Aufwärmspaziergang über den bezaubernden Kloppendiek und vergegenwärtigen uns, dass genau dies früher der Weg der aus Holland kommenden katholischen Gläubigen in „ihre" Kirche in Zwillbrock war. Nun geht es aufs Rad (oder auf Niederländisch:„op de fiets"). Wir fahren auf demselben Weg am Rande des Venns, den wir vom Vortag kennen, und rollen Richtung 58 und 54 und dann scharf rechts auf 52 und 39 zu. Wir durchqueren den 10 / Naturpark de Leemputten, früher ein Areal des Lehmabbaus für Ziegeleien, heute ein grünes Paradies nicht zuletzt für Kinder, die hier mit Tretbooten von Inselchen zu Inselchen fahren können. Wir kommen in das ehemalige Festungsstädtchen Groenlo, eine heute beschauliche Kleinstadt. 1597 aber war hier die Hölle los. Die heute noch gut sichtbare sternförmige 11 / Stadtbefestigung gibt uns den Hinweis darauf: Im Achtzigjährigen Krieg, in dem die katholischen Spanier gegen die reformatorisch orientierte einheimische Befreiungsbewegung ihren Machtanspruch als Herren der Niederlande behaupten wollten, fand hier die legendäre Schlacht um Groenlo statt. Die spanischen Truppen, die hier stationiert waren, kapitulierten und zogen aus der Stadt ab. Ein grandioser Sieg der niederländischen Freiheitsbewegung also; so grandios, dass heute noch – alle zwei Jahre – das Kriegsspekta-

388

Jahre lang – von 1615 bis 2003 – hatte die Brauerei Grolsch ihren Sitz in Groenlo und produzierte hier das weiß schäumende Kaltgetränk. Der Name Grolsch ist von Grol hergeleitet; das ist die von Einheimischen verwendete Kurzform des Stadtnamens Groenlo. Heute produziert Grolsch in Enschede.

Die Berkel

entspringt am Fuße der Baumberge in Billerbeck und mündet nach 115 Kilometern Wasserlauf in Zutphen in die Ijssel. Schöne naturnahe Abschnitte – wie zum Beispiel zwischen Rekken und Oldenkotte – wechseln mit eher unattraktiven begradigten Flussabschnitten.

kel vor mehreren zehntausend Zuschauern nachgespielt wird. Wir sind wieder im Heute und Jetzt und machen am Markt eine Pause.

Heiße Kaffeegeschichten in Oldenkott(e)

Grenzgeschichten

In westliche Richtung (➤ 41) verlassen wir Groenlo. Nach Überqueren der Groenlose Slinge biegen wir nach rechts ab auf den Deventer Kunstweg, von dem wir nach 1,6 km nach rechts auf den Ruiterpad fahren. Beim übernächsten Kreisverkehr halten wir uns links (Redoute), fahren eine Linksspirale, um auf dem Weg Approche die Autostraße N 16 zu überqueren. Wenig später biegen wir links ab und sind wieder auf dem Ruiterweg und bald beim Knooppunt 50. Über 72, 73, 69 und 70 kommen wir nach 71 Rekken. Wir fahren jetzt über 74 zu 18 und passieren dabei eine idyllische Passage am Flüsschen 12 / Berkel. Schließlich sind wir in Oldenkotte (NL) und wenige Meter später in Oldenkott (D). Die 13 / grüne Grenze in Oldenkott ist an einer Markierung auf der Straße im Ort zu erkennen. Vielleicht ist es hier gewesen (vielleicht aber auch woanders, vielleicht aber auch hier und anderswo auch), wo in der

Nachkriegszeit ein findiger Schmuggler seinem klugen und gehorsamen Hund – in der Art der Bernhardiner in den Alpen mit ihrem Schnapsfässchen am Hals – einen prallen Beutel mit preiswertem (aber gutem) Kaffee aus Oldenkotte (NL) umgebunden hat. Der Hund brachte die kostbare Fracht geschickt am Zollpersonal vorbei nach Oldenkott (D), wo der Kaffee so unendlich viel teurer war. Als Leerfracht trottete Meister Bello dann wieder treu zurück zu seinem Herrchen in die Niederlande, in freudiger Erwartung seines Leckerlis und schon ganz heiß auf seinen nächsten klandestinen Grenzübertritt. Im Café Rotering, direkt an der Grenze, können wir mit einem Kaffee dieser schönen Kaffeegeschichte gedenken. Und dazu vielleicht een broodje met hagelslag verspeisen …

Wo sind die Kommiezen auf dem Kommiezenpad?

Wir fahren 250 m zurück nach Westen und dann nach rechts in den Panovenweg (nicht: Ganovenweg – trotz aller Schmuggelei, die es hier gegeben hat). Nach 2,4 km sind wir bei Knooppunt 54. Wir fahren weiter Richtung 84 und sind nun im 14 / Haaksbergerveen. In diesem Moorgebiet gibt es Reste der Hochmoorvegetation und wassergefüllte Torfstiche und damit eine reichhaltige Flora und Fauna. Wanderwege und ein Bohlenweg laden dazu ein,

HAAR-MÜHLE

Die an der Alstätter Aa gelegene Mühle hat ihren Ursprung bereits im 12. Jahrhundert. Später war sie im Besitz des Fürstbischofs von Münster. Das heute noch bestehende Mühlengebäude stammt von 1619. Den Gasthof gleichen Namens gibt es seit 1930.

< links / Windmühle vor Groenlo ^ oben / Grenze vor Oldenkott

2

Tage waren wir in zwei Ländern unterwegs. Sechsmal (vielleicht auch mehr) haben wir die Grenze überquert – und nichts oder kaum etwas davon gemerkt. Glückliches Mitteleuropa!

hier auch mal ein Stück zu Fuß zu gehen. Im Hochsommer kann man sich an der blühenden Glocken- und Besenheide erfreuen. Beim Punkt 79 kommen wir auf den 15 / Kommiezenpad. Das ist der Weg, über den früher die niederländischen Grenzwächter (die Kommiezen) patrouillierten und scharf darauf achteten, dass es keinen unerlaubten Grenzverkehr und keinen Schmuggel gab. Seit dem Wegfall interner Grenzkontrollen in der Europäischen Union 1995 gibt es zwar immer noch den Kommiezenpad, aber nicht mehr die Kommiezen; die sind, zumindest hier, arbeitslos geworden. Über 99 und 96 erreichen wir, nachdem wir wieder in Deutschland angekommen sind, die 16 / Haarmühle (über einen kleinen Abstecher von der Buurser Straße dorthin). Hier können wir in schöner Umgebung eine Pause einlegen und Kraft für den Rest unserer Tagesetappe tanken. Über Alstätte (➤ 68) kommen wir nach Wessum. Bei 10 fahren wir nach rechts auf die Westheimstraße und dann nach links auf die Martinistraße. Wir sehen das Oratorium, das Gebetshaus in gotischem Stil aus dem Jahr 1510. Weiter fahren wir über die Martinistraße, biegen nach rechts auf die Wessumer Straße und kommen zum Knotenpunkt 36. Nach ungefähr einem Kilometer sind wir am Kreisverkehr, dort schwenken wir in die Fuistingstraße und haben bald den 1 / Bahnhof Ahaus erreicht. Unsere zweitägige Grenzhopper-Tour ist zu Ende.

POMMES-FABRIK

Um 1950 wurde in Alstätte die erste deutsche Pommes-frites-Fabrik in Betrieb genommen. Davon profitierten nicht nur die Fritten-Fans in Deutschland, sondern auch die westmünsterländischen Kartoffelbauern; sie hatten jetzt – ganz nahebei – eine sichere Absatzmöglichkeit für ihre Knolle von der Scholle.

TOURENINFO / Die Strecke ist weitestgehend flach. Die Wege sind im überwiegenden Teil befestigt, auch im Falle naturbelassener Wegeoberfläche sind sie gut zu befahren. In den landwirtschaftlich genutzten Bereichen fahren wir beiderseits der Grenze oft auf Bauerschaftswegen, die in geringem Maße auch vom motorisierten Anliegerverkehr genutzt werden. Das Fahrradfahren in den Niederlanden ist aufgrund der dort vorhandenen hervorragenden Verkehrsinfrastruktur für Fietsers per se ein Genuss.

◂ links oben / Alstätter Aa bei der Haarmühle
◂ links Mitte / Oratorium in Wessum

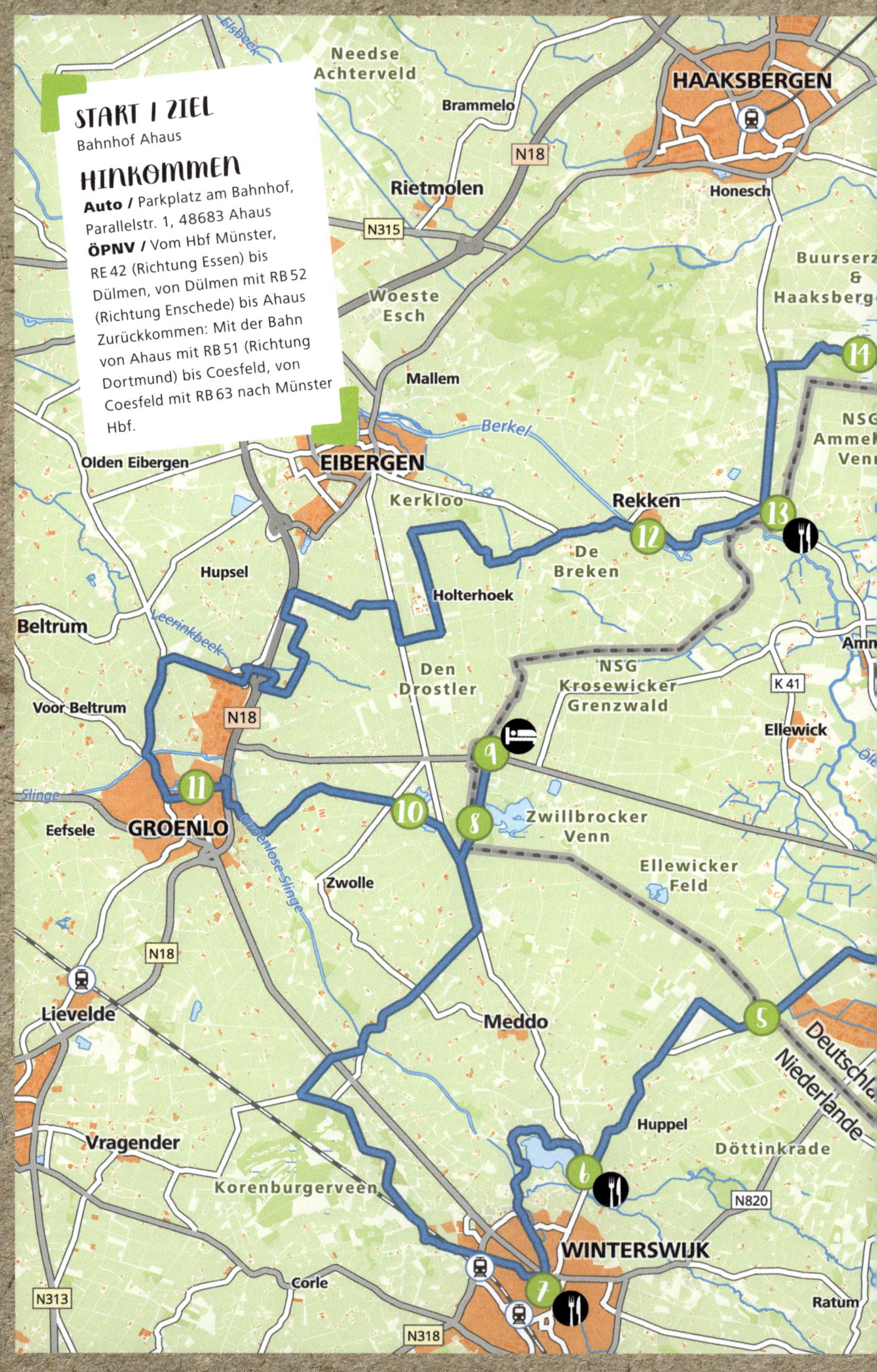
START / ZIEL
Bahnhof Ahaus
HINKOMMEN
Auto / Parkplatz am Bahnhof, Parallelstr. 1, 48683 Ahaus
ÖPNV / Vom Hbf Münster, RE 42 (Richtung Essen) bis Dülmen, von Dülmen mit RB 52 (Richtung Enschede) bis Ahaus
Zurückkommen: Mit der Bahn von Ahaus mit RB 51 (Richtung Dortmund) bis Coesfeld, von Coesfeld mit RB 63 nach Münster Hbf.
Needse Achterveld
Brammelo
HAAKSBERGEN
N18
Honesch
Rietmolen
N315
Buurserzand & Haaksberg
Woeste Esch
Mallem
Berkel
EIBERGEN
Olden Eibergen
Kerkloo
Rekken
De Breken
Hupsel
Holterhoek
Beltrum
Leerinkbeek
Den Drostler
NSG Krosewicker Grenzwald
K 41
Ellewick
Voor Beltrum
N18
Slinge
GROENLO
Eefsele
Zwillbrocker Venn
Ellewicker Feld
Zwolle
Groenlose Slinge
N18
Lievelde
Meddo
Deutschland
Niederlande
Huppel
Döttinkrade
Vragender
Korenburgerveen
N820
WINTERSWIJK
Corle
N313
N318
Ratum
5
6
7
8
9
10
11
12
13
14

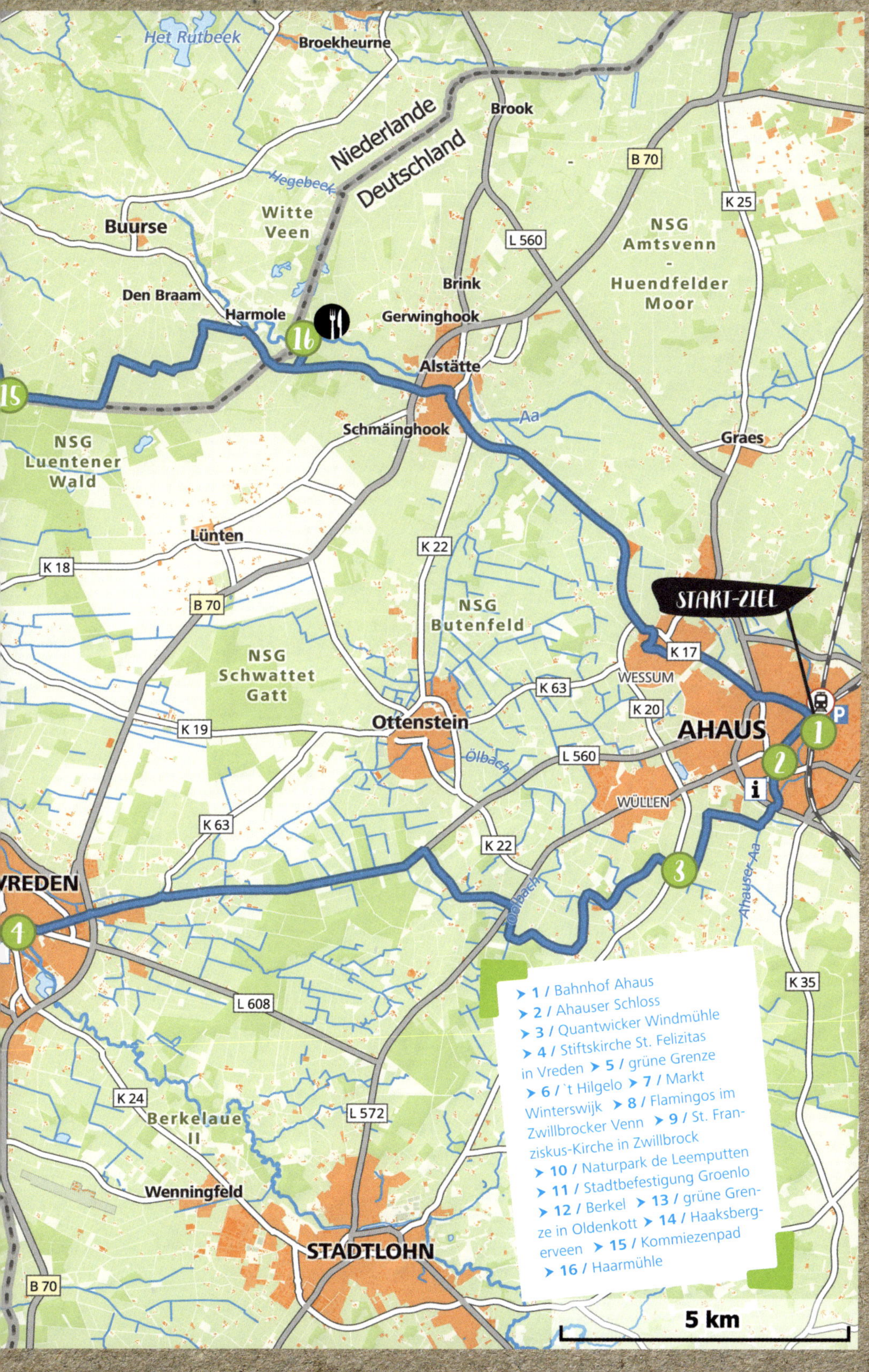

START-ZIEL
Niederlande
Deutschland
Het Rutbeek
Broekheurne
Brook
B 70
K 25
Hegebeek
Witte Veen
Buurse
L 560
NSG Amtsvenn - Huendfelder Moor
Brink
Den Braam
Harmole
Gerwinghook
Alstätte
Aa
Schmäinghook
Graes
NSG Luentener Wald
Lünten
K 22
K 18
B 70
NSG Butenfeld
K 17
NSG Schwattet Gatt
WESSUM
K 63
K 20
AHAUS
Ottenstein
K 19
L 560
Ölbach
WÜLLEN
K 63
K 22
VREDEN
Ölbach
Ahauser Aa
K 35
L 608
K 24
L 572
Berkelaue II
Wenningfeld
STADTLOHN
B 70
5 km
1 / Bahnhof Ahaus
2 / Ahauser Schloss
3 / Quantwicker Windmühle
4 / Stiftskirche St. Felizitas in Vreden
5 / grüne Grenze
6 / 't Hilgelo
7 / Markt Winterswijk
8 / Flamingos im Zwillbrocker Venn
9 / St. Franziskus-Kirche in Zwillbrock
10 / Naturpark de Leemputten
11 / Stadtbefestigung Groenlo
12 / Berkel
13 / grüne Grenze in Oldenkott
14 / Haaksbergerveen
15 / Kommiezenpad
16 / Haarmühle

Kanufahrt auf der Ems

Ich kombiniere diese Tour gerne mit einer Kanufahrt auf der Ems. Es ist reizvoll, sich auf dem windungsreichen Fluss durch die idyllische Auenlandschaft zu bewegen (z. B. Verkehrsverein Emsdetten, www.vvemsdetten.de).

➤ **1 /** Für unsere Rundtour satteln wir auf und ab am Bahnhof Greven

➤ **2 /** Die Seele baumeln lassen im malerischen Ortskern von Gimbte

➤ **3 /** Im Naturschutzgebiet Bockholter Berge mit seiner Wachholderheide

➤ **4 /** Am KÜ sehen wir, wie eine Wasserkreuzung funktioniert

➤ **5 /** Ladbergen: ein protestantisches Dorf in katholischem Umland

➤ **6 /** Inmitten exotischer Gehölze im Botanischen Garten Loismann

➤ **7 /** Moderne Kunst im Kunsthaus Kloster Gravenhorst

➤ **8 /** Wir übernachten in Uffeln

➤ **9 /** Wir erfahren Dichtung und Wahrheit am Heiligen Meer

➤ **10 /** Am Nassen Dreieck fällt es leicht, nicht auf dem Trockenen zu sitzen

➤ **11 /** In der Innenstadt Rheine können wir 1.200 Jahre Geschichte besichtigen (und entspannen)

➤ **12 /** In der Hofbrauerei Isendorf für den Rest der Tour stärken

➤ **13 /** Der Radweg in der Emsaue bietet uns eine Fülle schöner Natureinblicke

➤ **14 /** 1.200-Jahre-Zeitreise am frühmittelalterlichen Sachsenhof

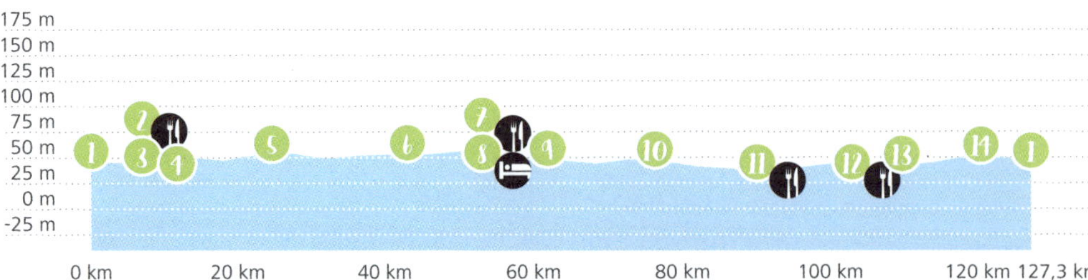

NAH AM WASSER

Die Ems, zwei Kanäle, Nasses Dreieck, Heiliges Meer – und noch mehr

TOUR, DIE DU SO NIE GEMACHT HÄTTEST

Nein, nicht nur Bauernhöfe, Pferde und Schlösser gibt es im Münsterland. Auch Wasser, und zwar in den unterschiedlichsten Formen. Wasser ist unser Begleiter bei dieser Zweitagestour mit ordentlich langen Etappen, durch die wir das Nordmünsterland, und ein bisschen Teutoburger Wald, näher kennenlernen. Und wer Lust hat, baut diese Route zu einer Bike-'n'-Hike-Tour aus.

57 + 70 Kilometer
90 + 130 Höhenmeter
5:30 + 6:30 Stunden
Rundtour

TAG 1: Auf dem Ems-Radweg nach Süden

Am 1 / Bahnhof Greven lockern wir die Beinmuskulatur und starten unser velozipedisches Zwei-Tage-Projekt. Wir fahren in östliche Richtung, überqueren die Ems und folgen auf dem Ems-Radweg der Radwegweisung nach Gimbte. Den Wandel von einem monostrukturierten Standort der Textilindustrie hin zu einer Stadt, in der heute Unternehmen der Logistikbranche ein wichtiger Baustein des wirtschaftlichen Fundaments sind, hat die 38.000-Einwohner-Stadt Greven erfolgreich hinter sich gebracht. Insbesondere die Gewerbeflächen am Flughafen Münster-Osnabrück (FMO), der auf Grevener Gebiet liegt, sowie die unmittelbare Nähe zur Autobahn A1 (Hansalinie) spielen

CHARAKTER

Sportlich	●●●●○
Abkühlung	●●●●○
Schlemmen	●●●●○
Panorama	●●●●○

◂ links / Blick auf Schmedehausen

TOUR, DIE DU SO NIE GEMACHT HÄTTEST

hier eine wichtige Rolle. Längst vergangene Historie dagegen ist die Bedeutung der Ems als Handelsweg: Früher einmal war Greven der südliche Endpunkt einer regen Ems-Schifffahrt. Auf Pünten (das waren Transportsegelboote mit flachem Boden) wurde zum Beispiel so manche Ladung Baumberger Sandstein Richtung Norden verschifft. Heute segelt eine Pünte nur noch auf dem Grevener Stadtwappen. Im 2 / Ortskern von Gimbte können wir uns vom malerischen Ambiente verzaubern lassen; das geht natürlich am besten bei einem erfrischenden Getränk in einem der Biergärten im Schatten des Turms des alten St. Johannes Kirchleins (darin befindet sich ein romanischer Taufstein aus dem 13. Jahrhundert). Wir fahren weiter auf dem Ems-Radweg in Richtung Gelmer und überqueren am Rand des Naturschutzgebiets 3 / Bockholter Berge die Ems. Nach Queren des Inselwegs folgen wir nicht weiter dem nach rechts ausgeschilderten Ems-Radweg-Pättken, sondern fahren geradeaus bis ans Ufer des Dortmund-Ems-Kanals. Dort wenden wir uns nach links auf den Kanaluferweg und sind nach 500 m an der Stelle, wo der Kanal mittels Wasserbrücke über die Ems geführt wird.

CHRISTO

und Greven – gibt es da eine Verbindung? Ja, gibt es. Der silberglänzende Stoff, mit dem im Jahr 2020 der Arc de Triomphe in Paris nach den künstlerischen Plänen von Christo und Jeanne-Claude spektakulär verpackt worden ist, ist von der Grevener Textilfirma Setex entwickelt und hergestellt worden.

KÜ und ein protestantischer Sprengel

4 / KÜ ist das Kürzel für Kanalüberführung. Als man Ende des 19. Jahrhunderts die Wasserstraße zwischen dem Ruhrgebiet und der Nordsee baute, musste man manches Problem lösen, so auch dieses: Wie gestaltet man eine Wasserkreuzung, allerdings nicht auf gleicher Höhe, sondern in zwei Etagen? Die Lösung: Man baut einen wasserdichten Trog – ursprünglich aus Stein, heute aus Stahl –, und schon ist die Überführung perfekt. Die auf der östlichen Kanalseite befindlichen Reste der alten Fahrt sind übrigens eine der beliebtesten und kultigsten Freiluft-Badestellen der Regi-

---

➤ rechts oben / Greven: Kanalüberführung Dortmund-Ems-Kanal
➤ rechts Mitte / Brücke über den Dortmund-Ems-Kanal bei Greven

1945

gastierte der weltberühmte Geiger Yehudi Menuhin in Greven. Die Umstände waren allerdings ganz besondere: Unmittelbar nach Ende des Zweiten Weltkrieges war in Greven ein großes Lager für „Displaced Persons". Und zur Hebung der Stimmung dort gab Menuhin ein Konzert im Kulturprogramm.

ARMSTRONGS

Urgroßvater mütterlicherseits stammt aus **5 / Ladbergen**. Der wanderte im 19. Jh. aus wirtschaftlicher Not in die USA aus. Hat also nicht viel gefehlt und Astronaut Neil hätte 1969 beim Betreten des Monds gesagt: „Dat ess en lütken Trett för en Mensken, aber en groaten Trett för de Mensheit."

TOUR, DIE DU SO NIE GEMACHT HÄTTEST

on. Wir bleiben nun bis nach Schmedehausen auf dem Kanaluferweg. Nachdem wir die Ostbeverner Straße unterquert haben, fahren wir nach oben und über den Kanal, um sogleich wieder – jetzt am rechten Ufer – anzukommen. Unsere Fahrt geht weiter nach Norden. Nach 1 km verlassen wir den Kanal nach rechts auf den Krackenweg. Bald sehen wir wieder die rot-weißen Fahrradwegweiser. Ihnen folgen wir bis nach 5 / Ladbergen. Die 7.000-Einwohner-Kommune fällt im katholisch geprägten Münsterland ziemlich aus der Rolle: Ladbergen gehörte in früheren Zeiten zum protestantischen Tecklenburg und ist deshalb auch heute noch weit überwiegend protestantisch geprägt. Wir orientieren uns bei der Weiterfahrt Richtung Saerbeck, später in Richtung Emsdetten und Ibbenbüren und kommen schließlich nach Dörenthe. Auf Ankerstraße und Hafenstraße durchqueren wir den Ort bis zum Kanal. Nach 1,5 km Fahrt auf dem Kanaluferweg biegen wir nach rechts ab auf den Loismannweg, dem wir ein kurzes Stück bis zum Botanischen Garten folgen.

Mammutbaum und klösterliche Stille mit moderner Kunst

Der 6 / Botanische Garten Loismann ist ein Exot im Münsterland. Als 1895 der hier beim Bau des Dortmund-Ems-Kanals anfallende Erdaushub auf seinem Acker angehäuft wurde, entschloss sich der floristisch interessierte Bauer Bernhard Loismann, aus der Not eine Tugend zu machen: Er pflanzte nach und nach exotische Gehölze an. So können wir heute zum Beispiel im Schatten eines nordamerikanischen Mammutbaums eine zauberhafte Rast einlegen. Wir fahren anschließend zurück zum Kanal und dort weiter nach Nordwesten (von hier bis Riesenbeck und zwischen dem beginnendem Mittellandkanal und Kloster Gravenhorst verläuft die Tour beinahe parallel, aber in Gegenrichtung, zu Tour 16). Wer nach dem bisherigen Bike-Teil nun den Hike-Teil (Tour 21 ½) in Angriff nehmen möchte, der biegt nach 1,5 km weiterer Fahrt auf dem Kanaluferweg nach rechts ab und kommt über Ostwinkel und Brumleystraße zum 15 / Parkplatz Dörenther Klippen. Ohne Abstecher zu den Dörenther Klippen bleiben wir am Kanal und kommen hinter Riesenbeck schließlich an das Ufer des hier beginnenden Mittellandkanals. Wir fahren Richtung LWL Heiliges Meer und sind nach gut 2 km beim 7 / Kunsthaus Kloster Gravenhorst. In der ehemaligen Zisterzienserinnen-Anlage aus dem 13. Jahrhundert ist seit 2004

325,3 km

lang ist der Mittellandkanal, er ist damit die längste künstliche Wasserstraße Deutschlands. Er beginnt am Nassen Dreieck bei Bergeshövede und endet im Übergang in den Elbe-Havel-Kanal bei Hohenwarte in Sachsen-Anhalt.

< links / Botanischer Garten Loismann
^ oben / Marktplatz von Ladbergen

das Denk-Mal-Atelier (DA) – Kunsthaus Kloster Gravenhorst beheimatet; es strahlt mit seinen hochkarätigen Ausstellungen weit über die Region hinaus. Wer Nachschub braucht, kann im Café Clara des Klosters einkehren. Wir fahren danach Richtung LWL Heiliges Meer und Uffeln. Nach Überqueren der Bahngleise folgen wir diesen nach links bis über den Mittellandkanal. Wir wenden uns nach rechts und bleiben für die nächsten 4 km auf dem Kanaluferweg. In 8 / Uffeln fahren wir nach links in den Ort und sind bald dort, wo wir unser müdes Haupt zur Nacht betten können (Hotel Mutter Bahr, Nordbahnstraße 39, 49479 Ibbenbüren-Uffeln, Tel. 05459 80360, www.mutter-bahr.de).

HÖRSTEL

als Stadt gibt es seit 1975, ca. 20.000 Einwohner leben hier. Zu Hörstel gehören die Stadtteile Riesenbeck, Dreierwalde und Bevergern. Das Stadtrecht hat Bevergern in die Gemeinschaft eingebracht: Schon seit 1366 gab es dort dieses alte Privileg.

TAG 2: Gar nicht so Heiliges Meer

Gut erholt starten wir nach münsterländischem Frühstück in den zweiten Tag unserer Tour. Wir fahren 800 m auf der Nordbahnstraße in nordöstliche Richtung und schwenken dann links auf den

---

⮝ oben / Naturschutzgebiet Heiliges Meer
➤ rechts / Riesenbeck, Nasses Dreieck

Weg Im Hilgen-Feld, dem wir an der nach gut 100 m erreichten Wegekreuzung weiter nach rechts bis zur Bergstraße folgen. Wir fahren nach links und nach 900 m nach rechts. Durch den Erlenbruchwald kommen wir zum 9 / Heiligen Meer, dem größten natürlichen See in NRW. Den Namen holen wir erst einmal auf den Boden der Tatsachen zurück. Erstens ist das Meer kein Meer, sondern ein See und zweitens hat das „Heilige" nichts mit Heiligenschein zu tun, sondern wahrscheinlich mit dem niederdeutschen Wort „hel", was so viel wie „schlimm" bedeutet. Und das mag sich auf die Entstehung des Sees beziehen. Er ist durch eine plötzliche geologisch bedingte Erdsenkung entstanden. Im alten münsterländischen Volksglauben aber hatte man die heilige Kurve elegant gekriegt: Als Bestrafung für ihr abgrundtief sündiges Leben hat Gott der Herr die hier einstmals ansässigen Mönche mitsamt ihrem Kloster einfach im Boden versinken lassen …

TOUR, DIE DU SO NIE GEMACHT HÄTTEST

Nasses Dreieck

Wir setzen unsere Fahrt nun in Richtung Süden fort und folgen dabei den Wegehinweisen Ibbenbüren, dann Hörstel und schließlich wieder Ibbenbüren. Ab Hörstel fahren wir parallel zur Bahn bis zum Mittellandkanal, dort nach rechts auf den

2

Zwei Teile hat der zu Ibbenbüren gehörende Flecken Uffeln – einen östlich vom Mittellandkanal, einen westlich davon. Immerhin: Eine Brücke schafft Verbindung.

RHEINE

liegt am nördlichen Rand des Münsterlands und ist mit seinen gut 76.000 Einwohnern die größte Stadt im Kreis Steinfurt und – nach Münster – die zweitgrößte im Münsterland.

Uferweg und am Wasser des Kanals entlang bis zum 10 / Nassen Dreieck. Nasses Dreieck: ein hübsch-treffender Name für die Stelle, an der der Mittellandkanal in Richtung Berlin vom Dortmund-Ems-Kanal abzweigt. Hier können wir eine Pause einlegen und ein wenig dem Betrieb der Schiffe auf dem Wasser zuschauen.

TOUR, DIE DU SO NIE GEMACHT HÄTTEST

In Rheine an der Ems entspannen und in Elte mit der Fähre fahren

„Go West" heißt es wieder für uns bis nach Rheine. An der Schleuse wenden wir uns nach rechts auf die Westfalenstraße, dann nach links auf die Langekämpenstiege, nach rechts auf die Torfmoorstraße und nach links auf den Weg Am Torfmoorsee; diesem folgen wir bis ans Seeufer. Dieser Baggersee entstand Ende der 1970er Jahre beim Bau der Autobahn. Heute ist er Teil eines Naturschutzgebiets und ein beliebter Badesee. Wir fahren weiter nach Westen und folgen bald dem Radwegweiser Rheine. An der Osnabrücker Straße angekommen, fahren wir weiter bis zum Russenweg, hier nach rechts und nach 300 m nach links in die Möller-

hookstraße. Nun folgen wir der Radwegweisung Rheine Zentrum. In der 11 / Innenstadt Rheine angekommen, können wir uns das historische Zentrum um die Dionysiuskirche und den Falkenhof näher anschauen. Mit der fränkischen Villa Reni fing die Rheinenser Stadtgeschichte um das Jahr 800 an: Die gut zu passierende Furt durch die Ems musste hier gegen die Sachsen östlich der Ems gesichert werden. Unweit von dieser Stelle, neben der Dionysbrücke, gibt es mit der ins Wasser gebauten Emstribüne heute eine sehr attraktive Chill-Meile – sollten wir testen! Weiter geht's für uns dann am westlichen Emsufer in Richtung Emsdetten. Am Rande von Elte folgen wir bei der Schulte-Elte-Straße nicht dem Pfeilwegweiser nach rechts, sondern fahren geradeaus weiter auf dem Weg Zum Hasenpohl, dann auf der Südstraße und auf Zur Bockholter Emsfähre. Mit der Fähre, eine der kleinsten in Deutschland und natürlich handbetrieben, setzen wir über an das Südufer der Ems.

250

Jahre alt (und noch ein bisschen mehr) ist das Recht, die Bockholter Fähre betreiben zu dürfen. Aktuell verkehrt die handbetriebene Fähre in der Zeit zwischen 1. Mai und 1. Oktober samstags, sonntags und an Feiertagen zwischen 11 und 18 Uhr sowie mittwochs zwischen 14 und 18 Uhr.

Selbstgebrautes und Ems-Natur

Weiter geht es nach der erfolgreichen Überquerung der Ems. (Im Kopf der Gedanke: Das war eine Fähre? Eine Nussschale für Radler, die den nassen Tod verachten, das war es!) Auf dem Weg durch den Wald und weiter auf dem Isendorfer Weg fahren wir nach Sü-

< links / Emsfähre ^ oben / Hofbrauerei Isendorf in Emsdetten

WANNEN-MACHER

gab es im 18. und 19. Jahrhundert zuhauf in Emsdetten. Sie waren Spezialisten der Korbflechterei und fertigten in Heimarbeit die flachen Weidenkörbe, mit denen seinerzeit die Bauern das Getreide hochgeworfen haben, damit der Wind die Spreu vom Weizen trennen konnte.

den bis zur 12 / Hofbrauerei Isendorf. Hier können wir einkehren und uns im früheren Kuhstall des Hofs bei rustikalen Speisen und einem selbstgebrauten (auch alkoholfreien) Bier für den Rest der Radtour stärken. Dann folgen wir dem Isendorfer Weg nach links weiter und orientieren uns an der Wegweisung nach Emsdetten. Am nördlichen Rand von Emsdetten unterqueren wir die Bundesstraße 481, fahren nun Richtung Saerbeck, überqueren (verkehrsregelkonform und mit der gebotenen Vorsicht) die Kreuzung Nordring/Sinniger Straße und biegen direkt nach dem Parkplatz des VW-Autohauses nach rechts ab (An den Klärteichen). Nach 40 m folgen wir nicht dem Rechtsbogen des asphaltierten Wegs, sondern halten uns geradeaus. Wir sind nun auf dem 13 / Radweg in der Emsaue, seit 1998 Naturschutzgebiet, und zwar eines der größten in Nordrhein-Westfalen mit seinen 4.000 ha. Über barrierefreie Wege und Stege kann man hier vielfältige Verweilorte mit spannenden Einblicken in die Natur finden.

1973

begannen im Sandabbaugebiet Gittrup die archäologischen Ausgrabungen (mit Funden auch älteren urgeschichtlichen Lebens), die schließlich dazu führten, das 14 / Freilichtmuseum Sachsenhof zu errichten. Der Sachsenhof ist ein gern besuchter Ort, an dem Geschichte ziemlich authentisch zu erleben ist.

Sachsen-Leben vor fast 2.000 Jahren

Wir fahren weiter und orientieren uns später an den Radwegehinweisen in Richtung Greven. Wir kommen zum 14 / frühmittelalterlichen Sachsenhof, einer eindrucksvollen Rekonstruktion nach archäologischen Funden. Wir sehen hier, wie die Sachsen in der Zeit um 800 n. Chr. gelebt und gearbeitet haben. Wir setzen unseren Weg fort und kommen nach Greven, orientieren uns in Richtung 1 / Bahnhof Greven, überqueren ein letztes Mal die Ems und können uns nach wenigen weiteren Metern zufrieden gegenseitig auf die Schulter klopfen und voller Stolz sagen: Wir haben das Ziel erreicht!

TOUR, DIE DU SO NIE GEMACHT HÄTTEST

TOURENINFO / In weiten Teilen bewegen wir uns auf flachem Terrain, insbesondere wenn wir entlang der Kanäle fahren. Im Bereich des Teutoburger Walds – vor allem beim Wanderausflug in den Dörenther Klippen – wird es dann aber auch ein wenig gebirgig. Die zum größten Teil autofreien Wege sind gut zu befahren, auch dann, wenn sie nicht asphaltiert sind.

< links oben / Freilichtmuseum Sachsenhof
< links Mitte / Kanufahren auf der Ems bei Greven

NAH AM ABGRUND

Klippen-Kraxeln beim Hockenden Weib

2,3 Kilometer (zu Fuß),
4,3 Kilometer (Rad)
70 Höhenmeter
1:50 Stunden
Rundtour

Wir wechseln nun die Art unserer Fortbewegung: runter vom Sattel und rein in die Wanderstiefel. Für eineinhalb Stunden lernen wir – und das geht hier nur ohne Fahrrad – eine völlig andere Landschaft kennen als die, die wir bisher vom Fahrradsattel aus erlebt haben. Die Dörenther Klippen sind vor 120 Millionen Jahren in der Kreidezeit entstanden und erfreuen unser Auge mit bizarren Felsformationen.

Über den Klippenpfad nach oben

Nachdem wir unsere Räder am 15 / Parkplatz Dörenther Klippen abgestellt haben (abschließen nicht vergessen!), starten wir unseren Abstecher in die Felsenwelt des Teutoburger Walds. Wir orientieren uns an den Wanderweghinweisen Hockendes Weib, kommen auf dem Weg durch den Buchenwald an einer Gaststätte vorbei und gehen dann an der Wegegabelung die rechte Variante Kletterweg Hockendes Weib. Auch von Höhenangst geplagte Menschen können diesen Weg gut bewältigen; er ist zwar anstrengend (ein Wanderweg eben), aber sicher. Bei unseren kleinen Süd-Abstechern zwischen den Felsen – nicht mehr als 30 bis 50 Meter entfernt vom Weg diesseits der Felsen – eröffnet sich uns manch fulminanter Blick in die Münsterländische Tiefebene mit ihrer prägnanten Parklandschaft. Die Felsen selbst beklettern wir nicht – aus Naturschutzgründen, aber auch aus Gründen der Sicherheit ist das geboten, und es ist deshalb auch nicht erlaubt.

Sei gegrüßt, Hockendes Weib!

Schließlich erreichen wir die spektakulärste Felsformation, das 16 / Hockende Weib. Dazu gehört eine mythische Geschichte. Der faktenorientierte Realist weiß natürlich: Es ist eine in der Kreidezeit entstandene Sandsteinformation, geformt durch Wasser und Wind. Viel schöner aber ist diese Version: Vor Urzeiten lebte in der

Nähe der Felsen eine Mutter mit ihren Kindern. Ein sintflutartiger Regen kam vom Himmel herab und ließ das Wasser immer höher steigen. Die Mutter flüchtete mit ihren Kindern auf den Gipfel des Bergs, hockte sich hin und nahm die Kinder auf ihre Schultern, um sie vor dem Ertrinken zu retten. Nach bangem Warten erhörte Gott die inbrünstigen Gebete der schon bis zum Hals im Wasser stehenden Frau und schickte die Flut zurück. Die Kinder waren gerettet, die Frau aber wurde zu Stein.

Almhütte geht auch ohne Alm ...

Unweit vom Hockenden Weib finden wir die 17 / Almhütte (Mi–So 11:30–18 Uhr). Dieser Name für die Wander- und Ausflugshütte ist wohl ein bisschen selbstironisierend gemeint. Eine Alm gehört ins Hochgebirge, und auf ihr weiden kernige Kühe – doch hier sind weder Kühe in der Nähe, noch ist irgendwo Hochgebirge zu sehen (interessante Felsen, Gipfelhöhe 159 m über NN, immerhin). Wie dem auch sei: Wir haben hier Gelegenheit, uns zu erfrischen und für den Abstieg zu stärken. Auf keinen Fall sollten wir es versäumen, von der an der Hütte stehenden Aussichtsplattform aus den Blick ins Münsterland zu genießen. Wenn wir uns von der Aussicht losreißen können, wählen wir für unseren Rückweg den mit einem „H" gekennzeichneten ausgebauten Wanderweg.

TOURENINFO / Diese kurze, aber durchaus anspruchsvolle Rundwanderung erfordert festes Schuhwerk. Es geht – auf markierten und sicheren Wegen – teilweise über Stock und Stein und über Felsformationen hinweg. Der Lohn der Mühen: Ein beeindruckender Blick von oben in die Münsterländische Tiefebene.

---

^oben / Bllick von den Dörenther Klippen

START-ZIEL
RHEINE
HÖRSTEL
IBBENBÜREN
EMSDETTEN
GREVEN
RECKE
Spelle
Elte
Saerbeck
Nordwalde
Altenberge
Ladbe
INFURT
Heiliges Meer-Heupen
NSG Knollmanns Meerkott
NSG Am Kaelberberg
Torfmoorsee
NSG Swattet Moeoerken
NSG Saltenwiese-Fernrodde
NSG Dörenther Klippen
NSG Floddert
Bertlings Haar
NSG Emsdettener Venn
NSG Sinninger Veen
Feuchtgebiet Saerbeck
Borghorster Venn
NSG Emsaue
NSG Ladberger Muehlenbach
Westeroder See
Rottbusch
Aasee
Ems
Dreierwalder Aa
B 70
A 30
L 593
L 833
K 68
K 37
K 17
L 599
K 46
L 501
L 832
K 39
K 40
K 80
K 3
K 69
K 66
L 590
K 70
K 77
K 29
B 481
L 578
K 24
L 583
K 11
B 475
K 54
K 2
K 53
L 559
K 9
A 1
L 510
L 555
L 830
B 54
K 50
K 64
K 13
L 529
L 579
K 67
K 21
K 72
L 587
1
2
3
4
5
6
7
8
9
10
11
12
13
14
15
16
17

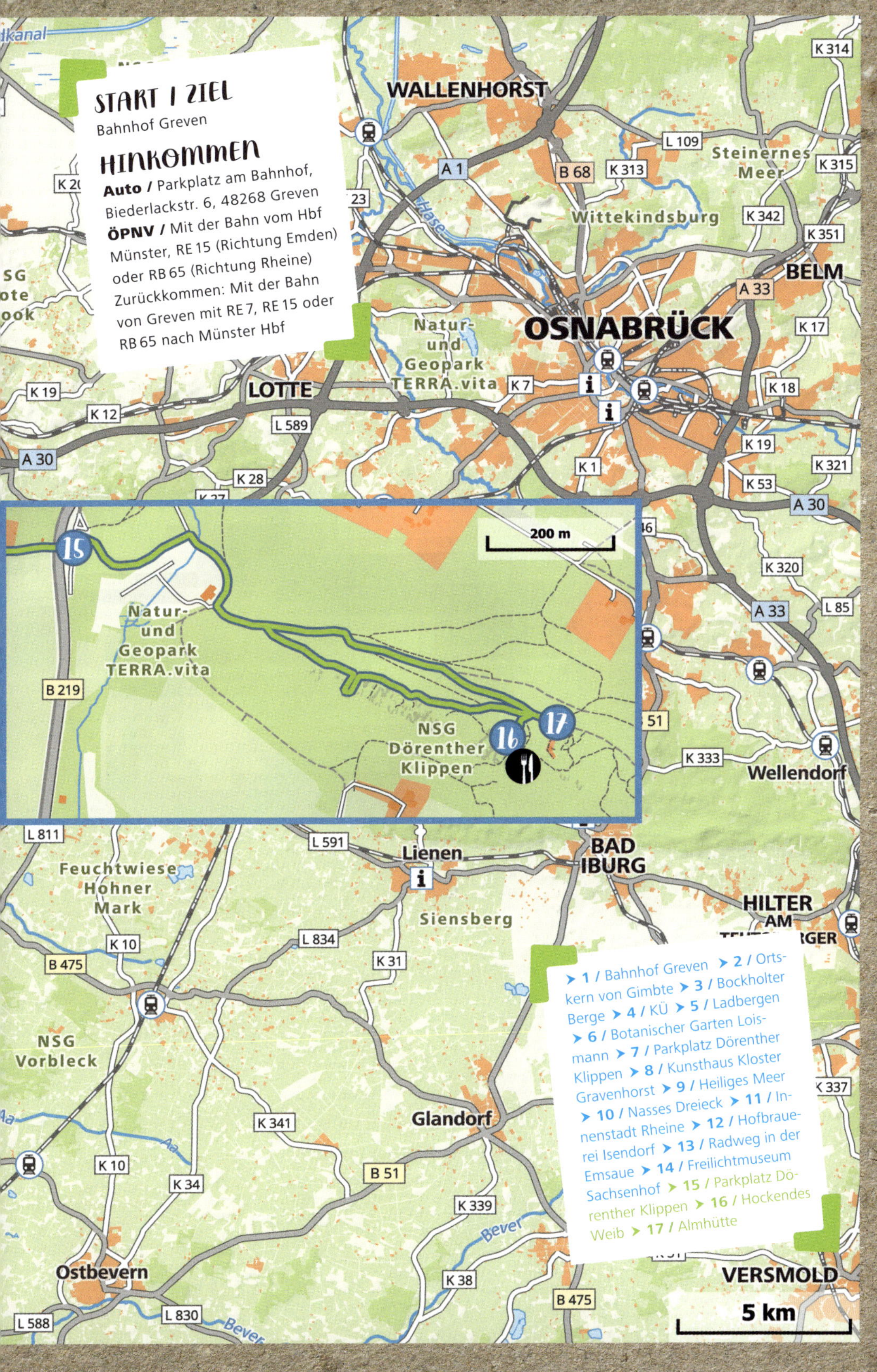
START / ZIEL
Bahnhof Greven
HINKOMMEN
Auto / Parkplatz am Bahnhof, Biederlackstr. 6, 48268 Greven
ÖPNV / Mit der Bahn vom Hbf Münster, RE 15 (Richtung Emden) oder RB 65 (Richtung Rheine)
Zurückkommen: Mit der Bahn von Greven mit RE 7, RE 15 oder RB 65 nach Münster Hbf
WALLENHORST
OSNABRÜCK
Wittekindsburg
Steinernes Meer
BELM
Natur- und Geopark TERRA.vita
LOTTE
Wellendorf
BAD IBURG
Lienen
Siensberg
HILTER AM
Feuchtwiese Hohner Mark
NSG Vorbleck
Glandorf
Ostbevern
VERSMOLD
NSG Dörenther Klippen
200 m
5 km
➤ 1 / Bahnhof Greven ➤ 2 / Ortskern von Gimbte ➤ 3 / Bockholter Berge ➤ 4 / KÜ ➤ 5 / Ladbergen ➤ 6 / Botanischer Garten Loismann ➤ 7 / Parkplatz Dörenther Klippen ➤ 8 / Kunsthaus Kloster Gravenhorst ➤ 9 / Heiliges Meer ➤ 10 / Nasses Dreieck ➤ 11 / Innenstadt Rheine ➤ 12 / Hofbrauerei Isendorf ➤ 13 / Radweg in der Emsaue ➤ 14 / Freilichtmuseum Sachsenhof ➤ 15 / Parkplatz Dörenther Klippen ➤ 16 / Hockendes Weib ➤ 17 / Almhütte

AB INS WOCHENENDE!
Auf einer Radtour in Urlaubsstimmung kommen, wie hier am Wasserschloss Burgsteinfurt auf Tour 19

AUFGESATTELT!

MÜNSTERLAND- UND RADBASICS

RADVERGNÜGEN

im Münsterland

„Münsterland ist Fahrradland." Nein, das ist kein schnöder Werbeslogan, sondern eine nüchtern-reale Tatsachenbeschreibung. Die Leeze, wie das Fahrrad hier heißt, ist für Menschen im Münsterland sowohl ein Freizeitgerät als auch ein oft genutztes Fortbewegungsmittel, um von A nach B zu kommen.

DER MÜNSTERLÄNDER WIRD MIT DEM FAHRRAD GEBOREN ...

Am Neutor in Münster steht am Radweg eine Säule, an der man ablesen kann, wie viele Fahrräder hier im Laufe des Jahres vorbeigekommen sind. 1.369.815 ist da im Herbst 2021 zu lesen – und das ist nur die Zahl in eine Richtung, in die Gegenrichtung sind es nochmal mehr als eine Million Fahrrad-Vorbeifahrten. Wem das noch nicht als Beweis dafür reicht, wie wichtig das Fahrrad hier ist: Die Polizei ist in Münster nicht nur motorisiert, sondern auch als Fahrradstreife unterwegs; ein spezielles „Kommissariat Speiche" kümmert sich um die Aufklärung von Fahrraddiebstählen; Deutschlands größtes Fahrradparkhaus (mit 3.300 Stellplätzen und einer Fahrradwaschanlage) steht – natürlich – in Münster; jeder Mensch in der Westfalen-Hauptstadt sitzt pro Tag durchschnittlich 20 Minuten auf dem Fahrradsattel und so weiter und so fort.

MÜNSTERLÄNDISCHE PARKLANDSCHAFT

Das Münsterland ist, mit kleinen Ausnahmen, weitgehend flach. Hier kann man sich, mit Kind und Kegel im Schlepptau, bequem und beschaulich mit dem Fahrrad fortbewegen, und dazu benötigt

ALLES RUND UMS FAHRRADFAHREN IM MÜNSTERLAND: WIE DIE FAHRRADKULTUR IST UND WAS DICH ERWARTET

man keine besonders ausgeprägte Kondition (auch dann nicht, wenn man ohne Batterieunterstützung fährt). Das Münsterland ist seit eh und je bäuerlich geprägt, und zwar kleinteilig. Das hat zu dem jahrhundertealten parkähnlichen Charakter dieser Kulturlandschaft geführt, wo Wiesen, Äcker, kleine Wälder, Hecken, Gebüsche, Bäche und kleine Seen ein unverwechselbares Bild ergeben. Nachbarschaftlich und dennoch in gehöriger Distanz beieinanderliegende Höfe bilden eine Bauerschaft; diese bäuerliche Siedlungsform ist prägend für die Struktur des Münsterlands. Dazu gehören dann noch die zahlreichen Wasserschlösser, die nicht nur ein wahrer Augenschmaus sind, sondern uns auch von der früheren Bedeutung des Adels in dieser Region erzählen. Und all das ist verbunden durch ein engmaschiges Netz von Wegen, auf denen wir uns mit dem Fahrrad komfortabel bewegen können. Das Münsterland – wen wundert's? – gehört schon seit vielen Jahren zu den beliebtesten Radregionen in Deutschland.

WISSEN, WO'S LANGGEHT

Das über 4.500 Kilometer lange radtouristische Streckennetz im Münsterland ist sehr gut ausgeschildert. Mit roter Schrift auf weißem Grund zeigen uns Pfeilwegweiser an, in welche Richtung wir fahren müssen, um das angegebene Ziel zu erreichen. Der Verlauf von thematischen Routen (wie zum Beispiel die 100-Schlösser-Route) wird durch entsprechende Zusatzschilder mit Piktogramm angegeben. Kleinere quadrati-

sche Zwischenwegweiser mit Fahrradsymbol und Richtungspfeil sagen uns unterwegs, wo es bis zum nächsten Pfeilwegweiser langgeht. Immer mehr hält auch im Münsterland das – aus dem Fahrrad-Eldorado Niederlande stammende und überzeugend einfache – Knotenpunktsystem Einzug: Jeder Knotenpunkt – das ist ein Streckenpunkt mit Richtungsalternative(n) – hat eine bestimmte Nummer. So braucht man bei der Tourenplanung nur die Knotenpunktnummern hintereinander zu notieren und kann dann von Punkt zu Punkt fahren. Die Nummern der Knotenpunkte sind beim Fahrrad-Wegweisesystem in NRW zusätzlich zu den Pfeilwegweisern angebracht. Ein sehr gutes Instrument zur individuellen Tourenplanung ist der NRW-Radroutenplaner (www.radroutenplaner.nrw.de).

TOURDAUER

Da wir es gemütlich angehen lassen wollen, basiert die bei den Touren angegebene Fahrdauer auf einer Geschwindigkeit von ungefähr 15 km/h.

AUF DER SICHEREN SEITE

Natürlich ist unser Fahrrad verkehrssicher und selbstverständlich fahren wir immer so, wie es in der Straßenverkehrsordnung aus guten Gründen vorgeschrieben ist. Und: Für erwachsene Fahrradfahrerinnen und Fahrradfahrer gibt es zwar keine Helmtragepflicht, aber wir wissen: Bei einem Fahrradsturz kann uns der Helm vor Verletzungen schützen. Und nun, bestens informiert und gut vorbereitet, gilt: Nicht länger warten – starten! Ins Radvergnügen im Münsterland.

FACTS MÜNSTERLAND

4.500 KM

ausgeschilderte touristische Radwege gibt es im Münsterland. Also: Genügend Zeit mitbringen, um alles zu erkunden! (Lohnt sich.)

374.528 MAL

– mindestens – steigen Münsteranerinnen und Münsteraner täglich aufs Fahrrad.

8

Bahnlinien führen vom Hbf. Münster aus sternförmig ins Umland: nach Rheine, Osnabrück, Rheda-Wiedenbrück, Hamm, Dortmund, Marl, Coesfeld und nach Enschede in den Niederlanden.

4 + 1

Die Landkreise Steinfurt, Borken, Coesfeld, Warendorf und die Stadt Münster bilden das Münsterland.

4,5 KM

Länge der von Linden gesäumten Promenade rund um die Altstadt von Münster, dem schönsten Fahrrad-Highway der Welt.

187 M

Höhe der Baumberge, dem bedeutendsten „Gebirge" im Münsterland. Vom Longinusturm sieht man man bei klarem Wetter bis ins Ruhrgebiet.

IM ZOO

in Münster gibt es die im Münsterland so häufig vorkommende Spezies zu bestaunen: Equus domesticus ferreus (gemeiner Drahtesel; ist rostanfällig und lebt in enger Partnerschaft mit dem Homo sapiens).

100-SCHLÖSSER-ROUTE

Eine der attraktivsten Themenrouten. Wasserburgen, Wasserschlösser und alte Adelssitze gibt's im Münsterland wie anderswo Sand am Meer.

4 MAL

wurde Münster in seiner Größenklasse (200.000–500.000 Einw.) im ADFC-Ranking zur „fahrradfreundlichsten Stadt Deutschlands" gekürt.

RADEL-ADEL

Ja, den gibt's im Münsterland, wenn auch selten. Am Pfarrhaus in Handorf hängt dieses Emaille-Schild: „Radfahrer absteigen! Ausgenommen Frau Westermann"

RAUSZEIT-HIGHLIGHTS

FÜR KINDER

Spielerisch Natur erfahren

Wohin zuerst im 2 / Haus Heidhorn: in den Biotop-Erlebnisgarten, zum Keschern im Teich oder zum Schafestreicheln im Walderlebnisraum?

Tour 4 // Seite 34

Zu Befehl, Kapitän!

Einmal Fährmann oder -frau sein! Wenn es mit der 6 / Handfähre über die Lippe geht, regeln die Kids die Überfahrt.

Tour 5 & 12 // Seite 45 & 110

Wasser marsch!

Der „Wasser-Kraft-Spielplatz" am nördlichen Gebäude des 7 / Künstlerdorfs Schöppingen bietet ein schier unerschöpfliches Potenzial an Spiel und Spaß mit Wasser.

Tour 17 // Seite 159

Keine Zeit für den Spielplatz

Der Barfußpfad bei 9 / Stift Tilbeck hat Wasserbecken mit Urzeitkrebsen, wackelige Baumstämme, ... Danach noch Hängebauchschwein, Bergziege und Meerschweinchen besuchen.

Tour 18 // Seite 170

FÜR E-BIKER

Fahrtwind im Gesicht

Ab der 2 / grünen Grenze in die Niederlande fahren wir auf breiten niederländischen „fietspaden" bis zum Anschlag (Abschaltung bei 25 km/h) ... Das macht Laune!

Tour 7 // Seite 58

Verlängerung mit Steigung

Die 4 km mehr mit bis zu 10 % Steigung der Verlängerung vom 7 / Künstlerdorf Schöppingen zur Kapelle auf dem Schöppinger Berg (und zurück) fallen mit Batterieunterstützung gleich viel leichter.

Tour 17 // Seite 159

Zum Höhepunkt

Mit Extra-Antrieb kein Abstrampeln zum höchsten Punkt des Münsterlands, auf den Gipfel des Westerbergs mit dem 2 / Longinusturm.

Tour 18 // Seite 166

Entspanntes Laden

In 13 / Hohenholte haben wir zusätzlich zu einer E-Bike-Tankstelle gleich die Wahl zwischen zwei Cafés.

Tour 19 // Seite 187

Top für jede Lust und Laune: Kleine und große Abenteuer, die besten Einkehrtipps und entspanntesten Pausenplätze

FÜR SCHLEMMER

Gartenterrasse mit Blick auf den Skulpturengarten

Im Restaurant „Chagall" gibt es sehr gute gehobene Küche im schönen Ambiente des Kunstmuseums Ahlen.

Tour 5 // Seite 42

Kuchen- und Gartenparadies

Der Kuchen bei 6 / Tante Guste, genossen in dem herrlichen Garten – das ist Kurzurlaub, serviert auf einem Tellerchen!

Tour 11 // Seite 99

Abstecher fürs Eis

Das vielleicht beste Eis des Münsterlands holen wir uns bei Gelato Mio kurz vor Coesfeld.

Tour 19 // Seite 184

Wie die Holländer

Am 7 / Winterswijker Markt einen Hollandse Nieuwe kaufen und den mit Zwiebeln bestückten Matjeshering stilecht, an der Schwanzflosse gepackt, verspeisen.

Tour 20 // Seite 196

FÜR RUHESUCHENDE

Für Gartenfreunde

In blühendem Ambiente die Zeit und Ruhe genießen: Der 4 / Kreislehrgarten (Foto) beglückt uns auf 3 ha.

Tour 6 // Seite 50

Im Farbenhimmel

Zwischen Kiefern versteckt kultiviert, berauscht uns der 7 / Rhododendronwald in Welte besonders im Mai und Juni zur Blütezeit.

Tour 9 // Seite 78

Picknick am Nassen Dreieck

Auf der Holzliege nach dem Bergeshöveder Steg links können wir die Sonne genießen und den vorbeifahrenden Schiffen am 4 / Nassen Dreieck nachwinken.

Tour 16 // Seite 148

Durch die Auenlandschaft

Auf dem 15 / Radweg in der Emsaue rollen wir durch die herrliche Landschaft, können von der Aussichtsplattform den Blick schweifen lassen und unsere Lieblings-Verweilorte an den Stegen suchen.

Tour 21 // Seite 217

DAS KRIEGST DU NICHT ALLE TAGE

TOUR 6

Leinen- und Blaudruckmarkt in Burgsteinfurt
Anfang Mai
Seite 50

TOUR 6 & 17

Tag der offenen Tür im Künstlerdorf Schöppingen
Brunch 12–16 Uhr an jedem dritten Sonntag im Monat, ohne Voranmeldung
Seite 52/53 & 159

TOUR 17

Düstermühlenmarkt in Legden
Volksfest mit großer Agrar- und Gewerbeschau, Krammarkt, Kirmes, Pferde- und Kleintiermarkt rund um die Düstermühle am letzten Montag im August
Seite 156

BURGSTEINFURT

SCHÖPPINGEN

LEGDEN

TOUR 9

Rhododendronwald
Rhododendronblüte im Mai und Juni
Seite 78

WELTE, DÜLMEN

WINTERSWIJK (NL)

Niederländischer Wochenmarkt
mittwochs 8–14 Uhr und samstags 8–17 Uhr
Seite 196

TOUR 20

TOUR 9

Wildpferdefang
letzter Samstag im Mai, unbedingt rechtzeitig Karten sichern
Seite 72

MERFELDER BRUCH

HALTERN AM SEE

Blüte in der Westruper Heide
im Spätsommer und Herbst, siehe Homepage der Stadt
Seite 104

TOUR 12

Wann am besten wohin? Alle Events und zeitlich begrenzten Highlights der Touren findest du in der Karte.

TOUR 15

Wochenmarkt samstags ab 8 Uhr

Hengstparade Zuchtschauen des Landesgestüts inkl. Show in Paradeuniform, 3 Tage Ende Sept./Anf. Okt.

beides Seite 135

WARENDORF

TOUR 3

Kutschenwallfahrt an Christi Himmelfahrt

Seite 24

TELGTE

DRENSTEINFURT

Pferderennen auf der Drensteinfurter Trabrennbahn am zweiten Sonntag im August

Seite 124

TOUR 14

WEITERE EVENTS IN MÜNSTER

Jahrmarkt Send größter Jahrmarkt von Nordrhein-Westfalen in Münster 3 Mal im Jahr im Frühjahr, Sommer und Herbst

Hafenfest mit u. a. Drachenbootrennen und Auftritten nationaler Künster:innen am Binnenhafen von Münster Fr–So nach Christi Himmelfahrt (2022 abgesagt)

Internationales Lyrikertreffen Münster inkl. Verleihung des Preises für Europäische Poesie jedes zweite Jahr im Mai

Docklands Festival Festival mit elektronischer Musik zweiter Samstag im Juni

Montgolfiade Heißluftballonveranstaltung 3 Tage im August/September

PACKLISTE

GRUNDAUSSTATTUNG

- Fahrradhelm
- Radkleidung
- Radhandschuhe
- Radbrille
- Trinkflasche
- Fahrradschloss
- Handy
- Karte/Navigationsgerät
- Fahrradlicht, Ersatzakku/-batterie
- Erste-Hilfe-Set

+

TAGESTOUR

- Regenkleidung
- Wechselkleidung
- Reparaturset: Ersatzschlauch, Werkzeug
- Luftpumpe
- Packtaschen klein
- Verpflegung: Snacks, genügend Wasser
- evtl. wasserdichte Handyhülle

BIKEAWAYTOUR

- Zahnbürste
- Waschbeutel
- Packtaschen groß
- evtl. Zelt
- evtl. Schlafsack
- evtl. Kompass
- Handyladegerät

REISE-APOTHEKE

Pflaster & Blasenpflaster, Mückenschutz, Sonnenschutz, Zeckenkarte

RADCHECK

findest du auf der nächsten Seite

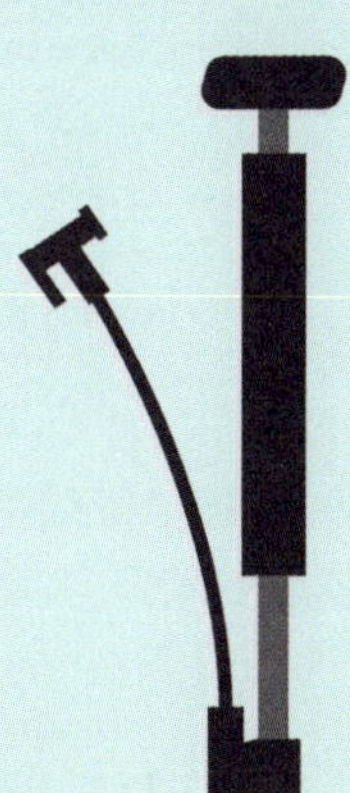

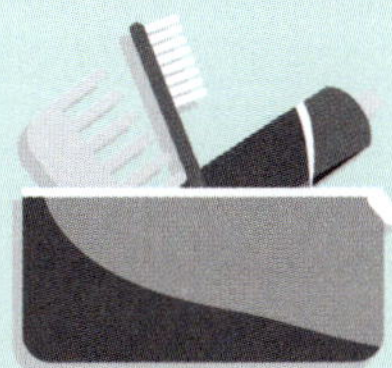

RADCHECK

AM BESTEN nimmst du dein Fahrrad vor jeder Tour unter die Lupe, zumindest aber beim Frühjahrsputz. Darüber hinaus ist ein regelmäßiger Service bei Profis zu empfehlen.

EINFACH ERKLÄRT MIT PROFI-TIPPS

Picobello: Reinigung des Fahrrads

Ein sauberes Fahrrad lebt länger und dir fallen beim Putzen Defekte auf. Daher ran an den Schwamm und die milde Seife oder den Fahrradreiniger und losgelegt! Wenn das Fahrrad getrocknet ist, mit einem sauberen Lappen Wasserränder wegpolieren. Handarbeit ist angesagt – ein Hochdruckreiniger ist tabu, da er auch Fett und Öl entfernt und Wasser in empfindliche Teile eindringen kann.

Tipp: Für verwinkelte Teile ist eine alte Zahnbürste praktisch.

Pralle Geschichte: Die Reifen

Um grob den Reifendruck zu überprüfen, mach die Daumenprobe: Lässt sich der Reifen mehr als 1 cm eindrücken, musst du pumpen. Angaben zu Mindest- und Maximaldruck findest du auf der Reifenflanke. Für wenig Rollwiderstand auf befestigten Straßen orientiere dich an der oberen Grenze, wenn du auf unbefestigen Wegen unterwegs bist, an der unteren. Je schmaler der Reifen und je höher das Gesamtgewicht, desto mehr Luftdruck ist nötig. Am einfachsten lassen sich die Reifen mit einer Standpumpe mit Druckmesser aufpumpen.

Tipp: Fahrradgeschäfte bieten machmal vor Ort gratis Pumpen zum Selbermessen und -aufpumpen an.

Nimm auch das Reifenprofil unter die Lupe: Entferne eventuelle Steinchen oder Scherben und halte nach Rissen oder Schnitten Ausschau. Wenn das Profil zu brüchig oder stark abgefahren ist, brauchst du einen neuen Mantel.

Läuft wie geschmiert: Kette reinigen und ölen

Fürs Reinigen zuerst mit einem trockenen Tuch Kette von altem Fett und Schmutz befreien, indem du am Pedal drehst und so die Kette durch das Tuch ziehst. Den feinen Zwischenräumen kannst du wieder mit der Zahnbürste zu Leibe rücken. Danach Kettenöl, am besten biologisch abbaubares, auftragen, indem du es hinten auf die Kette träufelst, während du sie mit dem Pedal durchdrehst. Kurz einwirken lassen, dann mit einem Lappen das überschüssige Öl von der Kette abziehen.

Tipp: Hast du eine Kettenschaltung, schalte einmal alle Gänge durch, damit sich das Öl auf allen Zahnrädern verteilt.

Eine gut geölte Kette und der richtige Reifendruck machen außerdem ein E-Bike leichtgängiger, was die Akku-Reichweite erhöht.

✓ Schraube locker?

Prüfe regelmäßig die Schraubverbindungen der Steuerung (Lenker, Vorbau und Steuersatz), Laufräder, Pedale, Sattelklemmen und Anbauteile wie Schutzbleche und Gepäckträger.

Tipp: Legst du selbst Hand an, ist ein Drehmomentschlüssel am besten, damit du die Schrauben entsprechend den Drehmomentangaben für dein Fahrrad nachziehen kannst.

✓ Nichts kann dich stoppen, außer: die Bremsen

Prüfe, ob vordere und hintere Bremse einen gleichmäßig starken Druckpunkt haben. Öffne und schließe die Bremsen auch im Stand. Wenn bei hydraulischen Bremsen mehrmaliges Pumpen für einen soliden Druckpunkt erforderlich ist oder sich der Hebel bis zum Lenker durchziehen lässt, muss das System entlüftet werden. Wenn bei mechanischen Felgenbremsen die Bremsarme nicht gleichmäßig arbeiten, einstellen (lassen). Sind die Verschleißindikatoren auf den Bremsbelägen, kleine Rillen im Gummi, verschwunden, müssen die Beläge getauscht werden. Den Verschleiß von Scheibenbremsen kannst du bei relativ neuen Belägen mit einer Taschenlampe von oben durch den Schlitz im Sattel prüfen. Bei älteren und dünneren Belägen müssen die Räder zur Sichtprüfung ausgebaut werden.

Tipp: Gegen Verschmutzung und Korrosion der Bremszüge bei mechanischen Bremsen hilft ein Spritzer Teflonspray in die Enden der Außenhüllen. So gleiten die Kabel besser in ihrer Hülle.

✓ Damit dir ein Licht aufgeht: die Beleuchtung

Weil's am Abend auch schon mal später werden kann und du auch am Rückweg sichtbar sein möchtest: Sind Lichter und Reflektoren vorhanden und funktionieren sie?

✓ Für alle mit extra Antriebskraft: Akku & Motor

Bei längerer Nichtnutzung, zum Beispiel in der Winterpause, achte darauf, dass sich der Akku nie tiefenentlädt. Korrosionsspuren bei den Steckverbindungen mit einem speziellen Kontaktspray entfernen. Fallen dir Schäden am Motorgehäuse auf, am besten schnell in eine Fachwerkstatt.

Los geht's!

Karl-Kapferer-Straße 5
A-6020 Innsbruck
www.kompass.de

1. Auflage 2022 (22.01)
Verlagsnummer 3806
ISBN 978-3-99121-414-4

Texte: Ulrich Gerbing (Touren 3, 4, 5, 6, 7, 9, 14, 18, 20, 21, 21 1/2, Leserbegrüßung, Radvergnügen, Facts), Nikolai Wystrychowski (Tourenkonzeption, Touren 1, 12, 18, 19), Jörn Berding (Touren 2, 10, 13), Christoph Drepper (Touren 15, 16), Robert Gerlings (Touren 8, 11)
Textredaktion Touren 8, 11: G'spür Contentagentur
Titelbild: Schloss Nordkirchen (AdobeStock: © Marcus Retkowietz – stock.adobe.com)
Fotos: © Christoph Drepper (137 Mitte, 138, 139, 140, 141, 147 ob., 147 Mitte, 148, 149, 150, 151); © Jan Frohne (2); © Jörn Berding (16, 19 ob., 19 Mitte, 20, 21, 80/81, 84, 87 ob., 87 Mitte, 88, 89, 90, 91, 114, 117 oben, 117 Mitte, 118, 119, 120, 121, 174/175, 225, 238); © Nikolai Wystrychowski (8, 11 ob., 11 Mitte, 12, 13, 43 ob., 43 Mitte, 44, 104, 108, 109, 110, 111, 164, 167 ob., 167 Mitte, 168, 169, 170, 171, 178, 181 ob., 181 Mitte, 182, 183, 184, 185, 186, 187, 189 ob., 189 Mitte, 206, 209 ob., 210, 211, 212, 213, 214, 215, 216 ob., 216 Mitte, 222/223); © Robert Gerlings (67 ob., 67 Mitte, 68, 69, 94, 97 ob., 97 Mitte, 98, 99, 100, 101); © Ulrich Gerbing (24, 27 ob., 27 Mitte, 28, 29, 32, 35 Mitte, 36, 37, 48, 51 ob., 51 Mitte, 52, 53, 59 ob., 59 Mitte, 60, 61, 75 ob., 75 Mitte, 127 Mitte, 128, 130, 131, 160, 195 ob., 196, 198, 200, 201, 227); AdobeStock: © AnnaReinert – stock.adobe.com (157 ob., 158, 159, 161, 202 ob., 202 Mitte, 230), © brudertack69 – stock.adobe.com (107 Mitte), © CC-IMAGES – stock.adobe.com (77), © cevahir97 – stock.adobe.com (40), © Eddie – stock.adobe.com (56), © fotografci – stock.adobe.com (195 Mitte), © Frank Ebert – stock.adobe.com (64), © Harald – stock.adobe.com (107 ob.), © hespasoft – stock.adobe.com (157 Mitte), © jessicahyde – stock.adobe.com (Graspapier-Hintergrund div. Seiten), © Kamzoom – stock.adobe.com (76), © Lars Popanda – stock.adobe.com (219), © lotharnahler – stock.adobe.com (137 ob.), © Marcus Retkowietz – stock.adobe.com (45), © Maren Winter – stock.adobe.com (35 ob.), © Martin_P – stock.adobe.com (134), © Monika Wisniewska – stock.adobe.com (237), © Nicole Lienemann – stock.adobe.com (144), © Stephan Sühling – stock.adobe.com (154, 199), © STUDIO WILKOS GMBH www.studiowilkos.de – stock.adobe.com (209 Mitte), © TOF – stock.adobe.com (192), © Tom van der Kolk/EyeEm – stock.adobe.com (197), © Winfried Rusch – stock.adobe.com (72); mauritius images: © mauritius images / Hans Blossey (124, 127 ob., 129)

Gestaltung / Illustration – Composing / Agenten und Freunde Iris Streck München

Illustrationen: AdobeStock: © Azar – stock.adobe.com, © askaja – stock.adobe.com, © mtmmarek – stock.adobe.com, © val_iva – stock.adobe.com; creativmarket: © amber&ink, © NassyArt
Illustrierte Karten und zugehörige Miniaturen, wenn nicht anders angegeben / Agenten und Freunde Martina Dobrindt München
Miniaturen auf Karten: AdobeStock: © jan stopka – stock.adobe.com (Flamingos), © reeel – stock.adobe.com (Zechenpark Ahlen), © Tungalag – stock.adobe.com (Pferd), © val_iva – stock.adobe.com (Schilf); © Designed by Freepik/macrovector (Boot)
Grafische Herstellung: KOMPASS-Karten
Karten: © KOMPASS-Karten GmbH unter Verwendung OpenStreetMap Contributors (www.openstreetmap.org)

Alle Angaben und Tourenbeschreibungen wurden nach bestem Wissen gemäß unserer derzeitigen Informationslage gemacht. Die Radtouren wurden sehr sorgfältig ausgewählt und beschrieben, Schwierigkeiten werden im Text kurz angegeben. Es können jedoch Änderungen an Wegen und im aktuellen Naturzustand eintreten. Radfahrer und alle Kartenbenützer müssen darauf achten, dass aufgrund ständiger Veränderungen die Wegzustände bezüglich Befahrbarkeit sich nicht mit den Angaben in der Karte decken müssen. Bei der großen Fülle des bearbeiteten Materials sind daher vereinzelte Fehler und Unstimmigkeiten nicht vermeidbar. Die Verwendung dieses Führers erfolgt ausschließlich auf eigenes Risiko und auf eigene Gefahr, somit eigenverantwortlich. Eine Haftung für etwaige Unfälle oder Schäden jeder Art wird daher nicht übernommen. Für Berichtigungen und Verbesserungsvorschläge ist die Redaktion stets dankbar: www.kompass.de/service/kontakt
Erzähl uns von deinen Abenteuern auf Instagram und Facebook mit: #folgedeinemKOMPASS

BIKE-BUCKETLIST MÜNSTERLAND

IM HERZEN MÜNSTERS

Am Aasee sind wir in der Stadt und doch im Grünen – im schönsten Park Deutschlands – und Kunst im öffentlichen Raum gibt's obendrauf.

Tour 2 & 19 // Seite 22 & 189

EXOTISCHE VÖGEL IN FREIER WILDBAHN

Einmal freilebende 8 / Flamingos sehen, ohne in den Flieger zu steigen: geht im Zwillbrocker Venn, der nördlichsten Flamingo-Brutkolonie der Welt!

Tour 20 // Seite 197

AUF WERSEPÄTTKES

Entlang der Werse die Seele baumeln lassen, entweder auf dem Weg in die Rieselfelder oder ab der 2 / Pleistermühle nach Süden.

// Seite 10 & 85

WASSERSCHLOSS-ROMANTIK

Von der „Stadt der Wasserburgen" Lüdinghausen mit der mittelalterlichen 1 / Burg Vischering bis zu 4 / Schloss Nordkirchen, dem „Versailles in Westfalen", entdecken wir die Schloss-Highlights im Südmünsterland.

Tour 13 // Seite 115, 119

6 / Burg Hülshoff ist nicht nur ein schönes Renaissance-Wasserschloss, sondern lädt auch zum Picknick im Schlosspark ein und im Droste-Museum erfahren wir mehr über die Dichterin.

Tour 2 // Seite 21

Im dem kleinen Sandsteingebirge genießen wir Ausblicke wie vom höchsten Punkt des Münsterlands, dem 1 / Longinusturm, und radeln durchs idyllische 8 / Stevertal.

Tour 18 // Seite 166, 170